Goldmann
STERN-Bücher

D1984885

Ingrid Kolb

Das Kreuz mit der Liebe

Der Mythos von der sexuellen Befreiung

Wilhelm Goldmann Verlag

Herausgeber der Originalausgabe:
Henri Nannen

Redaktion der Originalausgabe:
Hans-Joachim Maass

Made in Germany · 11/82 · 1. Auflage · 1115
Genehmigte Taschenbuchausgabe

Umschlaggestaltung: Atelier Adolf & Angelika Bachmann, München
Umschlagfoto: Art Reference/Sobeck Goersch, Frankfurt
Druck: Presse-Druck, Augsburg
Verlagsnummer: 11517
Herstellung: Peter Papenbrok
ISBN 3-442-11517-5

INHALT

Dieses Buch wäre nicht entstanden, wenn nicht Peter Neuhauser davon überzeugt gewesen wäre, daß ein solches Buch gemacht werden müsse. Sein Vertrauen in mein Konzept und in meine Arbeit, sein Mut, jungen Wissenschaftlern ohne Professorentitel eine Chance zu geben, haben dieses Projekt ermöglicht. Alle anderen, die mir geholfen, mir beigestanden und mich beraten haben, mögen mir verzeihen und werden es verstehen, wenn ich hier nur seinen Namen nenne, um mich zu bedanken. Peter Neuhauser starb im Januar 1980 an den Folgen eines Herzinfarkts.

I.K.

Was die Griechen der Antike noch von drei verschiedenen Klassen von Frauen, nämlich den Sklavinnen, Hetären und Ehefrauen erwarteten, forderten die Romantiker von einer einzigen Frau: Sie sollte ihnen sexuelle Befriedigung gewähren, Gefährtin sein und Mutter ihrer Kinder. Die sogenannte »Liebesehe« ist also historisch gesehen eine relativ moderne Erfindung, die mit dem Zusammenbruch der traditionellen Gesellschaft, der Entwicklung des Bürgertums und der zunehmenden Industrialisierung einhergeht.

Die Forderung der Romantiker war zu ihrer Zeit eine große Umwälzung in den Vorstellungen über die Beziehung der Geschlechter. In dieser vor allem das Bürgertum erfassenden Tendenz zur Liebesehe sieht der Historiker Edward Shorter die »erste sexuelle Revolution«. Diese Revolution umfaßte in ihrem Kern zunächst eine wesentliche Aufwertung der Frau, verkam jedoch, nachträglich betrachtet, erneut zu einer Institution der Unfreiheit und hat am durchgängigen Merkmal der Rolle der Frau – ihrer gesellschaftlichen Unterdrückung – nur wenig ändern können.

Die sogenannte »zweite sexuelle Revolution« setzte ein in den fünfziger und sechziger Jahren dieses Jahrhunderts, als überkommene Sexualnormen ihre Gültigkeit verloren und eine größere Liberalität in der Bewertung von Sexualität eintrat. Sexuelle Impulse sollten nicht mehr vorwiegend unterdrückt, sondern gelebt werden. Vorstellungen von offener Partnerschaft, die auf das absolute Treuediktat verzichtete, sollten verwirklicht werden. In Beziehungen wurde plötzlich sehr viel mehr experimentiert, wenn auch häufig in einer die Akteure überfordernden Weise. Gegenseitige Besitzansprüche wurden als unrealistisch betrachtet beziehungsweise als eine Besonderheit bürgerlich-kapitalistischer Beziehungsmuster entlarvt. Aber auch diese »zweite sexuelle Revolution« schien allmählich ihren verändernden Charakter zu verlieren und zu einem nur quantitativ orientierten Sexualstandard zu werden.

Was sind denn nun die positiven Aspekte dieser beiden »sexuellen Revolutionen«? Lohnt es sich, sie unter die Lupe zu nehmen? Ich denke, ja: Das romantische Ideal der Liebesehe ist überhaupt der erste Schritt hin auf die Denkmöglichkeit einer gleichwertigen Partnerschaft von Mann und Frau. Daran ändert auch die Tatsache nichts, daß es sich in den seltensten Fällen so verhalten hat und daß die Ansprüche an eine Liebesehe in Kombination mit der außerordentlich prüden viktorianischen Sexualmoral im Grunde beide Partner in der unausweichlichen Enge der immer kleiner werdenden Familie überforderten und lähmten. Die hier entstehenden Konflikte haben nicht umsonst die frühe Psychoanalyse zur Formulierung der Theorie von den Sexualneurosen gebracht.

Ich meine, die Idee von der erfüllenden Beziehung zwischen einem Mann und einer Frau sollte nicht als schiere, historisch bewiesene Unmöglichkeit abgetan werden und damit verlorengehen. Sicher muß sie mit neuem Inhalt gefüllt werden. Eine der wesentlichen Voraussetzungen dafür scheint mir die Ergründung der Sexualität eines Paares zu sein. Obwohl die Beziehung eines Paares noch andere Dimensionen umfaßt, zeigt sich ihre Eigentümlichkeit wohl am radikalsten in der Sexualität.

Es erscheint mir daher sinnvoll, mit dem Psychoanalytiker Fritz Morgenthaler zu unterscheiden zwischen der gesellschaftlichen und der geschlechtlichen Rolle der Frau, obwohl beide sicher nicht unverbunden nebeneinander bestehen. Nimmt man unser Wissen über unbewußte Abläufe, dann zeigt sich, wie unterschiedlich diese beiden Rollen sein können. Die gesellschaftliche Rolle der Frau ist in der Tat immer noch die einer Benachteiligten, die geschlechtliche kann jedoch genau das Gegenteil sein, auch dann, wenn die Frau bewußt ihre Sexualität als wertlos und mißbraucht erlebt. Analog sollte man sich hüten, die privilegierte gesellschaftliche Rolle des Mannes immer mit seiner Rolle als sexuelles Wesen gleichzusetzen und seine Ängste zu übersehen.

Dazu ein Beispiel: Eine junge Frau hat sich einige Zeit mit Auftritten in einem Striptease-Lokal etwas dazuverdient. Sie beklagt sich über die entwürdigende Arbeit und erkennt erst allmählich, wie genüßlich sie es ausgekostet hat, die Männer kirre zu machen. Zeigt sich hier nicht, wie gerade innerhalb der Sexualität Macht und Ohnmacht austauschbar sind, jede Fixierung auf nur eine der beiden Positionen unmöglich ist? Wäre es nicht sentimental, ja geradezu falsch, auch im sexuellen Bereich die Ohnmacht, die Rolle des Opfers, stets nur für die Frauen zu reklamieren und die Beziehungen von Männern zu Frauen ausschließlich als Verhältnis von Mächtigen zu Ohnmächtigen zu betrachten?

Die übliche Festschreibung der Männer auf den aktiven Part, die der Frauen auf den passiven erzwingt ein Spezialistentum auch im Bereich der Sexualität. Es entfernt die Menschen von sich selbst und zerbricht die Einfühlung in tiefere eigene Bedürfnisse sowie in die des anderen. Die Woge der Sexualaufklärung hat denn auch vermutlich – entsprechend den Regeln der Macher modischer Trends – vor allem einen starken Leistungsdruck gesetzt, ohne dabei jedoch die Rollenklischees wirklich zu sprengen.

Hier kommt denn auch vor allem der Frau eine verändernde Leitfunktion zu. Frauen sind heutzutage potentiell weit mehr in der Lage, eine expansivere und – zumindest soweit es sich um unerwünschte Schwangerschaften handelt – weniger angstbesetzte Sexualität zu leben. Durch diese neue Freiheit, in manchen Fällen sicherlich auch neuen Druck, hat die Rolle der Frau eine grundsätzliche Veränderung erfahren: Frauen können sich zunehmend mehr in ihrer Eigenheit als sexuelle Wesen erleben. Durch diesen neuen Zugang zu sich selbst werden sie auch die Rolle des Mannes beeinflussen, in Frage stellen und verändern.

Die dringend notwendigen Veränderungen im Verhältnis der Geschlechter bringen Verunsicherungen mit sich. Aber diese Irritationen enthalten auch immer eine Chance: nämlich sich selbst und den anderen in seinen sexuellen Vorlieben und, was noch wichtiger ist, in seinen sexuellen Ängsten kennenzulernen.

Unbewußte Sexualängste sind nichts Ungewöhnliches. Die Unterschiede liegen vielmehr im Umgang mit solchen Phantasien und im Ausmaß der Angsttoleranz. In Therapien erfährt man immer wieder von sexuellen Problemen bei Männern und Frauen und vor allem auch, in welchem Gewand sie gezeigt oder verborgen werden. So kann hinter den Orgasmusschwierigkeiten einer Frau deren Unfähigkeit stehen, schuldfrei ihre sexuelle Triebhaftigkeit zu leben und hinter Draufgängertum und Sexualprotzerei ein in seiner Männlichkeit zutiefst verunsicherter Mensch, um nur zwei relativ übliche Beispiele zu nennen.

Wer sich eingehender mit Paaren befaßt, muß zu dem Schluß kommen, daß der Zufall bei der Partnerwahl keine Rolle spielt. Im Gegenteil, die Zielsicherheit unbewußter Steuerung, die gerade diese beiden Menschen ein Paar werden läßt, ist frappierend. Betrachtet man die Probleme eines Paars genauer, so zeigt sich, wie nahtlos das Wechselspiel zwischen beiden ineinandergreift. Viele Beispiele in diesem Buch dokumentieren dies eindrucksvoll. Bei

Paaren mit sexuellen Problemen ist es häufig so, daß die Störung im sexuellen Bereich nur bei einem Partner auftaucht, während der andere beschwerdefrei ist. Es wird dann oft deutlich, wie gerade der »kranke« Partner dazu dient, die eigenen Ängste vor sich selbst und der Welt zu verstecken oder eigene Wünsche zugeschrieben zu bekommen. Jeder mag sich als das Gegenteil des anderen sehen, und doch ergänzen sich erst beide zu einem konflikthaften Ganzen. Hier nun versucht auch die Paartherapie einzusetzen, bei der Erhellung des *gemeinsamen* Grundkonflikts. Ziel der Paartherapie kann nicht Konfliktlosigkeit sein, sondern eine erhöhte Konfliktfähigkeit.

Wie ich meine, trägt dieses Buch in einer verständlichen Weise zur Erhöhung der gegenseitigen Einfühlung in männliche und weibliche Wünsche und Ängste bei und verhilft dadurch zu einem vermehrten Konfliktbewußtsein, durch das Veränderungen erst möglich sind.

Marina Moeller-Gambaroff, Gießen, Juli 1980

1. Kapitel

ÜBER DIE SICH STÄNDIG WANDELNDE SEXUALITÄT

»Liebe sei vor allen Dingen
unser Thema,
wenn wir singen.«
Johann Wolfgang von Goethe, 1819

»Das Wort ›Liebe‹ sollte besser
unterbleiben: Es ist viel zu groß
für die mittelmäßigen Gefühle,
deren sporadisches Auftreten an einen
wiederkehrenden Effekt gemahnt.«
Günter Kunert, 1979

»Letztes Wochenende habe ich eigentlich Männergedanken gehabt«, erzählt Franziska Berger, 22, ledig, Arzthelferin in München. »Ich dachte mir: Brauchst einen im Bett, holst dir einen.« Sie setzte sich ans Telefon, rief einen jungen Mann an, den sie ein paar Tage vorher auf einem Fest kennengelernt hatte, und lud ihn zu sich ein.

Was so selbstbewußt begann, endete mit einem jähen Stimmungswechsel. »Als er in meinem Bett lag, war meine Lust weg«, sagt Franziska, »ich überlegte nur noch, wie ich ihn wieder loswerden konnte. Also erzählte ich ihm was von einer Liebe, die ich noch nicht überwunden hätte, er solle nicht böse sein, es sei nicht seine Schuld. Natürlich war er sauer. Er zog sich stumm wieder an und ging grußlos.«

Manchmal beneide sie Männer, gesteht Franziska, bei denen gehe das immer, auch ohne Verliebtheit. Bei ihr nicht. Das habe sie an diesem Wochenende gemerkt. »Dabei stecken so irrsinnig viele sexuelle Wünsche in mir drin. So daß ich manchmal denke: Dafür lohnt es sich zu leben, alles andere ist Quatsch.«

»Mein Karl«, sagt Lieselotte Kranz, 50, Hausfrau in Gelsenkirchen, seit 31 Jahren verheiratet, »sitzt abends vorm Fernseher und schläft weg. Was soll ich da machen? Wir haben seit einem Jahr nichts mehr miteinander. Mir fehlt das.« Es hat ihr immer etwas gefehlt bei ihrem Karl. »Der war nicht für Abwechslung«, sagt sie, »den hab ich nie mal ein bißchen enthemmt erlebt.« Wenn sie ein anderer

Typ Frau gewesen wäre, hätte sie ihn vielleicht soweit gebracht. Aber das liege ihr nicht, sexuell was zu fordern, sie ziehe sich dann zurück.

An Scheidung habe sie nie gedacht. Für einen Liebhaber hätte sie heute die Nerven, aber allein lassen würde sie den Karl nicht. »Der ist auch im Gesicht wahnsinnig müde, regelrecht verbraucht.«

Manchmal sitzt sie im Dunkeln und denkt über ihr Leben nach. Die Kinder sind groß, die kommen nur für Minuten. »Wo soll ich hin mit meinem Temperament?« fragt sie.

Zwei Frauen – die eine jung, die andere noch nicht alt, zwei von den vielen, mit denen ich sprach, beide voller Lust auf Sex und Liebe, die eine noch hoffnungsvoll, die andere schon hoffnungslos. Zwei Beispiele aus der immer unübersichtlicher werdenden sexuellen Wirklichkeit in der Bundesrepublik, in der es keine verbindlichen Moralvorstellungen und Verhaltensregeln mehr gibt.

Manchmal sieht es sogar so aus, als stehe diese Welt auf dem Kopf, oder als bewege sie sich zurück: Siebzehnjährige denken wieder darüber nach, ob es vielleicht doch sinnvoller sei, unberührt in die Ehe zu gehen, während Fünfzigjährige nach zwanzig und dreißig Jahren Ehe endlich den Mut zu einem Seitensprung finden.

Die Experten geben zu, daß sie über kaum ein Thema so wenig wissen wie über die Sexualität, aber bei keinem anderen Thema fühlen sich so viele Menschen als Experten – sexuell ist schließlich jeder, der Heterosexuelle, der Homosexuelle, der Bisexuelle, sogar der Asexuelle. Keine Wahrheit gilt für alle. Eine Lüge kann den Weg weisen, Ehrlichkeit in die Irre führen. Wenn sich von zehn Frauen neun über die mangelnde Zärtlichkeit ihrer Männer beklagen, kommt die zehnte und sagt: »Ich kann das Wort Zärtlichkeit nicht mehr hören. Ich will gefickt werden und sonst gar nichts.« Wenn von zehn Männern neun die Erfahrung machen, daß es sich lohnt, Frauen wie menschliche Wesen zu behandeln, kommt der zehnte und sagt: »Hör mal, seit ich den Schwestern klarmache, daß ich mich nur für ihre Titten und Ärsche interessiere, haben sie wieder Respekt vor mir. So sind die Weiber.«

Sind sie so? Ist es wahr, daß auch überzeugte Feministinnen ein Leuchten in die Augen bekommen, wenn Tarzan seinen Brunstschrei losläßt oder Kingkong um die Ecke biegt? Und wenn es wahr ist, was lernen wir daraus? Daß sanfte, zärtliche Männer »out« und Macker »in« sind? Daß die »ewige Eva« und der »ewige Adam« in uns fortleben noch und noch?

Ich mag diese Verzagtheit nicht. Ich, eine Frau, möchte ein Kerl sein dürfen *und* ein Frollein, ein Eroberer *und* eine Verführte, ich möchte einem Mann einen Kuß rauben *und* ihm meine Zärtlichkeit schenken. Der Mann soll einen starken Arm haben dürfen *und* eine zarte Seele, oder einen schwachen Arm *und* starke Gefühle. Er soll mich verteidigen, wenn ich angegriffen werde, *und* sich auf mich stützen, wenn es ihm schlecht geht. Er soll wissen, um wieviel Uhr ich ankomme, wenn ich weg war, *und* auch an sich denken, wenn ich da bin. Er soll mich nehmen und sich geben, so wie ich ihn nehme und mich gebe, und nicht zu kurz kommen dabei, denn ich will auch etwas davon haben.

Das ist das Ziel. Aber viele haben gemeint, weil sie das Ziel kennen, sind sie auch schon angekommen. Jeder kleine Rückfall läßt sie das Ganze in Frage stellen. Wir sind auf uns selbst hereingefallen, wenn wir glaubten, über Nacht eine neue Spezies Mensch geworden zu sein. Wir verlaufen uns immer noch, drehen uns im Kreis oder rennen in Sackgassen. Und wir vergessen, daß nur eine kleine privilegierte Gruppe von Männern und Frauen vorausgeprescht ist, um nach neuen Wegen zu suchen. Es ist an der Zeit, mal innezuhalten und sich umzusehen. Die Mehrheit kommt noch nicht nach. Sie hat erst damit begonnen, mühsam und unsicher einen Schritt vor den anderen zu setzen.

»Ach, über Sexualität schreiben Sie«, wurde ich oft skeptisch gefragt, während ich an diesem Buch arbeitete. »Was gibt es denn da Neues?« Diese Frage machte mich immer verlegen, aber auch ärgerlich. Um es gleich vorweg zu sagen: Es gibt keine neuen Praktiken, keine neuen Stellungen, keine neuen erogenen Zonen. Aber es gibt neue Einsichten, neue Erkenntnisse – und neue Probleme.

Was hat sich seit der von Oswalt Kolle vor rund fünfzehn Jahren ausgelösten Aufklärungswelle verändert – sind die sexuellen Probleme der Bundesbürger weniger oder eher mehr geworden? Um diese Frage ging es. Und um darauf eine Antwort zu finden, wollte ich vor allem die Betroffenen selbst zu Wort kommen lassen: Frauen und Männer, Junge und Alte, Befriedigte und Unbefriedigte, Potente und Impotente, Bekenner und Verdränger. Ich fand – mit einer einzigen Ausnahme – jedes Interview, das ich führte, interessant. Die Ausnahme war ein 34jähriger technischer Zeichner, der mir erklärt hatte: »Meinen Namen können Sie ruhig nennen, ich habe nichts zu verbergen.« In Wahrheit war er unfähig, etwas von sich preiszugeben. Alle anderen wollten anonym bleiben, deshalb sind alle Namen der Interviewten verändert. Manche, mit denen ich später noch Kontakt hatte, erzählten mir, daß ihnen das Gespräch noch tagelang im Kopf herumgegangen sei und daß sie viel über sich selbst daraus erfahren hätten.

Wenn ich zurückdenke, fällt mir auf, daß ich Frauen fast immer auch von mir erzählt habe. Männer fragten seltener danach. Beide Geschlechter waren gleichermaßen darum bemüht, ehrlich zu sein. Sonst hätten sie sich wohl gar nicht erst auf ein Interview eingelassen. Ich habe fast keine Absage bekommen, fast alle hatten große Lust, über sich zu reden. Der Unterschied bestand oft nur darin, daß manche es von sich aus schafften, bestimmte sexuelle Praktiken beim Namen zu nennen, während ich bei anderen die Technik eines Kellners mit Serviertablett und Vorlegegabel anwendete: Ich holte aus den möglichen Variationen eine heraus, bot sie an, indem ich das Aussprechen übernahm, und registrierte Zustimmung oder Ablehnung.

Eine Frage, die ich allen meinen Gesprächspartnern stellte, lautete: »Finden Sie, daß es zwischen männlicher und weiblicher Sexualität einen Unterschied gibt?« Die Antworten – sowohl von Männern wie von Frauen – reichten von »O ja, es gibt einen grundsätzlichen Unterschied« bis zu »O nein, ich sehe nicht den mindesten Unterschied«.

Die emanzipierteste Antwort auf die Frage, ob es auf sexuellem Gebiet etwas gebe, was sie nie tun würde, bekam ich von einer sogenannten Nur-Hausfrau, die unemanzipierteste von einer sogenannten Kämpferin für die Rechte der Frau. Die Nur-Hausfrau sagte: »Ich würde nie mit einem Mann schlafen, wenn ich nicht will.« Die Frauenrechtlerin sagte: »Ich würde nie mit einem Mann schlafen, wenn er es zuerst vorschlägt.«

Bei der Auswahl der Personen sowie bei der späteren Auswahl der Interviews und Zitate ließ ich mich hauptsächlich von der Überlegung leiten, ob dieser Gesprächspartner und seine Aussage für eine bestimmte Bevölkerungsgruppe oder für eine bestimmte Entwicklung besonders typisch sein könnten. Die Interviewpartner fand ich über das Schneeballsystem durch Freunde und Bekannte, über Zeitungsinserate und einige auch per Zufall.

Zweiter Stützpfeiler des Buches ist die Untersuchung der Hamburger Forschungsgruppe SEAT über die sexuellen Schwierigkeiten der Bundesbürger. Drei Jahre Arbeit stecken in dieser Untersuchung und der Wunsch, den Informationshunger einer breiten Bevölkerungsschicht nicht mit einem weiteren »Sex-Report« abzuspeisen, sondern Probleme lösen zu helfen, indem sie erkannt, benannt und bewußt gemacht werden.

»Uns interessierte nicht die alte Leier: Wie oft? Wie lang? In welcher Stellung?« so der SEAT-Mitbegründer Marcus Wawerzonnek, »sondern wir wollten wissen, ob die Leute über ihre sexuellen Probleme miteinander reden, welche Wünsche offen bleiben, welche Hilfen notwendig sind, denn die offizielle Sexualwissenschaft läßt die Menschen sehr allein.«

Im November 1978 verschickte ein Meinungsforschungsinstitut im Auftrag der beiden SEAT-Projektleiter, des Diplompsychologen Peter Hofmann und des Sexualpädagogen Marcus Wawerzonnek, 5000 Fragebögen mit 120 Fragen für Männer und 127 Fragen für Frauen an einen repräsentativen Querschnitt der bundesdeutschen Bevölkerung. Knapp 30 Prozent der Bögen kamen ausgefüllt zurück. Der komplette Fragebogen mit allen Ergebnissen sowie eine ausführliche Erläuterung über Methodik und Zielsetzung der SEAT-Erhebung von Marcus Wawerzonnek sind im Anhang des Buches abgedruckt.

Eines wurde – sowohl aus dem Zahlenmaterial wie auch aus den Interviews – sehr schnell klar: *Das* sexuelle Verhalten der Bundesbürger gibt es nicht. Auch in den Bevölkerungskreisen, die nicht zur Speerspitze des Fortschritts zählen, sind die Unterschiede enorm. Selbst bei den Rentnern würden es die einen am liebsten öffentlich im Park treiben, während die anderen unter die Bettdekke schlüpfen und das Licht ausmachen. Die einen wünschen sich Sex zu dritt und zu viert, die anderen sind froh, wenn man sie in Ruhe läßt. Die einen bekommen mehrere Orgasmen hintereinander, die anderen wissen gar nicht, was das ist. Die einen sagen, was ihnen Spaß macht, die anderen schweigen auch dann, wenn es ihnen überhaupt keinen Spaß macht.

»Sozialer Wandel ist immer gekennzeichnet durch Übergangszeiten, in denen alte und neue Normen noch gleichberechtigt nebeneinander bestehen.« So erklären die Hamburger Sexualforscher Eberhard Schorsch und Gunter Schmidt das gegenwärtige Durcheinander der Sitten in der Bundesrepublik. Veränderungen ergeben sich schrittweise, denn mit einem plötzlichen Umschwung würde die Gesellschaft nicht fertig werden.

Unsicherheit und Orientierungslosigkeit der Eltern übertragen sich auf die Jugendlichen, die heute – wie Wissenschaftler durch Umfragen ermittelten – durchschnittlich vier Jahre früher sexuell aktiv werden als noch vor zehn Jahren. Ein Drittel der jungen Generation hat den ersten Koitus bereits mit 16 hinter sich, ein weiteres Drittel mit 17, der Rest mit 18; jedes zweite Mädchen ist beim erstenmal völlig ungeschützt vor Schwangerschaft.

»Wir wissen doch schon alles, was wollt ihr uns denn noch erzählen?« – So werden in Jugendzentren und Freizeitheimen Psychologen empfangen, die dort im Auftrag der deutschen Gesellschaft für Familienplanung und Sexualberatung »Pro Familia« Informationen anbieten. Aber das zur Schau getragene Selbstbewußtsein erweist sich rasch als Selbstbetrug. Erstaunt stellen die Fachleute fest: »Jungen und Mädchen haben keine Ahnung vom eigenen Körper und von dem des Partners. Nicht wenige leiden unter Potenzstörungen und Orgasmusschwierigkeiten. Die sexuelle Befreiung hat hier nicht stattgefunden.«

Zum Beispiel sorgte sich ein Sechzehnjähriger, ob er vielleicht »pervers« sei. Manchmal streichle er seine Freundin nur und sie ihn. Sie finde das schöner als »immer gleich rein«, und ihm gefalle das auch, einfach nur dazuliegen und angefaßt zu werden. Von den Freunden höre er aber, daß sie es in der gleichen Zeit – in den zwei Stunden, die er abends nach der Lehre mit seiner Freundin zusammensein kann – »mindestens fünfmal bringen.«

Die akademische Jugend ist zwar besser informiert, aber nur über die technischen Aspekte der Sexualität. Die wichtigste Aufklärungsquelle sind Bücher, zu denen sie leichter Zugang hat als die Arbeiterjugend. Der Sexualkunde- oder Biologie-Unterricht bringt nicht viel. Die Lehrer peitschten den brisanten Stoff meist eilig durch. Die Eltern haben jetzt ihr Alibi. Im Gegensatz zu früher können sie sich heute mit dem Hinweis drücken: »Das lernt ihr ja alles in der Schule.«

Christoph Streit, 21, studiert Psychologie und lebt in einer Wohngemeinschaft in Bremen. Sexualität, sagt er, sei einerseits das Wichtigste in seinem Leben. Andererseits schlafe er oft wochenlang nicht mit seiner Freundin – »weil ich zu müde bin oder zu besoffen oder keine Lust habe«.

Christophs Vorstellungen von einer erfüllten Sexualität haben nichts mit Bettexperimenten zu tun (»Wir haben alles schon ausprobiert«). Er wünscht sich, spontan auf Menschen zugehen zu können, die ihm gefallen, auf Männer wie Frauen, ihnen das sagen zu können, was er für sie empfindet. Denn da liegt sein Problem, das schafft er nicht. Das hat ihm niemand beigebracht. »Erobert worden bin immer ich«, bekennt er. Seine Freundin und er lassen einander jeden Freiraum, aber er fängt mit dem seinen wenig an.

Es wird viel gefeiert in Christophs Wohngemeinschaft. »Die großen Fressereien, die riesigen Feste«, sagt er, »das ist doch ein Zeichen dafür, daß wir alle noch wahnsinnig viel erleben wollen.« Aber wenn es nach dem Essen darum geht, ob sexuell noch etwas passiert, hat Christoph sein Problem bereits im Alkohol ertränkt: Er ist zu betrunken, um noch aktiv zu werden.

Dabei gehört Christoph zu einer Bevölkerungsgruppe, die den Sexualneid ihrer Mitbürger geradezu herausfordert: Student, viel freie Zeit, Kommune – wo könnten Orgien besser veranstaltet werden? Aber auch Christophs Mitbewohner wirken eher zerquält als sinnenfroh, gebeutelt von Problemen, fast großväterlich. Sich gegenseitig seelisch auseinanderzunehmen ist ihre Art, sich näherzukommen. Sie haben alles gelesen – Freud, Adler, Jung –, alles verstanden und noch nichts in den Griff gekriegt.

Es fehlt den Heranwachsenden auf dem Gebiet der Zärtlichkeit und der Erotik nach wie vor an lebenden Modellen. Daß Vater und Mutter es miteinander treiben könnten, ist für viele Kinder ein unvorstellbarer Gedanke. Die meisten Eltern tun alles, um nicht als geschlechtliche Wesen ertappt zu werden. Eine Medizinstudentin berichtet: »Als die Lehrerin im Sexualkunde-Unterricht sagte, Eltern würden auch aus Spaß miteinander schlafen, nicht nur, wenn sie ein Kind haben wollen, war ich wie gelähmt, so ekelhaft fand ich das. Inzwischen ist es ja anders. Inzwischen tun sie mir leid, weil ich aus einem Gespräch mit meiner Mutter weiß, daß sie es viel zuwenig aus Spaß miteinander gemacht haben.«

Sexualität – das ist Lust, Freude, Vergnügen, Sinnlichkeit. Aber auch Angst, Verkrampfung, Enttäuschung, Sprachlosigkeit. Sexualität kann Nähe, Wärme und Vertrautheit bedeuten, aber auch Ferne, Kälte und Fremdheit.

Erinnern wir uns: Seit Mitte der sechziger Jahre die sexuelle Befreiung eingeläutet wurde, sollte der Sex aus der Sphäre des Geheimnisvollen herausgehoben werden; leichter sollte er werden, nicht so bleischwer befrachtet mit Sündhaftigkeit, Schuld und

Scham; lustvoller, spielerischer, ohne diesen verdammten genitalen Ernst; eine angenehme Weise, sich kennenzulernen, ohne jene schicksalsträchtige Endgültigkeit, mit der es früher zwischen zwei Menschen »zum Letzten kam«.

Was ist daraus geworden?

Einer der scharfsinnigsten Beobachter unserer Zeit, der in Berlin lebende Autor Botho Strauß, läßt in seiner Erzählung »Die Widmung« einen Mann sagen: »Das erste Mal mit ihr zu schlafen, bereitete weniger Verlegenheit, als sie nach ihrem Nachnamen zu fragen.«

Funktionstüchtige Körper, die zueinander finden, während die Menschen sich fremd bleiben – das hat mit befreiter Sexualität soviel zu tun wie eine Kontaktanzeige in der Zeitung mit dem Hohelied der Liebe in der Bibel. Die sensible neue Männergeneration, gelegentlich durch das Modewort »Softies« als knochenlose Weichtiere verunglimpft, hat begriffen, daß die Suche nach einer neuen Sexualität auch die Suche nach einem neuen Selbstverständnis und nach einer neuen Qualität der zwischenmenschlichen Beziehungen bedeutet.

»Früher oder später kriegt ihr es schon satt, so durch die Gegend zu flippen«, schrieb der Berliner Schriftsteller Peter Schneider 1974 in seinem Aufsatz über »Die Sache mit der Männlichkeit«. Er war einer der ersten Autoren, die sich darüber Gedanken machten, und er meinte mit diesem Satz seine zahllosen Geschlechtsgenossen, denen er nachts auf dem Nachhauseweg begegnet und die unbedingt noch jemanden »aufreißen« wollen. Aus eigener Erfahrung erkannte er: »Das Gefühl, daß man niemanden liebt und von niemandem geliebt wird, holt einen irgendwann ein.«

Frauen sind hier besser dran, denn es fällt ihnen traditionell schwerer, Sex und Gefühl zu trennen. »Ich muß gefühlsmäßig beteiligt sein«, sagt Sabine Rall, 29, Fotografin in Hamburg, »technische Orgasmen machen mich ganz traurig – und aggressiv dazu.«

Wer aus einem fremden Land als Gast in der Bundesrepublik eintrifft, könnte meinen, er sei in ein sexuelles Tollhaus geraten: Kein Flugplatz ohne Sex-Shop, kein Bahnhof ohne Pornokino, kein Zeitungsstand ohne Schlagzeilen wie diese: »Ehefrau verführte zwanzig junge Schüler«, »Unhold war nackt bis auf die Zipfelmütze«, »Ex-Priester wegen Unzucht mit Kindern vor Gericht«, »Wilde Sexspiele im Waisenhaus«. Im Anzeigenteil dieser Gazetten regelt ein Riesenangebot an Modellen, Hostessen, Kavalieren, Saunas, Clubs und Massagesalons die – offenbar nicht minder riesige – Nachfrage.

Was treibt erwachsene Menschen zum Partnertausch in den »Club 69« im Neandertal oder ins »Swinger-Paradies« am Niederrhein, wo die Werbung zwar mit »Erlaubt ist, was gefällt« lockt, es in der Regel aber streng verboten ist, sich zu verlieben? Welches Abenteuer erleben »tolerante Ehepaare« nicht mehr miteinander, sondern nur noch mit »Gleichgesinnten«? Welche Not muß übertönt werden von dem schrillen Sex in den Schlagzeilen, im Kino und auf den riesigen Plakaten? Wenn Peep-Shows sich halten können, wenn »franz. kultivierte Strapsdamen« auf ihr Geld kommen, wenn Beate Uhse zehn Millionen Kunden hat und die Sex-Porno-Branche insgesamt 500 Millionen Mark in Jahr umsetzt – wofür sind sie Ersatz?

Der Frankfurter Sexualwissenschaftler Volkmar Sigusch vermutet, daß in der Leere und Kälte der Arbeitswelt das Selbstwertgefühl des Menschen so gelitten hat, daß seine Bindungsunfähigkeit und seine Angst vor Nähe und Verpflichtung aus Ich-Schwäche immer größer geworden sind.

Noch nie sind die Menschen so ausdauernd zur Sexualität animiert worden, aber Hektik und Stress ließen ihnen noch nie so wenig Muße dazu. »Zeit und Ruhe« – das belegt die Fragebogen-Untersuchung der Hamburger Forschungsgruppe SEAT über die sexuellen Probleme der Bundesbürger – sind die wichtigsten Stimulantien für das Liebesleben der achtziger Jahre. Nicht die Lust auf mehr Raffinement, nicht der Abbau von Hemmungen, nicht eine größere Aktivität des Partners stehen obenan auf der Wunschliste, sondern: »Mehr Zeit und Ruhe.«

Noch nie ist soviel über Sex gesprochen und geschrieben worden. Aber die Hälfte der Bevölkerung schafft es immer noch nicht, dieses Thema unbefangen mit dem eigenen Partner zu erörtern. Auf die SEAT-Frage: »Wenn irgendein sexuelles Bedürfnis bei ihnen nicht erfüllt wird, besprechen Sie, was Sie gern haben und hätten mit ihrem Partner?« kam nur von jedem zweiten Mann und jeder zweiten Frau ein »Ja«. Ein Drittel entschloß sich zu einem zögernden: »Manchmal.« In jedem zehnten Bett ist der Geschlechtsakt eine stumme Verrichtung, bei der keiner vom anderen weiß, was in ihm vorgeht.

Noch nie war das Spektrum der als »natürlich« propagierten sexuellen Praktiken so breit gefächert. Aber was vor fünfzehn Jahren noch als Höhepunkt der erotischen Kür galt, wird laut SEAT beim Paarlauf '80 bereits in der Pflicht gezeigt. Zwei Drittel aller Männer wenden bei ihrer Partnerin orale Techniken an (Cunnilingus). Davon haben jedoch 13 Prozent das Gefühl, daß die Partnerin es gar nicht mag, und weitere 13 Prozent tun es, obwohl sie selbst keinen Spaß daran haben. Männer, die zu der letztgenannten Gruppe gehören, geben als Grund an: »Profilierungszwang.«

Bei den Frauen fällt auf, daß sie die sexuelle Gegenleistung, die Erregung des männlichen Geschlechtsteils mit dem Mund (Fellatio) seltener praktizieren und öfter als »unangenehm« bezeichnen: 53 Prozent tun's, davon 39 Prozent gern. 31 Prozent geben an, daß sie diese Praktik nicht mögen, 14 Prozent lehnen sie rundweg ab. Auf die Frage, ob Männer den oralen Sex schätzen, antworten jedoch 70 Prozent aller Frauen mit »Ja«.

»Es war schon etwas Besonderes, wenn ich das gemacht habe«, sagt eine alleinstehende Lehrerin, 37, aus Berlin, »so automatisch mit jedem, das lehn' ich ab. Es gibt ja Männer, die einem ganz selbstverständlich den Kopf in die gewünschte Richtung drehen, als sei es das Natürlichste auf der Welt, aber das laß ich mir nicht bieten.«

»Ich find's toll«, bekennt eine Graphikerin, 25, ledig, aus Frankfurt, »man kann die Männer damit ja bis zur Hilflosigkeit erregen. Das gibt mir ein Gefühl von Macht, und das gefällt mir, das erregt mich auch.«

»Bei meinem Mann hab' ich meinen Ekel vor solchen Praktiken abgebaut«, erzählt eine Kindergärtnerin aus München, 26, seit zwei Jahren verheiratet. »Als wir das erste Mal miteinander in Urlaub fuhren, da hat er sich stundenlang nur mit meinem Körper befaßt. Er hat mich mit seinen Lippen und seiner Zunge Stück für Stück erforscht. Das war wirklich schön, auch diese Feuchtigkeit auf der Haut, die mir früher so unangenehm war.«

Nicht wenige Männer und Frauen empfinden solche Praktiken heute noch als »abartig« und »schmutzig«. Man kann davon ausgehen, daß ein großer Teil der Männer und Frauen, die den SEAT-Fragebogen nicht ausfüllten, dazu gehören. Das ist kein Wunder, wenn man bedenkt, daß wir, was unsere sexuelle Entwicklung betrifft, innerhalb eines einzigen Jahrhunderts von einem Universum ins andere geschleudert wurden. Das Erbe aus dem vorigen Jahrhundert, eine engstirnige Sexualmoral und eine körperfeindliche Erziehung, wirken nach. Der französische Gesellschaftstheoretiker Michel Foucault formulierte über den Einfluß der viktorianischen Epoche auf die Gegenwart: »Im Wappen unserer Sexualität steht zuchtvoll, stumm und scheinheilig die spröde Königin.«

Blenden wir zurück: Sex war damals offiziell nur innerhalb der Ehe zum Zweck der Fortpflanzung gestattet. Daß sich die Bemühungen um Nachkommenschaft für den Mann lustvoller gestalteten als für die Frau, wurde als gottgewollte Ungerechtigkeit der Natur hingenommen.

Als in den vierziger und fünfziger Jahren der amerikanische Sexualwissenschaftler Alfred Kinsey das sexuelle Verhalten von Männern und Frauen auf breiter Basis untersuchte, stellte er fest: Frauen haben im Vergleich zu den Männern eine geringere sexuelle Bedürftigkeit. Das war in der Beobachtung richtig, aber in der Begründung, die sich wiederum auf die Natur der Frau stützte, falsch.

Erst die Forschungsergebnisse der amerikanischen Sexualwissenschaftler William H. Masters und Virginia E. Johnson gaben den Anstoß, neu über die Ursachen der Ungleichheit nachzudenken. Denn Frauen – das bewiesen Masters und Johnson – sind von der Natur eher bevorzugt als benachteiligt, was ihre sexuelle Erlebnisfähigkeit und Ausstattung angeht.

Bevor die Resultate von Masters und Johnson vorlagen, trat jedoch in der Bundesrepublik ein Mann auf den Plan, der das Sexualleben der damaligen Zeit – es war die ausklingende Adenauer-Ära mit ihrer Frau Saubermann-Ideologie – entscheidend beeinflußte: Oswalt Kolle. Ich will Oswalt Kolle Gerechtigkeit widerfahren lassen. Er war zu seiner Zeit ein mutiger Mann, der viel von den sexuellen Nöten der Menschen begriff, und seine hartnäckigen Kämpfe mit der Zensur haben jedem, der nach ihm kam, das Leben leichter gemacht. Aber er war eben auch ein Mann seiner Zeit.

Mitte der sechziger Jahre war in der Bundesrepublik die Aufbauarbeit nach dem Krieg geleistet. Die angekurbelte Wirtschaft brauchte konsumfreudige Bürger, die sich etwas leisteten und etwas gönnten. Die Warenlager quollen über, die Löhne stiegen, die Freizeit nahm zu. Der Slogan »Seid nett aufeinander« machte die Runde. Endgültig setzte sich die Erkenntnis durch, daß gerechterweise auch die Frau im Bett ihren Höhepunkt haben sollte, und daß es Sache des Mannes sei, ihn herbeizuführen.

»Der Stümper«, so Kolle, »wird auch einer kostbaren Stradivari nur Mißklang entlocken. Aber der Künstler bringt sogar eine billige Jahrmarktsfiedel zu melodischem Klingen.«

Ich kann Oswalt Kolle nicht vorwerfen, daß er in diesem Punkt nur auf der Höhe seiner Zeit war, nicht aber ihr voraus. Denn noch zweifelte niemand an der Überlegenheit männlichen Sexualverstands und männlicher Potenz. Was in der Bevölkerung von dieser ersten Aufklärungswelle nach dem Krieg hängenblieb, waren technische Reformen: die Verlängerung des Akts um das Vorspiel und häufiger Stellungswechsel. Die Rolle des Mannes als Oberspielleiter blieb unangetastet. Aber der erste Schritt, daß Frauen sich als Sexualwesen mit eigenen Ansprüchen entdeckten, war – nicht zuletzt dank Kolle – getan.

Für eine wirkliche Erschütterung des sexuellen Weltbildes, in dem der Mann Jäger und die Frau Beute ist, sorgten dann gegen Ende der sechziger Jahre die neuen Forschungsergebnisse aus Amerika. Erstaunt erfuhren die Frauen von der unglaublichen weiblichen Fähigkeit zu mehreren aufeinanderfolgenden Orgasmen beim Koitus und von Selbstbefriedigungswonnen bis zur körperlichen Erschöpfung.

Mit den Erfahrungen der Mehrheit der Frauen decken sich diese Erkenntnisse jedoch bis heute nicht: Jede dritte Frau wäre froh, wenn sie wenigstens einmal regelmäßig zum Höhepunkt kommen würde, jede zweite hat noch nie onaniert. Diese Zahlen aus der SEAT-Untersuchung decken sich mit den Ergebnissen anderer Sexualforschungen im In- und Ausland.

1974 stellte die amerikanische Psychiaterin und Kinsey-Schülerin Mary Jane Sherfey die bis dahin gültige Geschlechterordnung endgültig auf den Kopf. In ihrem Buch »Die Potenz der Frau« behauptete sie: Die weibliche Sexualität ist ein unersättlicher Trieb, der gewaltsam unterdrückt werden mußte, um überhaupt erst die Voraussetzungen für eine bäuerlich-seßhafte Gesellschaft zu schaffen. Die erotisch ungezügelte Frau wäre, nach Auffassung der Wissenschaftlerin, niemals für ein geordnetes Familienleben zu disziplinieren gewesen. Die Grausamkeit der Unterdrückung, so Sherfey, erkläre sich aus der Stärke des Triebes, den es zu unterdrücken galt.

Seither hat es immer wieder Versuche gegeben, die gesellschaftliche Vormacht der Männer als Kompensation eines tief empfundenen Mangels oder als Abwehr einer unbewußten Angst zu erklären. Statt vom Penisneid war plötzlich die Rede vom Gebärneid und sogar von einem unbewußten Neid der Männer auf die weibliche Fähigkeit zu menstruieren. Dem Urmann, so vermuten einige Wissenschaftler, muß die Urfrau als ein göttliches Wesen erschienen sein, das allein die Fähigkeit hatte, Leben zu spenden, denn von seiner Rolle bei der Zeugung wußte er nichts.

Moderne Psychoanalytiker halten es für möglich, daß die Heftigkeit, mit der manche Frauen darauf bestehen, jeder Mann sei ein Sexmonster und nimmersatter Wüstling, die Angst vor ihrer eigenen erotischen Potenz kaschieren soll. Die Psychologen benutzen dafür das Fachwort »Übertragung«. Es beschreibt einen Mechanismus, der nach folgendem Muster funktioniert: Was ich selbst gern möchte, mir aber nicht einzugestehen wage, unterstelle ich einem anderen und werfe es ihm vor.

Mittlerweile bekennen sich viele Frauen zu ihren Gelüsten. Dank Verhütung und Emanzipation ist der gesellschaftliche Druck, der das erotische Potential der Frau unter Verschluß hielt, zum Teil gewichen. Frauen schreiben sich ihre eigenen Pornos, bekritzeln die Wände von Damenklos mit Obszönitäten, stürzen sich aktiv ins sexuelle Leben – und stoßen zunehmend auf Männer, die sich irritiert zurückziehen.

Die meisten Partnerprobleme haben die unabhängigen, selbständigen Frauen, die im Beruf und im Bett wissen, was sie wollen. »Ich finde das so traurig«, sagt eine Soziologieprofessorin aus Hannover, »je mehr du dich entwickelst, desto mehr läßt du die Männer hinter dir und damit die Chance, überhaupt noch sexuelle Kontakte zu haben.«

Eine Kollegin bestätigt diese Erfahrung: »Die Männer rufen ständig nach der scharfen Frau, die ihr Begehren offen zeigt, aber wehe, sie kommt wirklich! Wenn sie merken, daß die Frau die Termine setzt und den Gang der Dinge bestimmt, spielen sie nicht mehr mit.«

Ein Minderheitenproblem – vorläufig. Denn es betrifft fast nur Frauen, die durch ihren Status das gesellschaftliche Gefälle in der Mann-Frau-Hierarchie überwunden haben. Wo der Mann durch seine gesellschaftliche Position abgesichert ist, sieht er in der sexuellen Offensive der Frau allenfalls eine reizvolle, ums Bett erweiterte Variante der guten alten Damenwahl – mehr nicht. Eine Sekretärin, die mit ihrem Chef ins Bett geht, bleibt seine Sekretärin – und er ihr Chef.

Sonja Janosch, 24, Sekretärin in Köln, sagt über sich: »Ich hab' die Sexualität eines Mannes.« Ich habe Sonja bei einer Tagung der Gesellschaft zur Förderung sozialwissenschaftlicher Sexualforschung kennengelernt, wo sie in einer Frauenarbeitsgruppe über sich erzählte. Nicht nur ich, auch die anderen Frauen staunten: Sonja kommt problemlos zum Höhepunkt und schleppt ihre Bettpartner lieber selber ab, statt sich abschleppen zu lassen. Nachdem sie ihre anerzogenen Hemmungen einmal überwunden hatte, übernahm sie vom ersten Blickkontakt bis zum letzten »Tschüs« die aktive Rolle. »Ich fand das in den Discotheken immer so erbärmlich«, sagte Sonja, »wie die Männer ihre Fleischbeschau abzogen und die Mädchen taxierten, da hab' ich den Spieß einfach umgedreht.«

Und wie reagierten die Männer darauf? – Sonja: »Die meisten fanden es toll. Es gefiel ihnen, daß eine Frau so offensichtlich Spaß an der Sache hatte. Bei einigen klappte es dann nicht, denen war ich wohl zu draufgängerisch, die wurden von mir getröstet. Ich bin kein Monster, ich kann sehr lieb sein.«

Wenn diese Männer dann am Morgen nachholen wollten, was ihnen nachts entgangen war, bekamen sie von Sonja allerdings nur noch ein nettes Frühstück serviert. Sie sei nun mal »orgasmusfixiert«, berichtete sie, »und morgens, da ist mein Kreislauf so miserabel, und die Atmosphäre ist weg, das Zimmer hell, da geht bei mir nichts.«

Auch in ihrer wildesten »Flippie-Zeit« sei sie jedoch immer auf der Suche nach einer festen Bindung gewesen, sagte Sonja, »bei den kurzfristigen Beziehungen kommen die Gefühle zu kurz«. Sie wünschte sich einen Mann, der ihr helfen würde, ihr inneres Gleichgewicht zu finden, denn sie empfindet sich selbst als noch unsicher und unfertig: »Ich dokter noch ziemlich an mir rum.«

Diesen Mann glaubte sie vor einem halben Jahr gefunden zu haben: sieben Jahre älter als sie, Dozent für Politologie, dessen enormes Wissen sie genauso beeindruckte wie seine unkomplizierte Sexualität. Er wiederum fand sie als Frau »ein Phänomen, wirklich absolute Spitze«.

Vor zwei Wochen zogen sie zusammen. Und seither ist Sonja unglücklich. Er fährt ihr bei jeder Kleinigkeit über den Mund oder schreit sie an. Wenn sie sich wehrt, reagiert er bissig, ironisch, oder er schweigt.

»Klar«, sagt Sonja, »er will die Weichen für unser Zusammenleben stellen. Ich, die Tipse; er, der Wissenschaftler. Er oben, ich unten. Und wenn's ihm im Bett andersherum tausendmal besser gefällt.«

Sie will wieder ausziehen.

2. Kapitel

DREI FRAUEN – DREI GENERATIONEN – DREI INTERVIEWS

»Eine Merkwürdigkeit der Ehe ist,
daß die verschiedenen Gesellschafts-
klassen, wiewohl hinlänglich über
die Falle der Ehe aufgeklärt,
einander um die Wette hineinstoßen.«
Charles Fourier, 1819

Anna, 50 Jahre alt

»Warum interviewst du nicht meine Tante Anna?«, fragte ein Freund, »die hat es gewagt, ihren Mann zu betrügen zu einer Zeit, als das noch ein absoluter Skandal war.« So lernte ich Anna kennen. Das Gespräch mit ihr fand in der Münchner Wohnung des Freundes statt. Annas einzige Sorge: »Mein Mann darf nichts davon erfahren.«

Frage: »Mit wieviel Jahren haben Sie geheiratet?«

Antwort: »Mit einundzwanzig. Ich wurde 1930 in Pommern auf einem Gut geboren und habe 1951 in Lübeck geheiratet.«

Frage: »Wie war Ihre Erziehung, Ihr Elternhaus?«

Antwort: »Streng. Sie dürfen nicht vergessen, welche Generation ich bin. Der Vater ehemaliger Offizier, die Mutter aus einer feinen Kaufmannsfamilie. Mein Bruder und ich, wir durften zum Beispiel das Ankleidezimmer unseres Vaters nicht betreten, wenn er sich anzog.«

Frage: »Und die Mutter, haben Sie die mal nackt gesehen?«

Antwort: »Nein, überhaupt nie. Sie lebte auch sehr unerreichbar für uns. Wir durften höchstens vormittags mal dabei sein, wenn sie im Bett frühstückte. Was wir uns getraut haben, war, bei unserer Erzieherin durchs Schlüsselloch zu gucken, wenn die im Badezimmer war.«

Frage: »Aufgeklärt wurden Sie nicht?«

Antwort: »Mit keinem Wort. Was wir über diese Dinge wußten, haben wir im Pferdestall gesehen und bei den Hunden. Meine

Eltern hatten es aber nicht gern, wenn wir uns viel im Pferdestall aufhielten bei den Stallknechten.«

FRAGE: »Kamen Sie dann mit dem großen Flüchtlingsstrom in den Westen?«

ANTWORT: »Ja. Da wußte man dann schon sehr viel. Man wußte von Vergewaltigungen durch die Russen, wußte eigentlich eine ganze Menge. Aber da stürmten so viele andere Sachen auf uns ein, daß wir uns darüber wenig Gedanken gemacht haben. Unser Familienleben ging kaputt. Wir hatten im Westen kein Zuhause, sind immer von Verwandten zu Verwandten gezogen. Die Besatzungssoldaten guckten einem hinterher, schenkten einem mal ein paar Zigaretten. Sonst passierte nichts. Es war so ganz anders als heute für ein Mädchen mit achtzehn. Ich ging dann auf die Berlitz-School, und da lernte ich einen Studenten kennen, mit dem ich das erste Mal schlief. Das war aber bestimmt schon 1949.«

FRAGE: »Können Sie sich an das erste Mal noch erinnern?«

ANTWORT: »Es war für mich keine einschneidende Sache. Ich fand den Jungen nett, und da passierte es eben. Ich habe mit niemand darüber gesprochen. Und ich habe ihm nicht nachgeweint, als ich in nicht wiedersah. Man sagt ja, das erste Mal sei ganz entscheidend. Das stimmt aber nicht.«

FRAGE: »Hatten Sie keine Angst, ein Kind zu bekommen?«

ANTWORT: »Nein.«

FRAGE: »Gottvertrauen?«

ANTWORT: »Weiß ich nicht. Wahrscheinlich. Ich habe mich darauf verlassen, daß der Mann da irgend etwas macht.«

FRAGE: »War dieses erste Mal ein sexuell befriedigendes Erlebnis?«

ANTWORT: »Einen bleibenden Eindruck hat es mir nicht gemacht. Und ich habe danach auch nie wieder etwas mit einem Mann gehabt bis zu meiner Heirat.«

FRAGE: »Wie haben Sie Ihren Mann denn kennengelernt?«

ANTWORT: »Er kam zu Besuch. Seine Mutter war eine Jugendfreundin meiner Mutter. Von dem wußte sie, wo er herkam. Den fand sie ganz reizend. Ich hatte zu der Zeit noch einen anderen Verehrer, den ich sehr mochte, mit dem war aber nichts, eine Stufe vielleicht davor, so daß es hätte sein können. Den kannte sie nicht. Sie wußte nur, daß es ihn gab. Da sagte sie zu mir: ›Anna, bitte setze dich nicht zwischen zwei Stühle!‹ Ich war zwanzig damals. Meine Mutter selbst hatte erst mit dreißig geheiratet.«

FRAGE: »Fühlten Sie sich von ihr in die Heirat gedrängt?«

ANTWORT: »Nicht direkt. Sie dachte wohl, wenn ich jetzt nicht zugreife, kriege ich keinen mehr ab.«

FRAGE: »Warum hatte sie selbst denn so spät geheiratet?«

ANTWORT: »Das weiß ich nicht. Ich bin sicher, daß sie vor der Heirat mit meinem Vater Freunde hatte. Uns Kindern gegenüber hat sie sich aber immer als völlig unwissend dargestellt, als ob sie als Dreißigjährige noch geglaubt hätte, von einem Kuß bekomme man Kinder. Als wir älter waren, haben wir darüber sehr gelacht und gesagt: ›Unsere Mutter ist die Unschuld im Nachthemd‹.«

FRAGE: »Haben Sie Ihren Mann aus Liebe geheiratet?«

ANTWORT: »Weiß ich nicht.«

FRAGE: »Wie war denn die Hochzeitsnacht?«

ANTWORT: »Ziemlich verkorkst. Es ist dann nachher im Lauf der Zeit besser geworden. Ich war zufrieden. Damals war ich zufrieden und glücklich, würde ich sagen.«

FRAGE: »War Ihr Mann ein in Liebesdingen sehr erfahrener Mann?«

ANTWORT: »Nein, das nicht. Nein. Sie müssen bedenken, diese Generation ist mit den heutigen Fünfundzwanzigjährigen nicht vergleichbar. Er hat sechs Jahre Krieg hinter sich gehabt, als wir heirateten. In gewisser Weise war er sehr reif, andererseits aber nicht sehr erfahren. Vor der Ehe hatte er eine Verbindung mit einer fünfzehn Jahre älteren Frau gehabt. Das war sehr typisch für die Zeit nach dem Krieg.«

FRAGE: »Hat Ihr Mann Sie mal gefragt, ob Sie vorher andere Männer hatten, ob er der erste war?«

ANTWORT: »Nein. Es ist bei uns über diese Dinge wenig gesprochen worden.«

FRAGE: »Was hatte er für einen Beruf?«

ANTWORT: »Zuerst hat er mit ein bißchen Geld von Zuhause eine kleine Baufirma gegründet. Die ging nach der Währungsreform ein. Danach nahm er einen Posten in der Baustoffindustrie an. Wir lebten nicht luxuriös, aber wir hatten unser Auskommen.«

FRAGE: »Dann kamen ja wohl bald die Kinder?«

ANTWORT: »Ja. Ich saß bei meiner Mutter im Garten und aß Erdbeeren. Plötzlich wurde mir schlecht. ›Du wirst doch nicht etwa ein Kind kriegen?‹ fragte sie. ›Nee‹, sagte ich. Da war ich schon im dritten Monat.«

FRAGE: »Haben Sie sich gefreut auf Ihr erstes Kind?«

ANTWORT: »Ja, habe ich. Aber ich war ja noch so jung. Plötzlich stand ich da und wurde immer dicker. Da gab es schon mal Augenblicke, in denen ich mich geniert habe, obwohl es doch ganz natürlich ist.«

FRAGE: »Sie sind ja eine sehr schöne Frau und waren bestimmt als junges Mädchen auch sehr schlank ...«

ANTWORT: »... Ja. Zwischendurch bin ich aber ganz schön mollig gewesen. Nach den Kindern. Ich habe erst in den letzten Jahren wieder abgenommen. Mein jüngster Sohn sagt mir immer: ›Je älter du geworden bist, desto besser siehst du aus, Mammi.‹ Das freut mich natürlich.«

FRAGE: »Wie ging es dann mit Ihrer Ehe weiter?«

ANTWORT: »Nach zwei Jahren wurde die zweite Tochter geboren. Die Beziehung zu meinem Mann kühlte ab. Das ging aber ganz langsam. Er fing an zu trinken. Hat wohl im Wirtschaftsleben nicht das geschafft, was er gern geschafft hätte. Einschneidend war, daß er dann in eine andere Stadt versetzt wurde und wir praktisch eine Wochenend-Ehe führten. In dieser Zeit bin ich einem anderen Mann begegnet, einem richtigen Charmeur, mit dem es eben auch im Bett viel besser ging. Warum ich das so einfach gemacht habe? – Ich weiß es nicht. Ich bin sehr impulsiv, bei mir setzt der Verstand manchmal aus. Es ist eben so gekommen, und es mußte so kommen. Ich hatte nicht das Gefühl, ein Recht darauf zu haben. Aber daß ich nun große Reue darüber empfand ... Hatte immer nur das Gefühl: Ich bin verheiratet, habe zwei Kinder, das darf ich nicht. Geheiratet hätte ich diesen Mann übrigens nie, aber sexuell bin ich durch ihn viel freier geworden. Hemmungen, die ich meinem Mann gegenüber hatte, ließ ich bei dem anderen völlig fallen.«

FRAGE: »Und wie hat Ihr Mann es rausbekommen?«

ANTWORT: »Er hat wohl gespürt, daß da etwas war. Und dann kam ein Augenblick, wo ich die ganze Sache rausgesprudelt habe. Das war ein Schock für ihn. Er kam nicht darüber hinweg. Ich mußte meine Koffer packen und zu meinen Eltern fahren. Das fand ich auch völlig in Ordnung. Ich war voll erfüllt davon, schuldig zu sein. Die Kinder blieben bei ihm – auch ganz selbstverständlich. Wir hatten damals eine Haushälterin, die sie versorgte. Ich war so von meiner Schuld überzeugt, daß ich mir die Perlen aus den Ohren nahm, die ich von meinem Mann bekommen hatte, und sie ihm auf den Schreibtisch legte. Ich wurde geschieden, schuldig natürlich, und habe von mir aus auf alles verzichtet. Etwas anderes war mir selbst gar nicht vorstellbar.«

FRAGE: »Wie alt waren die Kinder?«

ANTWORT: »Acht und sechs.«

FRAGE: »Und was haben Ihre Eltern gesagt?«

ANTWORT: »Mein Vater fand das unmöglich, was ich getan hatte, aber er hielt zu mir, nach dem Motto: Meine Tochter ist immer noch meine Tochter. Mein Bruder hatte inzwischen auch eine Scheidung hinter sich, und unser Vater benahm sich uns gegenüber eigentlich ganz rührend.«

FRAGE: »Haben Ihnen die Kinder nicht sehr gefehlt?«

ANTWORT: »Doch. Aber ich hatte ja kein Recht auf sie.«

FRAGE: »Wie ging es dann weiter?«

ANTWORT: »Ich lebte in Lübeck bei meinen Eltern, lernte Steno und Schreibmaschine, war zunächst todunglücklich, weil mein Seitensprung sofort nach meinem Weggehen die nächste Beziehung angeknüpft hatte, aber das ging auch vorbei. Und mein geschiedener Mann saß mit den Kindern in Süddeutschland. Nach drei Jahren kam er, um mich zurückzuholen. In der Zeit hatte ich gerade begonnen, ein eigenes Leben zu führen, in dem auch Männer wieder eine Rolle spielten. Aber ich ging mit. Einmal natürlich wegen der Kinder. Aber bestimmt auch aus dem Gefühl heraus, daß ich nach all dem, was ich mir hatte zuschulden kommen lassen, einfach nicht nein sagen durfte, wenn mich dieser Mann nun wiederhaben wollte.«

FRAGE: »Wie war der Neuanfang?«

ANTWORT: »Schwer. Für meinen Mann sicher auch. Der andere Mann saß immer noch wie ein Stachel in ihm. Der sitzt noch.«

FRAGE: »Liebt er Sie sehr, Ihr Mann?«

ANTWORT: »Er sagt es immer. Ich weiß nicht. Vielleicht ist es nur Abhängigkeit. Ich bin der einzige Halt, den er hat. Das klingt jetzt vielleicht sehr überheblich, aber es stimmt. Er hat keine Freunde. Er ist labil, depressiv veranlagt, greift schnell zur Flasche. Es geht ihm inzwischen körperlich und seelisch so schlecht, daß ich es nicht verantworten könnte, mich von ihm zu trennen. Mit dem Wort ›lieben‹ bis ich sehr vorsichtig. Es gab schon mal eine kurze, sehr schöne Zeit, nachdem wir die Schwierigkeiten des Neubeginns einigermaßen überwunden hatten und ich mein drittes Kind bekam. Den Jochen habe ich viel bewußter empfangen, auch bewußt ausgetragen. Die anderen beiden Kinder sind ja mehr über mich gekommen. Die dritte Schwangerschaft habe ich sehr genossen. Aber danach ging es endgültig bergab. Ich wollte dann auch nicht mehr mit meinem Mann schlafen. Wir haben aufgehört.«

FRAGE: »Sie haben sich verweigert?«

ANTWORT: »Ja. Es war eben diese Zeit, in der er sehr viel trank. Dann klappte es bei ihm nicht. Und ich hatte keine Lust, mich da groß anzustrengen, damit es dann doch noch klappte bei ihm. Ich kam mir mißbraucht vor.«

FRAGE: »Haben Sie als junges Mädchen mal Selbstbefriedigung gemacht?«

ANTWORT: »Nein. Viel später erst. Während der Durststrecken.«

FRAGE: »Wenn Sie jetzt einen Mann kennenlernen würden, der Ihnen gefiele . . .«

ANTWORT: »Ich kenne welche. Es ist nicht so, daß ich diesen Dingen abhold bin. Es sind auch mal wieder ein oder zwei Sachen gewesen in letzter Zeit. Zum Beispiel bin ich dem Mann wiederbegegnet, den ich damals sehr mochte, als ich heiratete. Der hat gerade seine zweite Ehe hinter sich gebracht. Auch ein schwieriger Mann mit enormen Problemen. Ich bin ja inzwischen alt genug, um das zu erkennen.«

FRAGE: »Und Sie haben kein schlechtes Gewissen gegenüber Ihrem Mann?«

ANTWORT: »Nein. Er darf es nur nicht wissen. Er würde es nicht verkraften, glaube ich.«

FRAGE: »Halten Sie es für möglich, daß es mit Ihrem Mann noch mal zu einer Aussprache kommt?«

ANTWORT: »Im Moment bestimmt nicht. Wenn wir wirklich ein offenes Gespräch führen würden, müßte ich soviel sagen – das gäbe eine Katastrophe. Hinzu kommt, daß mein Mann mit Worten sehr geschickt ist, so daß ich bis jetzt eigentlich immer sehr bald mit dem Rücken zur Wand gestanden habe.«

FRAGE: »Das kann ich mir gar nicht vorstellen . . .«

ANTWORT: »Doch, doch. Sehen Sie, ich rede drauflos. Mich kann man in die Enge treiben, weil ich mir nicht jedes Wort überlege. Mein Mann sagt das alles ganz langsam. Und das macht mich ja schon wahnsinnig, weil das so langsam über die Bühne geht. Aber dagegen komme ich nicht an.«

FRAGE: »Waren Sie vor oder während Ihrer Ehe mal berufstätig?«

ANTWORT: »Ganz kurz nur. Ich habe ja nichts Richtiges gelernt. Sprachen, ein bißchen Steno und Schreibmaschine. Und habe jetzt vor genau zwei Jahren, als mein Mann seine sehr gute Stellung verlor und kurze Zeit arbeitslos war, von einem Tag zum anderen angefangen zu arbeiten.«

FRAGE: »Wie haben Sie das denn gemacht?«

ANTWORT: »Ich hatte Glück. Ein Zufall. Ich wollte einen Sprachkurs belegen bei der Volkshochschule, und die suchten gerade jemand fürs Sekretariat. Es ist eine hektische, anstrengende Arbeit, für die man aber nicht so schrecklich viele Kenntnisse mitbringen mußte. Bei meinen Töchtern habe ich sehr darauf geachtet, daß sie einen Beruf erlernten.«

FRAGE: »Finden Sie, daß Ihre Töchter es heute sehr viel besser haben als Sie zu Ihrer Zeit?«

ANTWORT: »Man kann die Zeiten nicht miteinander vergleichen. Meine Älteste hat vor zehn Jahren geheiratet, weil ein Kind unterwegs war, und in der Ehe hat es später schwere Krisen gegeben. Das werfe ich mir heute vor, daß ich damals nicht den Mut gehabt habe zu sagen: Krieg dein Kind, wenn du willst, aber du brauchst nicht gleich zu heiraten. So weit war ich vor zehn Jahren noch nicht. Mit dem jüngsten Sohn ist es jetzt so, der hat eine sehr niedliche Freundin, und ich weiß, daß die miteinander ins Bett gehen. Sie lebt bei ihrem Vater, die Eltern sind geschieden. Mit der bin ich zum Frauenarzt gegangen, damit sie die Pille bekommt, und ich habe ihr auch Verhütungsmittel aus der Apotheke besorgt.«

FRAGE: »Was halten Sie denn von der Ehe?«

ANTWORT: »Die Frage ist sehr berechtigt. Ich bin langsam zu der Überzeugung gekommen, daß die Ehe ein unwahrscheinliches Risiko ist. An sich eine Vermessenheit, daß zwei Menschen sich für ihr ganzes Leben miteinander binden. Es gehört viel dazu, eine Ehe wirklich gut zu führen. Bestimmt gibt es solche Ehen, aber wenige. Vor einiger Zeit habe ich einen Mann kennengelernt, mit dem hätte es viele Gemeinsamkeiten geben können. Aber er ist verheiratet. Und wenn ich dieses Ehepaar zusammen sehe, sie haben keine Kinder, dann weiß ich, die sind miteinander wirklich glücklich. Beneidenswert.«

FRAGE: »Haben Sie das Gefühl, daß Sie viel versäumt haben, daß Ihr Leben auch ganz anders hätte laufen können?«

ANTWORT: »Glaube ich schon. Auch für meinen Mann. Manchmal denke ich, daß ich schuld daran bin, daß er so geworden ist. Wer weiß, wie alles gekommen wäre, wenn ich damals diesen Seitensprung nicht gemacht hätte. Aber meine Kinder sagen: Nun hör doch auf, lauf nicht immer mit diesen verdammten Schuldgefühlen herum. Aber es ist doch was dran. Vielleicht bin ich sein Unglück gewesen, und er das meine. Trotzdem, als Opfer sehe ich mich auch nicht. Ich meine, ich revoltiere manchmal innerlich. Was mir sehr hilft, ist Bioenergetik und Atemgymnastik. Das hat mir ein Psychotherapeut empfohlen. Ich habe es zuerst in Einzelbehandlung gemacht, jetzt sind wir eine Gruppe von fünf oder sechs Frauen verschiedenen Alters. Alle zwei Wochen gehe ich da hin. Jedesmal löst sich bei mir diese innere Verkrampfung. Bei mir staut sich alles an. Das kommt da raus. Ich bin die einzige, die immer heult.«

»Wenn wir Frauen anfangen würden,
unser erotisches Potential auszuschöpfen,
würden wir zum erstenmal etwas
über die männliche Sexualität erfahren.
Denn Männer sind sehr verkorkst,
sie merken es nur nicht,
solange die Frauen sie nicht herausfordern.«
Suzanne Brøgger, 1978

Simone, 21 Jahre alt

Sie selbst nennt sich eine »Akademikergöre«. Der Vater ist Chefarzt mit musischen Neigungen, die Mutter hat Literaturwissenschaft studiert, bevor sie heiratete und vier Kinder bekam. Simone lebt in Freiburg in einer gemischten Wohngemeinschaft, zwei Frauen, drei Männer, alles Studenten. Sie hat sich für Psychologie entschieden, weiß aber noch nicht, ob sie dabei bleibt. Äußere Kennzeichen: blond, große blaue Augen, Babyspeck um die Hüften. Wer aber in ihr nur das »süße Mädel« sehen will, bekommt schnell Respekt vor ihrem scharfen Verstand und ihrer couragierten Offenheit.

FRAGE: »Kannst du dich an dein erstes sexuelles Erlebnis noch erinnern?«

ANTWORT: »Kommt darauf an, was du darunter verstehst. Den ersten Orgasmus hatte ich jedenfalls allein.«

FRAGE: »Durch Selbstbefriedigung?«

ANTWORT: »Nicht direkt. Es war in einer warmen Sommernacht. Ich hatte die Decke zwischen den Beinen und hab' mich hin- und hergewälzt, als es mich plötzlich durchströmte. Da war ich zehn oder ein bißchen älter. Ich wußte gleich: Aha, das ist es also, das nennt man wohl Orgasmus. Ich kannte auch das Wort.«

FRAGE: »Demnach bist du sehr frei erzogen worden?«

ANTWORT: »Eigentlich nicht. Ich hab, mit sechs glaube ich, meine Mutter mal gefragt, wieso 'ne Frau ohne Mann ein Kind bekommen kann, wozu man die Männer eigentlich braucht, da hat sie sich unheimlich aufgeregt und gesagt: Dafür bist du noch zu klein. Aufgeklärt wurde ich ein bißchen später von einem Nachbarjungen. Der sagte, daß der Mann was in die Frau reinsteckt. Das kam mir so absurd vor. Wie bei einem Steckspiel aus dem Lego-Kasten. ›Du spinnst‹, sagte ich. Aber der lachte mich aus, der war älter als ich. Und dann hab' ich das irgendwann auch einfach akzeptiert.«

FRAGE: »Hast du viel onaniert?«

ANTWORT: »Als Möglichkeit, um sexuelle Spannungen loszuwerden, habe ich es erst in der letzten Zeit häufiger gemacht. Wobei ich schon manchmal diesen Mangel merke, daß Selbstbefriedigung eben nicht hilft gegen's Alleinsein. Früher, zu Hause, kam es seltener vor, und wenn, dann mit Schuldgefühlen.«

FRAGE: »Mit Schuldgefühlen?«

ANTWORT: »Ja. Wenn mich jemand dabei ertappt hätte, das wäre mir sehr unangenehm gewesen.«

FRAGE: »Ab wann spielten Jungen eine Rolle in deinem Leben?«

ANTWORT: »Der erste Wunsch nach einem Mann war überhaupt nicht sexuell. Ich wollte zärtlich zu jemand sein, auch Zärtlichkeiten bekommen und mich beschützt fühlen. Der Johannes, mein erster Freund, war älter als wir alle in der Klasse, hatte aber noch keine Erfahrung mit Mädchen. Mit dem ist zunächst einmal nichts passiert, was unter die Gürtellinie ging, monatelang nicht. Manchmal haben wir uns irrsinnig lang geküßt, wir konnten uns zwei, drei Stunden lang küssen. Und dann haben wir gemeinsam immer mehr entdeckt.«

FRAGE: »Habt ihr darüber auch geredet?«

ANTWORT: »Eigentlich nicht. Das war eine ziemlich dumpfe, verschwitzte Kinderfreundschaft. Ich war vierzehn, er achtzehn. Was mir jetzt in Erinnerung ist, sind diese Nächte im Garten, in denen wir uns ganz fest aneinandergedrückt und uns gefühlt und gestreichelt haben. Ich weiß noch, daß wir kaum Schlaf brauchten in dieser Zeit, in der wir so höllisch verliebt waren. Wir lagen bis nachts um vier, halb fünf im Garten und mußten beide um halb sieben wieder für die Schule aufstehen. Das hat uns nichts ausgemacht.«

FRAGE: »Haben deine Eltern das nicht mitgekriegt?«

ANTWORT: »Nein. Wir schlichen uns raus und lagen morgens in unseren Betten. Meine Eltern wußten aber, daß ich mit dem Johannes befreundet bin. Er durfte auch mal mit uns in die Ferien fahren. Da hatte er ein eigenes Zimmer, und ich hatte ein Zimmer in unserem Haus in der Toskana. Er oben, ich unten. Und manchmal sind wir im Nachthemd von Flur zu Flur gehuscht, um uns zu besuchen. Meine Mutter kriegte das wohl mit, sagte aber nichts. Einmal lagen wir gerade in seinem Bett und waren also wirklich zum ersten Mal mit genitaler Sexualität beschäftigt. Er hat so ganz vorsichtig den Finger reingeführt bei mir. Das fand ich toll, ich dachte: Jetzt fängt es gleich an, jetzt kann es gleich losgehen. Da hörte ich, wie meine Mutter zu meinem Vater sagte: ›Die liegen jetzt schon seit zwei Stunden da oben‹. Mein Vater kam die Treppe rauf, riß die Tür auf, wurde knallrot vor Wut und Eifersucht und brüllte los. Das sei kleinbürgerlich, was wir da treiben würden, und nicht unter seinem Dach, wir seien ja beide noch minderjährig. Solche Schuldgefühle wie damals habe ich später nie wieder gehabt, das Gefühl, was ganz Übles, Seichtes, Schlechtes zu tun.«

FRAGE: »Da hattet ihr noch nicht miteinander geschlafen?«

ANTWORT: »Nein. Ich habe es genossen, ihn zu erregen, und habe ihm mit der Hand einen Orgasmus verschafft. Wenn ich ihn hochbringe, muß ich auch für Abhilfe sorgen, dachte ich damals. Ich selbst kriegte nie einen Orgasmus.«

FRAGE: »Hast du gehofft, wenn ihr miteinander schlafen würdet ...«

ANTWORT: »Ja. Ich wollte es eigentlich nicht, aber wir haben es dann ausprobiert, und es hat mir weh getan.«

FRAGE: »Was hat dir weh getan?«

ANTWORT: »Wenn er versucht hat, in mich einzudringen. Wahrscheinlich habe ich mich furchtbar verkrampft in diesem Moment. Wir haben es dann gelassen, und ich hab's nicht vermißt. Später fragte ich mal einen Frauenarzt, ob vielleicht meine Scheide zu eng sei. Er sagte, es sei alles in Ordnung, und die Jungfernhaut sei auch schon durch.«

FRAGE: »Bist du nicht sehr unzufrieden geworden mit der Zeit?«

ANTWORT: »Doch. Ich habe mich ständig in andere Männer verliebt, meist in ältere, unerreichbare Vaterfiguren, Autoritätspersonen, mit denen natürlich nie etwas war. Dann versuchte ich es noch mal mit einem etwas erfahreneren Mann. Ich wollte es unbedingt, hab' aber gemerkt, daß ich alles zerstöre, wenn ich es so krampfhaft will, daß es dann nichts wird. Es hat mir wieder weh getan. Da hab' ich von mir aus sehr bewußt eine lange Pause eingelegt.«

FRAGE: »Bis du hierher nach Freiburg kamst?«

ANTWORT: »Ja. Hier lernte ich einen Studenten kennen, der war im achten Semester und furchtbar klug im Kopf, der hat das von mir gefordert: Jetzt schläfst du mit mir, jetzt muß das sein. Ich hab die Zähne zusammengebissen, weil es wieder weh tat. Und er war wahnsinnig enttäuscht, daß er mich nicht zum Orgasmus bringen konnte. Ein paar Tage später sagte er zu mir: ›Mit einer Frau, die ich nicht befriedigen kann, kann ich auch nicht befreundet sein.‹ Wörtlich. Zuerst hatte ich das Gefühl: Gott, ich hab versagt, ich bin ein Versager-Typ, was mach ich nur falsch? Bis ich kapierte, wie brutal und rücksichtslos das von ihm war.«

FRAGE: »Ist er denn sehr egoistisch vorgegangen? Hat er nicht versucht, dich vorzubereiten, durch Zärtlichkeiten zu stimulieren?«

ANTWORT: »Doch. Aber er hat überhaupt kein Gespür dafür gehabt, wie weit mich das erregt oder nicht. Und mich hat es in dem Moment nicht mehr erregt, als ich merkte, daß er sich gar nicht wirklich die Zeit nehmen wollte für ein langes, intensives Vorspiel, es war mehr so ein aufgeregtes Reiben: Wann ist sie endlich soweit? Wann ist die heiß genug? – Da war's aus bei mir.

Danach habe ich mich in einen vierzigjährigen Seminarleiter verliebt. Da habe ich zum erstenmal gemerkt, was Erregung wirklich bedeutet. Ich war vollkommen verrückt nach ihm. Den hätte ich praktisch auf der Straße vergewaltigen können. Es war auch so, daß ich das körperlich spürte, daß ich feucht wurde. Ich fand es schön, diese Wünsche in mir zu merken, diese Lust, diese Flut. Und bei einem Studentenbesäufnis hab' ich es ihm gesagt, daß ich mit ihm schlafen will. Er sagte, er fände mich auch sehr nett, aber er habe eine Frau und eine Freundin, auf mehr könne er sich im Moment nicht einlassen.«

FRAGE: »Hattest du denn überhaupt schon mal einen Orgasmus mit einem Mann?«

ANTWORT: »Ja. Ich kenne einen Maler, einen ganz verrückten, egozentrischen Typ, den lernte ich kennen, als ich ganz viel erotische Literatur in mich reingefressen hatte. Wir verbrachten ein Wochenende zusammen, und das verlief ganz merkwürdig, weil er nämlich völlig impotent war. Deshalb brauchte ich nicht mit ihm zu schlafen. Aber er hat alles, was man sich sonst vorstellen kann, mit mir gemacht. Das war wirklich sehr schön. Es tat mir nur leid für ihn.«

FRAGE: »Habt ihr über seine Impotenz gesprochen? Ist das immer so bei ihm?«

ANTWORT: »Nein. Er hat eine Freundin, die ist ihm sklavisch ergeben. Mit ihr kann er alles praktizieren, was er mag, und dann funktioniert es bei ihm.«

FRAGE: Was praktiziert er?«

ANTWORT: »Er hat mir erzählt, daß sie ihn mit dem Mund befriedigt. Dazu könnte er mich einfach nicht zwingen. Was ihm Lust macht, ist, daß er sie zwingt. Er phantasiert dabei ganz wilde Sachen. Dafür haßt er sich selbst, sagt er, wenn er verliebt wäre in eine Frau, könnte er das nicht.«

FRAGE: »Warum macht seine Freundin das mit?«

ANTWORT: »Ich glaube, die verehrt ihn so als Künstler und als Genie.«

FRAGE: »War dieses Erlebnis deine erste Erfahrung mit oralen Praktiken?«

ANTWORT: »Mit einer Freundin hab ich das auch mal gemacht. Wir haben es uns gegenseitig gemacht. Ich war ein bißchen verliebt in sie und fand sie sehr sinnlich, sehr aufregend.«

FRAGE: »Hattest du nicht Angst, lesbisch zu sein oder es zu werden?«

ANTWORT: »Überhaupt nicht. Eine große Freude war das, daß ich das auch kann. Es war eine schöne, offene Beziehung ohne jeden Anspruch.«

FRAGE: »Was ist für dich das Wichtigste in einer Beziehung?«

ANTWORT: »Ich will nicht Krankenschwester sein und nicht Therapeutin und nicht Mammi. Der Mann muß mich, wirklich mich, gern haben. Weil ich zu viele Probleme hab und nicht einfach losbumsen kann.«

FRAGE: »Hast du noch nie mit einem Mann geschlafen, nur weil du rein sexuell Lust auf ihn hattest?«

ANTWORT: »Hm. Ja. Doch. Kürzlich. Ich muß vorausschicken, daß ich vorher eine tiefe Enttäuschung erlebt habe, die ich beinahe nicht verkraftet hätte. Es gab da einen Mann Ende dreißig, ziemlich hohes Tier, den hatte ich monatelang aus der Ferne angehimmelt. Eines Abends nach einer politischen Versammlung gingen wir alle noch ein Bier trinken, und an diesem Abend knallte es zwischen uns beiden. Ich ging mit zu ihm nach Hause. Bei ihm war ich zum erstenmal irrsinnig nah vorm Orgasmus durch einfaches Penetrieren, nichts anderes sonst, weil ich den so gut fand, diesen Mann.«

FRAGE: »Warum nur irrsinnig nah?«

ANTWORT: »Das ist das Komische. Weil er aufgehört hat in diesem Moment. Als hätte er Angst bekommen. Vielleicht hat er an seine Tochter gedacht, die nur ein paar Jahre jünger ist als ich. Keine Ahnung. Ich war trotzdem völlig fixiert auf ihn, habe ihn danach ständig angerufen, ihm ganz unverhohlen meine Gefühle gezeigt. Er war immer ganz lieb am Telefon, verabredete sich auch dauernd mit mir. Aber dann kam er entweder nicht, oder er sagte kurz vorher wieder ab. Heute würde ich sagen: Er hat mich am ausgestreckten Arm verhungern lassen. Bis ich das begriff, das dauerte Wochen. Jeden Satz von ihm drehte ich dreimal hin und her, um ihn zu meinen Gunsten auslegen zu können. Irgendwie war es ein gemeines Spiel. Ich konnte tagelang nur noch mit Beruhigungspillen existieren, saß wie hypnotisiert neben dem Telefon, wenn er versprochen hatte anzurufen. Ich nahm nichts mehr wahr, die Welt rutschte mir weg. So ganz allmählich brachten mich die anderen Mitglieder der Wohngemeinschaft wieder auf den Teppich. Sie haben mir sehr geholfen.

Dann, als es mir besser ging, kam der Bruder einer Freundin zu Besuch, und ich wollte wissen, ob ich überhaupt noch kann mit einem anderen Mann. Ich bin auf den zugetrieben, als hätte ich ewig auf ihn gewartet. Ich war diejenige, die angefangen hat. Ich hatte so einen Hunger nach Zärtlichkeit. Es war wie in einer Bedürfnisanstalt. Ich habe es gebraucht und mir geholt. Das muß ihn zunächst erschrocken haben. Er zog sich fast ein bißchen zurück, saß auf dem Sofa in meinem Zimmer, hatte sich eine Decke umgelegt. Ich hab' ihn unter der Decke mit dem Fuß ein bißchen am Oberschenkel gestreichelt. Habe ihm deutlich zu verstehen gegeben: Es bleibt hier nicht beim Kindersex. Dann hat er auch angefangen, mich zu streicheln. Zuerst überall da, wo keine erogenen Zonen sind. Ich hatte das Gefühl, daß er mich gezielt darauf warten läßt, bis er an die interessanteren Stellen geht. Das war toll, diese langsame Art, nicht quälerisch, sondern sehr bedacht. Dann lagen wir irgendwann auf dem Boden, und er fing an, mich auszuziehen. Wieder ganz langsam. Zuerst den obersten Knopf, dann noch einen und noch einen. So langsam, das hatte ich noch nie erlebt. Was ich jetzt erzähle, hat bestimmt eine dreiviertel Stunde gedauert. Zuletzt habe ich mir die Kleider vom Leib gerissen und gesagt: Laß uns doch ins Bett gehen... Ich habe gemerkt, daß ich jetzt ziemlich schnell einen Orgasmus kriegen könnte. Er ist sehr behutsam in mich eingedrungen. Es war gut. Vielleicht ein bißchen zu zart für mich in dieser Situation. Dann habe ich gesehen, daß mir sein Gesicht fremd ist, und meine Lust hat nachgelassen. Den Orgasmus wollte ich dann gar nicht mehr. Das war mir plötzlich zuviel, daß er mich soweit bringt, mich so ohnmächtig macht.«

FRAGE: »Vielleicht ist das die moderne Art, sich aufzusparen für den Richtigen?«

ANTWORT: »Kann schon sein.«

»Früher gaben sich die Frauen aus Temperament oder Gewinnsucht, vielleicht auch aus Gleichgültigkeit. Heute kommt eine dritte Klasse hinzu: die Amoureuse aus Weltanschauung. Nie hat im Garten der Venus eine häßlichere Distel gegrünt.«
Oskar A. H. Schmitz, 1911, »Brevier für Weltleute«

Susanne, 38 Jahre alt

Mit Wörtern wie »Karrierefrau« oder »Emanze« kommt man ihr nicht bei, obwohl beides auf sie zutrifft. Die Soziologin Susanne arbeitet an einem wissenschaftlichen Institut in Westdeutschland. Sie ist eine Frau, bei der sich Gefühl und Verstand die Waage halten. Auf die Frage, was sie – rein äußerlich – an sich selbst am schönsten findet, antwortet sie: »Augen, Mund, Busen.« Sie wäre gern schlanker, sagt sie, kann aber Frauen nicht ausstehen, »die in einem guten Eßlokal nur Salat und Joghurt bestellen.«

FRAGE: »Weißt du noch genau, mit wieviel Männern du schon geschlafen hast?«

ANTWORT: »Nein. Beim besten Willen nicht. Ganz früher habe ich mal eine Liste geführt, um den Grad meiner Verkommenheit im Auge zu behalten. Bis ich es zu blöd fand. Wenn du unbedingt eine Zahl willst: Über hundert waren es bestimmt.«

FRAGE: »Es hat dich beunruhigt, daß es immer mehr wurden?«

ANTWORT: »Ja, zunächst schon. Ich schrieb mir damals warnend ins Tagebuch, daß sich ein Mädchen nicht vertändeln darf, daß die Liebe ›schal wird‹ und daß man den Mann, der einen wirklich liebt, später nicht mehr halten kann, wenn man sich so verausgabt.«

FRAGE: »Sind dir solche Vorstellungen im Elternhaus beigebracht worden?«

ANTWORT: »Eigentlich nicht. Ich komme aus einer Arbeiterfamilie, die mit kleinbürgerlicher Moral nichts am Hut hatte. Ich bin auch nicht aufs Gymnasium geschickt worden, weil ich es mal besser haben sollte, sondern weil mein Volksschullehrer nicht locker ließ, bis meine Eltern nachgaben. Aber ich habe immer furchtbar viel gelesen, wahllos, was mir in die Finger kam, und da war natürlich viel Quatsch und viel Kitsch dabei. Ich hatte so eine lebhafte Phantasie und einen starken Drang, mich mit den Figuren in den Büchern zu identifizieren. Wenn ich die Geschichte der heiligen Cäcilie las, wollt ich Heilige werden; wenn ich die Geschichte der Madame Pompadour las, wollte ich Kurtisane werden.«

FRAGE: »Ist zu Hause über Sexualität gesprochen worden?«

ANTWORT: »In Form von derben Anspielungen, Volksweisheiten – ›Wie die Nase des Mannes, so der Johannes‹ – und deftigen Witzen. Daß die Kinder aus dem Bauch der Mutter kommen, wußten wir von Anfang an. Den Rest reimte man sich früh zusammen. Meine Mutter hatte nie Spaß am Sex. Das ließ sie durchblicken.«

FRAGE: »Kannst du dich noch erinnern, was deine erste sexuelle Empfindung war?«

ANTWORT: »Ja, da spielte ich noch mit Puppen. Ich glaube, ich war sechs Jahre alt, und hatte eine richtige sexuelle Anwandlung, eine Art von Erregtheit. Ich nahm – ganz automatisch– zwei Puppen und führte sie so zusammen, daß sie sich an den Geschlechtsteilen berührten. Das verschaffte mir ein tolles Gefühl. Später wollte ich beim Spielen auf einem Ruinengrundstück einen kleinen Jungen überreden, daß er mir seinen Pimmel zeigt. Ich habe ihm furchtbar gedroht, daß er in die Hölle kommt, wenn er es nicht tut. Leider kam ein Mann vorbei und durchkreuzte meine unsittlichen Absichten. Ich glaube, der ahnte was, weil er uns ganz barsch befahl zu verschwinden.«

FRAGE: »Hattest du keine Brüder?«

ANTWORT: »Nein, eine dreieinhalb Jahre jüngere Schwester.«

FRAGE: »Habt ihr euern Vater mal nackt gesehen?«

ANTWORT: »Nein, nie. Nur die Mutter.«

FRAGE: »Hat euer Vater euch Mädchen gegenüber mal sexuelle Anwandlungen bekommen?«

ANTWORT: »Ja, er hat uns an den Busen gefaßt, als wir ins Teenageralter kamen. Das fiel nicht auf, weil so Balgereien und spielerische Ringkämpfe üblich waren bei uns. Es passierte immer so, daß es auch ein Zufall hätte sein können. Aber wir wußten, daß es gezielt war, und haben uns indirekt gewehrt, indem wir uns wegdrehten oder seine Hand wegschoben.«

FRAGE: »Hat er es dann gelassen?«

ANTWORT: »Ja. Ich habe später nur noch ein einziges Erlebnis mit ihm gehabt, das mich sehr schockiert hat, über das ich auch viele

Jahre mit niemandem gesprochen habe. Wir besuchten seine Verwandten im Hunsrück und haben uns in einer Pension in einem Zimmer mit Ehebett eingemietet. Nachts wachte ich auf. Er war in mein Bett rübergerutscht und schmiegte sich seitlich an mich. Machte weiter nichts, sondern küßte mich nur einmal – heute würde ich sagen: sehr zart – auf die Brust. Ich war zu Tode erschrocken. Mein Herz klopfte wie wild, und ich fing prompt an zu heulen. Ich glaube, er war auch ziemlich verwirrt über das, was er da gemacht hatte. Aber er fand in dieser Situation den einzig richtigen Satz, der mich beruhigte: ›Wein doch nicht, wir sagen es der Mutti.‹ Das war eine erlösende Vorstellung, daß es kein Geheimnis zwischen ihm und mir bleiben würde. Wir haben es dann allerdings nie der Mutti gesagt.«

FRAGE: »Wie alt warst du da?«

ANTWORT: »Sechzehn. Ein dünnes Geschöpf, das sich Schaumgummi in den total überflüssigen Büstenhalter stopfte, um die Blikke der Jungs auf sich zu ziehen. Was habe ich gelitten, weil ich so einen kleinen Busen hatte! Auch später noch. Da kaufte ich mir Büstenhalter in Körbchenform, die das Wenige wenigstens ein bißchen hochdrückten und nach mehr aussehen ließen.«

FRAGE: »Wann hattest du deinen ersten Freund?«

ANTWORT: »Mit achtzehn. Vorher gab es drei Anläufe von drei verschiedenen Knaben, mich zu entjungfern. Nach jedem Mal dachte ich: Das kann es ja wohl noch nicht gewesen sein, diese Rumstümperei. Ich habe auch kaum geblutet. Aber eine Jungfrau war ich nicht mehr, als ich mit meinem ersten festen Freund ins Bett ging. Den lernte ich auf einer Tanzveranstaltung in der Schule kennen, zu der unser Mädchengymnasium ein Jungsgymnasium eingeladen hatte.«

FRAGE: »Eine Schülerliebe?«

ANTWORT: »Es ist mehr daraus geworden. Er war meine erste große Liebe. Ich fand ihn so schön, und ich stand damals so hundertprozentig auf schöne Männer. Ich bin nach der Schule immer zu ihm nach Hause gefahren. Seine Eltern waren beide berufstätig, meine auch. Wir haben zuerst miteinander geschlafen, dann haben wir Schularbeiten gemacht.«

FRAGE: »Hat dir die Sexualität Spaß gemacht?«

ANTWORT: »Ach, ich war ja so verknallt in ihn. Ich fand es toll, mit ihm zu schlafen, aber einen Orgasmus hatte ich nicht dabei.«

FRAGE: »Woran lag das?«

ANTWORT: »Wir hatten wenig Zeit und eigentlich auch immer Angst, daß die Eltern unvermutet nach Hause kommen würden. Ich fand den Orgasmus auch gar nicht so wichtig, ehrlich gesagt. Dieser Zwang, unter dem die Frauen heute stehen, den gab es noch nicht.«

FRAGE: »Du wußtest aber, was ein Orgasmus ist?«

ANTWORT: »Ja, weil ich die Selbstbefriedigung entdeckt hatte. Das war eine Sache, die ich sehr genoß. Ich habe das manchmal sogar richtig inszeniert, indem ich mir Schleier umband, mich vor einen Spiegel stellte oder legte, und dann ganz langsam die Hüllen wieder ablegte. Ich strippte sozusagen für mich selbst – mit allen Raffinessen. Ich hätte auftreten können damit. Heute finde ich es ganz erstaunlich, daß ich darauf gekommen bin. Vielleicht hat mich die Geschichte von der Salome inspiriert. Wenn ich nichts mehr zu lesen hatte als Kind, las ich immer die Bibel. Sehr spannende Lektüre.«

FRAGE: »Schuldgefühle hattest du nicht?«

ANTWORT: »Ich dachte schon, daß es verboten ist und daß der liebe Gott es nicht so gern hat, aber ich kam dann ohnehin in ein Alter, in dem man den lieben Gott über Bord wirft. Ich habe es mir erlaubt.«

FRAGE: »Hast du deine Onanie-Erfahrungen in die Sexualität mit deinem Freund einbringen können?«

ANTWORT: »Erst später. Als wir wirklich eine sturmfreie Bude hatten. Da begann eine sexuelle Lernzeit für uns beide. Wir haben alles ausprobiert, und ich habe sehr schnell entdeckt, was mir Spaß macht, daß ich ein ›klitoraler Typ‹ bin, wie man heute sagt. Allein durch den Koitus komme ich nicht zum Höhepunkt. Heute noch nicht.«

FRAGE: »Wie hat dein Freund reagiert?«

ANTWORT: »Er war auch ganz unverklemmt. Wir sind oft das ganze Wochenende im Bett geblieben, wenn wir konnten. Ich fand seinen Körper so schön, schmale Hüften, süßer Hintern, wir hatten richtig Freude aneinander. Ich war ihm auch vier Jahre lang absolut treu. Dann begann er eine Ausbildung für die gehobene Beamtenlaufbahn in einer anderen Stadt, ich war inzwischen von Zuhause ausgezogen, ein ›möbliertes Fräulein‹ geworden, hatte angefangen zu studieren – meine wilde Phase brach an.«

FRAGE: »Was ist dir aus dieser Zeit heute noch besonders in Erinnerung?«

ANTWORT: »Alkohol, Männer und Frust. Alkohol hat mich immer sehr schnell auf den Punkt gebracht, daß ich mit einem Mann ins Bett wollte, unbedingt, egal wie lange ich ihn kannte und ob er mich über die Nacht hinaus auch noch interessierte. Für die Männer und das damalige Selbstverständnis der Männer war ich wohl eine leichte Beute. Einer fragte mich mal – mitten beim Vögeln, ungelogen – warum ich so einfach mitgegangen wäre, ich sei doch so ein nettes Mädchen, das würde gar nicht zu mir passen. Die Männer haben nie begriffen – und ich selber zu der Zeit auch nicht – hinter was ich her war: hinter diesem kurzen Rausch, dem Sichloslassen, dem Eintauchen in eine Dämmerwelt aus Berührungen, Geflüstre und Gestammle. Ich hatte bei diesen flüchtigen Geschichten nie, nie einen Orgasmus, hatte auch keine Lust, lange Erklärungen über meine Vorliebe für manuelle und orale Praktiken abzugeben. Wenn einer sich abmühte auf diesem Gebiet, habe ich das von mir aus beendet, habe ihn sacht hochgezogen. Ich wollte ihn erleben, seine Verzückung.«

FRAGE: »Warum?«

ANTWORT: »Ich glaube, Sexualität war für mich damals eine Möglichkeit, Machtgelüste auszuleben. Ich liebte die Vorstellung, die schöne Unbekannte zu sein, die wie ein erotisches Naturereignis im Leben eines Mannes auftaucht, um dann – unerreichbar für ihn – wieder zu entschwinden.«

FRAGE: »Wie denkst du heute darüber?«

ANTWORT: »Ich finde es höchst fragwürdig, die eigene Befriedigung aus der Superbefriedigung des anderen zu ziehen. Das ist Sexualität als Selbstbestätigungs-Trip. Ich will nicht sagen, daß es mir heute gar nicht mehr passieren könnte, aber es interessiert mich nicht mehr. Und damals war es auch schon so, wenn ich einen Mann länger kannte, dann habe ich allmählich dafür gesorgt, daß ich auch etwas davon hatte. Meiner Erfahrung nach sind die meisten Männer sehr froh, wenn man ihnen Hinweise gibt. Sie tappen ja auch im Dunkeln. Woher sollen sie es denn wissen, wenn die Frau es ihnen nicht sagt. Das muß ja nicht sofort in diesem Moment im Bett sein. Später. Beim Spazierengehen.«

FRAGE: »Vielen Frauen fällt das aber sehr schwer ...«

ANTWORT: »Klar, weil man den Mann liebt und nicht verletzen

will. Aber was hilft's? Je früher die Weichen gestellt werden, desto besser für beide. Ich erinnere mich, daß es einmal mit dem Mann, mit dem ich jetzt zusammenlebe, eine Situation gegeben hat, die zu so einem wichtigen Gespräch führte. Es war Frühling, wir saßen auf einer Terrasse, ich hatte eine Decke über mich gebreitet. Und er fing an, mich unter der Decke zu streicheln. Man konnte uns aber von den umstehenden Häusern aus beobachten. Das erhöhte den Reiz und die Spannung, daß sein Tun nicht offen werden durfte. Ich wurde immer erregter und fand es immer toller und irgendwann sagte ich: ›Jetzt gehen wir hier weg.‹ Wir also ins Zimmer, aufs Bett, und er sofort in mich rein. Da war ich so enttäuscht. Es war alles vorbei. Ich dachte noch: Wie kann eine so hochgradige Erregung so blitzartig absinken? Aber es war so. Und das habe ich ihm später mal in aller Behutsamkeit klargemacht, daß ich damit Probleme habe, wenn es zu schnell mit dem Koitus losgeht.«

FRAGE: »Mit diesem Mann bist du nicht verheiratet?«

ANTWORT: »Nein. Ich bin gegen die Ehe. Ich habe mit sechsundzwanzig meinen ersten Freund geheiratet, und das hätte ich lieber lassen sollen.«

FRAGE: »Warum hast du denn geheiratet?«

ANTWORT: »Die Beziehung mit ihm war ja die ganze Zeit weitergelaufen, während ich mich austobte. Wir sahen uns regelmäßig an den Wochenenden und fuhren miteinander in Urlaub. Er war zu einem festen Punkt in meinem Leben geworden. Manchmal dachte ich sogar: zu meinem einzigen Halt. Meine Rumtreiberei wurde mir immer unheimlicher. Ich wollte das nicht mehr. Und ich wollte auch raus aus den möblierten Zimmern. Ich weiß noch, daß ich mal zu meiner Mutter sagte: ›Irgendwann heirate ich einen Warmwasserboiler.‹ Und ich konnte ja inzwischen Vergleiche anstellen zwischen Männern. Da schnitt er sehr gut ab. Also: Hochzeit 1967, ich im weißen Minikleid, er im schwarzen Anzug, Standesamt, Kirche, Verwandtschaft, Hochzeitsessen im Gartenlokal, alles, wie es sich gehörte. Und, offen gesagt, an die ersten Ehejahre denke ich noch sehr gern zurück. Die Krise kam, als ich so etwa dreißig wurde, ein bißchen früher vielleicht.«

FRAGE: »Wodurch?«

ANTWORT: »Inzwischen stand ich ja im Berufsleben. Ich war sehr ehrgeizig, wollte was werden, wachte politisch auf, engagierte mich – und hatte einen Mann zu Hause, der sich für schnelle Autos interessierte, für Wintersport, Weinproben, Wasserski, Tennis. Es ging uns finanziell ganz gut, und er vertrat den Standpunkt: ›Das Leben ist so kurz, man muß die schönen Seiten genießen. Alles andere ist Krampf. An den Verhältnissen kann man sowieso nichts ändern.‹ Zuerst dachte ich: Nun ja, es genügt vielleicht, wenn ich mir die intellektuellen Anregungen von außen hole. Aber es genügte eben nicht. Ich wurde immer kribbeliger, hatte das Gefühl, geistig zu verrotten, mein Leben zu verplempern. Und schließlich habe ich mit den Männern, die ich beruflich kennenlernte, nicht nur nächtelang diskutiert, sondern auch sexuelle Beziehungen angefangen.«

FRAGE: »Hast du auch mal mit Männern geschlafen, weil sie für deine Karriere wichtig waren?«

ANTWORT: »Spontan würde ich sagen: nein. Damals war ich schon sehr viel wählerischer als früher. Aber ich muß zugeben, daß Männer in Machtpositionen, die was im Kopf hatten, immer sehr erotisierend auf mich wirkten. Ich haben in meinem ganzen Berufsleben kaum je einen Vorgesetzten erlebt, der keine Annäherungsversuche gemacht hätte. Wenn er mir gefiel, hatte er Erfolg; wenn nicht, konnte er sich auf den Kopf stellen, dann lief nichts. Meiner Erfahrung nach bringt die Affäre mit einem Chef keine direkten beruflichen Vorteile. Die sind ja meist verheiratet und haben Angst, sich dadurch zu verraten. Andererseits kannst du dich als Frau über die Sexualität mit einem Mann am schnellsten kurzschließen. Sie lassen dich dann eher teilhaben am ihrem Wissen, ihrem beruflichen Know-how, erzählen dir, wer mit wem kungelt, wer auf dem aufsteigenden Ast sitzt, wer auf dem absteigenden – alles sehr wichtige Dinge für einen Neuling in einem großen Betrieb. Das geschieht übrigens nicht nur aus Angeberei oder weil du ihnen so tolle Orgasmen verschaffst, sondern weil sie durch das Bett und das Drumherum mehr über dich erfahren haben. Zum Beispiel, daß du Ehrgeiz hast und dir was zutraust. Das setzen sie bei einem Mann grundsätzlich voraus. Bei einer Frau müssen sie erst mit der Nase darauf gestoßen werden.«

FRAGE: »Haben sie dich nicht unter Druck gesetzt, wenn du nicht mehr mit ihnen schlafen wolltest?«

ANTWORT: »Nee. Da wären sie sich schon schofelig vorgekommen. Du hast sie ja auch gut behandelt. Hast nicht rumgetratscht, nicht zu Hause bei der Frau angerufen, ihr geordnetes Leben nicht in

Unordnung gebracht. Das mußten sie akzeptieren, wenn ich keine Lust mehr hatte.«

FRAGE: »Wie lange hat dein Mann das mitgemacht?«

ANTWORT: »Das ist eine Frage, die treibt mir heute noch die Schamröte ins Gesicht. Wenn ich mein Leben korrigieren könnte, würde ich diese Zeit gern anders laufen lassen. Das möchte ich nicht noch mal mitmachen: Meine Lügerei, die ständigen Ausreden, die Angst, die Schuldgefühle, das Versteckspiel – würdelos. Von ihm und von mir. Er wollte nicht wahrhaben, was los war, und ich hatte nicht den Mut, es einzugestehen. Dabei kam ich fast keine Nacht vor zwei, drei nach Hause, wenn ich überhaupt kam. Wir schliefen kaum mehr miteinander, nur noch auf die Schnelle, sozusagen als Service, für den ich mich zuständig fühlte.«

FRAGE: »Ist er nie außer sich geraten?«

ANTWORT: »Ich erinnere nur einen Moment, in dem er mal die Beherrrschung verlor. Da hatte er auch den Wunsch, mich zu schlagen. Aber er schlug nicht wirklich. Er trieb mich mit den Armen so vor sich her und schrie: ›Weißt du eigentlich, was du mir antust?‹ War kreidebleich, wütend, aber noch viel verzweifelter als wütend. Ich habe mich geschämt, weil ich ihn so weit gebracht hatte. Er könnte nie jemanden schlagen. Er ist durch und durch gutherzig.«

FRAGE: »Wie war dann das Ende?«

ANTWORT: »Ich habe ihm kurz darauf beim Frühstück gesagt, daß ich ihn verlassen werde. Habe meinen Koffer gepackt und bin mit einem anderen Mann – oh, Kitsch laß nach – nach Venedig geflogen. Mein Mann hat mir viel später einmal erzählt, er hätte mir vom Balkon aus nachgesehen und dabei geweint, und ich hätte mich kein einziges Mal umgedreht. Das geht mir heute noch nahe.«

FRAGE: »Was würdest du denn heute anders machen?«

ANTWORT: »Daß ich weggegangen bin, war schon richtig. Aber es hätte mit mehr Offenheit und Ehrlichkeit – und das heißt auch: mit mehr Anstand – ausgetragen werden müssen. Darauf hatten wir beide ein Recht. Da haben wir beide versagt, ich mehr als er. Natürlich gibt es kein Rezept für eine ›glückliche Trennung‹, aber für eine faire. Wenn ich mich heute mit Frauen unterhalte, die sich von ihrem Mann trennen wollen, was gerade in letzter Zeit häufig passiert, sage ich immer: ›Verabschiede dich von dem Gedanken, daß du es schaffst, ohne ihm weh zu tun. Es tut immer weh. Aber verwechsle nicht Feigheit mit Schonung. Je länger du ihn angeblich schonst, desto mehr Brutalität kostet es dich am Ende‹.«

FRAGE: »Haben dir die Männer, für die du jetzt frei warst, das gebracht, was du an deinem Mann vermißt hast?«

ANTWORT: »Ach, du liebe Zeit, jetzt begannen erst meine zweiten Lehr- und Wanderjahre. Lektion Nummer eins: Erwarte nie, daß ein Partner dir das liefert, was du dir nicht selbst erarbeitest oder was nicht in dir selbst drinsteckt. Ich hatte mir damals so einen Kreativbolzen ausgeguckt, wir wollten gemeinsam Bücher lesen, gemeinsam malen, gemeinsam ins Theater gehen – nichts ist daraus geworden, wir saßen vorm Fernseher und glotzten Pippi Langstrumpf.«

FRAGE: »Bist du nach der Trennung von deinem Mann mit ihm zusammengezogen?«

ANTWORT: »Dummerweise ja, obwohl mich eine innere Stimme warnte und ich lieber erst mal allein gelebt hätte. Aber ich hab's dann doch getan. Hab fünf Kartons voll Müll aus seiner Junggesellenbude gewuchtet und mich bei ihm eingerichtet.

FRAGE: »Wie lange hat's gedauert?«

ANTWORT: »Drei Monate. Dann war's aus. Ich fragte: ›Was ist los?‹ – Er sagte: ›Ich weiß es auch nicht. Deine Töpfe und Tiegel im Bad stören mich.‹ Da nahm ich Töpfe, Tiegel und Koffer und mietete mich erst mal in einer Pension ein. Gott sei Dank hatte ich keine finanziellen Probleme. Geld macht unabhängig. Wenn eine Frau in so einer Situation kein Geld hat, ist sie verloren. Na ja, und dann rückte Weihnachten näher. Mein Mann, der die ganze Zeit über zumindest telefonischen Kontakt mit mir gehalten hatte, sagte: ›Was willst du denn in dieser Scheißpension, komm nach Hause.‹ Das tat ich dann. Es dauerte noch mal ein Jahr, bevor ich endgültig auszog – in eine eigene Wohnung.«

FRAGE: »War das nicht ein sehr problematisches Jahr?«

ANTWORT: »Wir gingen freundlich miteinander um, hatten uns aber auseinandergelebt. Das war nicht rückgängig zu machen. Es fand auch keine großartige Versöhnung mit Schwüren statt, auch keine Schadenfreude von seiner Seite aus. Ich war eben wieder da, aber es hatte sich nichts geändert. Einmal, das weiß ich noch, feierten wir mit unserer Freundesclique ein riesiges Fest. Zu diesem Kreis gehörten sehr viele verheiratete Frauen – gut verheiratete, wie ich glaubte –, und als sie alle einen in der Krone hatten, kamen sie unabhängig voneinander, eine nach der anderen, auf mich zu und sagten: ›Mensch, ich fand das so toll, als ich hörte, daß du einfach gegangen bist. Wenn ich keine Kinder hätte, ich wäre auch schon längst auf und davon.‹ Ich habe nur so gestaunt. Das hatte nichts damit zu tun, daß sie es meinem Mann gegönnt hätten, gar nicht, den mochten sie sehr gern. Aber daß eine Frau das einfach macht, das fanden sie toll, das war die Verwirklichung ihrer eigenen geheimen Wünsche.«

FRAGE: »Warum hast du keine Kinder?«

ANTWORT: »Mir war der Beruf wichtiger. Ich mußte mich entscheiden. Ich finde aber nicht, daß es sich dabei um eine freiwillige Entscheidung handelt. Ein Mann kann Karriere machen und dabei einen Stall voll Kinder haben, eine Frau nicht. Sie ist gezwungen, sich zu entscheiden.«

FRAGE: »Wie hast du denn verhütet?«

ANTWORT: »Zuerst Knaus-Ogino, dann die Pille, insgesamt drei Abtreibungen.«

FRAGE: »Bereust du die Abtreibungen?«

ANTWORT: »Nein. Zu den jeweiligen Zeitpunkten wäre ein Kind ganz unmöglich gewesen für mich.«

FRAGE: »Wie ging es denn nach der zweiten Trennung von deinem Mann weiter?«

ANTWORT: »Ich verliebte mich in einen Mann, den ich heute als meinen ›letzten Irrtum‹ bezeichne. Ich glaube, an dem hat mich gereizt, daß er so verkorkst war und daß ich ihn nicht unter den Daumen kriegte, wie man das nennt, obwohl ich ihm in fast jeder Beziehung überlegen war. Ich verdiente mehr Geld als er, hatte die bessere Ausbildung, den interessanteren Beruf. Der war sehr bürgerlich erzogen und hatte sehr konservative Vorstellungen von der Rolle des Mannes, aber er steckte in einer beruflichen Krise und verdiente keinen Knopf zu dieser Zeit.«

FRAGE: »Was arbeitete er?«

ANTWORT: »Ist mir fast peinlich – Fotomodell.«

FRAGE: »Hast du dich in ihn verliebt, weil er so schön war?«

ANTWORT: »Ein bißchen vielleicht. Eine Freundin brachte ihn mit, weil er gerade eine unglückliche Liebe hinter sich hatte. Davon erzählte er den ganzen Abend. Ich fand ihn so weich, so schutzlos. Weiß der Teufel, welche Instinkte er in mir weckte. Unser Problem war das Geld. Am Anfang ließ er sich kein Abendessen von mir bezahlen. Wenn wir einkaufen gingen, schmiß er die Dosen in den Drahtkorb, daß es knallte, weil ich an der Kasse den Geldbeutel zückte. Dann gab sich das allmählich. Zuletzt ließ er sich voll aushalten von mir. Ich glaube, ich habe ihn richtig korrumpiert. Aber seelisch wurde er nicht fertig damit, so abhängig zu sein. Und er rächte sich dafür auf sehr männliche Weise: Er schlief nicht mehr mit mir. Ich beguckte mich im Spiegel, prüfte, ob ich zu dick geworden war, wartete ab – nichts. Es war aber auch nicht so, daß er mir signalisieren wollte: Verschwinde, ich hab genug von dir. Er wollte, daß ich bleibe. Er hatte auch keine anderen Frauen. Aber sexuell war die Leitung von ihm zu mir tot. Als ich ihn darauf ansprach, sagte er nur, er könne es sich nicht erklären, es sei eben so.«

FRAGE: »Hast du gern mit ihm geschlafen?«

ANTWORT: »Heute begreife ich das nicht mehr. Er war ein miserabler Liebhaber, zumindest für mich und meine Bedürfnisse. Aber es hat mich furchtbar gekränkt, daß er sich entzog. Ich erhielt dann ein sehr verlockendes berufliches Angebot von einem Sozialwissenschaftlichen Institut in einer 800 Kilometer entfernten Stadt und habe mit beiden Händen zugegriffen. Ich dachte mir: Nichts wie weg, raus aus diesem ganzen Kuddelmuddel, fort von dieser hohlen Kneipenszene, in die ich voll eingetaucht war. Ich wollte endlich eigenverantwortlich leben, mir ein Leben nach meinen Vorstellungen aufbauen.«

FRAGE: »Ist es dir gelungen?«

ANTWORT: »Der Anfang war sehr schwer. Ich kannte niemanden. Habe mir gesagt: Geduld, Geduld, das dauert. Begann, mir eine Wohnung einzurichten. Ein dreiviertel Jahr später lernte ich bei einem Abendessen bei einer Kollegin den Mann kennen, mit dem ich seither zusammen bin. Er hatte eine zehnjährige Beziehung hinter sich, die auch auseinandergebrochen war, und – das ist das Entscheidende – er war ebenso wie ich bereit, aus seinen Fehlern zu lernen, neu anzufangen, vieles anders zu machen. Wir haben nächtelang diskutiert, manchmal scheinbar um Nichtigkeiten, aber ich hatte inzwischen ganz klare Vorstellungen von dem, was ich wollte und was nicht. Ich hatte mich inzwischen der Frauenbewegung angeschlossen, war Feministin geworden, und hinter meine Erkenntnisse, die ich damals gewonnen habe, bin ich einfach nicht mehr zurückgegangen. Es ging vorwärts.«

FRAGE: »Wie lange seid ihr jetzt zusammen?«

ANTWORT: »Sechs Jahre.«

FRAGE: »Bist du mit deinem Sexualleben zufrieden?«

ANTWORT: »Manchmal denke ich: Es müßte öfter sein. Wir arbeiten beide sehr viel. Der größte Feind der Sexualität ist der Stress. Das geht wohl vielen Leuten so.«

FRAGE: »Gibt es sexuelle Wünsche, die offen bleiben?«

ANTWORT: »Ich glaube, mein Freund ist da ziemlich normal. Er würde sicher gern mal zugucken bei zwei Frauen, oder wenn ich es mit einem anderen Mann treibe, oder zu dritt, aber ich könnte so etwas nie planen. Es müßte sich aus einer Situation heraus ergeben.«

FRAGE: »Und deine Wünsche?«

ANTWORT: »Es gibt da eine merkwürdige Entwicklung bei mir. Ich habe nachts häufig sexuelle Träume. Immer schon. Ich komme im Traum auch zum Orgasmus. Die Szenen, die ich träume, sind sehr unterschiedlich. Manchmal sind es Masturbationsszenen, so daß ich, wenn ich aufwache, ganz verwirrt kontrolliere, wo meine Hand ist. Sie ist aber nie da, wo ich sie gerade hingeträumt hatte, sondern liegt ganz brav irgendwo anders. Eine Zeit lang träumte ich sehr viele lesbische Szenen. Wenn Männer vorkamen, dann eigentlich immer in sehr romantischen Situationen mit zärtlichen Umarmungen. Erst seit etwa einem Jahr träume ich, daß ein Phallus in mich eindringt und daß ich das erregend finde. Das habe ich früher nie geträumt. Und das würde ich gern auch in Wirklichkeit erleben, daß ich mich seelisch so öffnen kann, daß mir auch ein ganz normaler Koitus soviel Lust verschaffen kann. Und ich glaube, daß das auch noch kommt. Vielleicht, wenn ich endgültig keine Angst mehr davor habe, mich ausliefern zu müssen.«

3. Kapitel

ÜBER DIE WEIBLICHE SEXUALITÄT

»Wenn ich einen Mann liebte,
tat ich es von vornherein verzweifelt.
Ich wünschte mir, von ihm für gut
befunden zu werden. Tat er es,
glaubte ich ihm nicht. Ich selber
liebte mich weniger als früher.«
Verena Stefan, 1975, »Häutungen«

Als Sigmund Freud am Ende seiner Vorlesungsreihe über »Die Weiblichkeit« angelangt war, hatte er einen hellsichtigen Moment. Er sagte: »Wollen Sie mehr über die Weiblichkeit wissen, so befragen Sie Ihre eigenen Lebenserfahrungen, oder Sie wenden sich an die Dichter, oder Sie warten, bis die Wissenschaft Ihnen tiefere und besser zusammenhängende Auskünfte geben kann.«

Die Geschichte der weiblichen Sexualität wurde bis in unsere Tage hinein überwiegend von Männern geschrieben. Es ist eine Geschichte der Vorurteile, der Irrtümer, der Mißverständnisse – und der Unterdrückung. Die Frauengeneration, die unter den Folgen dieser Geschichte nicht mehr zu leiden hat, wird vermutlich gerade erst geboren.

Ein Reihenhaus in einem Vorort. Fenster mit Wolkenstores zum Garten. Silke Ritter, 34, Hausfrau und Mutter von zwei Kindern, hat Kaffee gekocht. Eigentlich wollte sie gar nicht mit mir sprechen. »Ich bin bestimmt nicht die geeignete Person«, hatte sie am Telefon gesagt, »ich habe nur sehr wenig Erfahrung, da nehmen sie doch besser jemanden, der Vergleiche ziehen kann.« Silke hat noch nie mit einem anderen Mann als ihrem eigenen geschlafen. Eine Ausnahme ist sie damit nicht: Aus der repräsentativen Erhebung der Hamburger Forschungsgruppe SEAT geht hervor, daß 40 Prozent aller Frauen in der Bundesrepublik – immerhin rund acht Millionen – sexuelle Erfahrungen nur mit dem eigenen Ehemann oder Freund gemacht haben.

Ich weiß nicht mehr genau, wie ich mir Silke Ritter vorgestellt hatte, bestimmt nicht hochgeschlossen mit Dutt, aber auch nicht so ausnehmend hübsch, wie sie jetzt vor mir sitzt: schlank, dunkelhaarig, hohe Backenknochen, riesige Augen – ein Typ, der auffällt.

Um zum Thema zu kommen, erzähle ich von einem anderen Interview, das ich gerade hinter mir habe. Gesprächspartnerin war eine Bibliothekarin, drei Jahre jünger als Silke, die ihre Erfahrungen mit vielen Männern auf den Nenner gebracht hatte: »Ich fand es oft einfacher, fünf Minuten stillzuhalten, als drei Stunden lang zu erklären, warum ich nicht wollte.«

Silke lacht. Es stellt sich heraus: Das Stillhalten kennt sie auch. Zumindest ist es schwer, ihren Part im Bett während der ersten sieben Ehejahre anders zu beschreiben. »Ich habe das nie als angenehm empfunden«, sagt sie, »auch nicht als so schlimm, daß ich immer gedacht habe: Mein Gott, heute bin ich wieder dran. Aber es war nie etwas, was ich gern gemacht habe. Und wenn ich dann in Illustrierten gelesen habe, wie toll das alles sein soll, habe ich mir gesagt: Irgend etwas stimmt mit mir nicht.«

Silke Ritter liebt ihren Mann. Sie würde ihn wieder heiraten. Sie kann ihn »einfach immer anschauen« und hat dann »ein warmes Gefühl«. Er sei zärtlich und liebevoll, sagt sie, er habe sich »wirklich Mühe gegeben«. Aber die tollen Gefühle, von denen sie in den Zeitschriften las, stellten sich bei ihr einfach nicht ein – sieben Jahre lang nicht. Und sie war unfähig, mit ihm darüber zu sprechen. »Ich weiß, daß man das tun soll«, sagt sie, »aber ich konnte es nicht, ich bin nicht so erzogen.«

Im siebten Ehejahr gebar sie ihr erstes Kind. Und allmählich reagierte ihr Körper auf die Zärtlichkeiten ihres Mannes. Öfter als früher wagte er auch mal eine Variante im Bett, die zu Beginn der Ehe tabu gewesen war. Inzwischen kommt Silke durch direkte Stimulierung der Klitoris regelmäßig zum Orgasmus. Das versöhnt sie mit dem Koitus, bei dem sie nach wie vor nichts empfindet. Der Gedanke, sich selbst zu befriedigen, kam ihr nie in den Sinn.

»Sex spielt in meinem Leben keine große Rolle. Obwohl ich das jetzt als schön empfinde. Aber trotzdem denke ich mir nicht: Ach, das tolle Gefühl, das muß ich morgen gleich wieder haben, zack – das reizt mich nicht.«

Silke ist überzeugt, daß die Männer insgesamt mehr sexuelle Bedürfnisse haben als die Frauen und daß ihre Geschlechtsgenossinnen »sich oft selber was vormachen – die sind alle nicht so versessen drauf, bis auf ein paar Ausnahmen vielleicht.«

Die SEAT-Zahlen geben ihr recht: Auf die Frage »Ist Sexualität wichtig in ihrem Leben?« antworteten 76 Prozent der Männer zwischen 18 und 60 Jahren gleichbleibend mit Ja, aber nur 50 Prozent der Frauen. Die Wichtigkeit der Sexualität wird allerdings von der jüngeren Frauengeneration (18 bis 29 Jahre) wesentlich höher eingeschätzt (Ja: 60 Prozent) als von den 50- bis 60jährigen (Ja: 39 Prozent).

Woher kommt dieses Desinteresse? Warum ziehen Frauen sich früher als Männer aufs sexuelle Altenteil zurück?

Silke Ritter meint, daß es an ihr liegt, daß sie eben keine leidenschaftliche Frau sei. »Vom Gefühl her denke ich immer«, sagt sie, »daß ich vielleicht temperamentvoller sein müßte. Aber ich kann mich auch nicht ändern, weil ich gar nicht weiß, was ich anders machen soll, um meinem Mann irgendwie was Tolleres zu bieten. Vielleicht bin ich bis heute noch nicht richtig aufgeklärt.«

Sie habe einmal gehört, erzählt sie, wie über eine andere Frau gesagt wurde: »Im Bett ist die aber unheimlich langweilig.« Da sei sie erschrocken. »Wenn jemand über mich so reden würde – ich muß dann ja bestimmt todlangweilig im Bett sein.«

Silkes Mann, der nach seinem Jura-Examen die höhere Beamtenlaufbahn einschlug, weiß heute noch nichts von den sexuellen Problemen seiner Frau. Vermutlich ahnt er, daß ihr der Koitus keine Lust verschafft, denn er zieht sich nach dem Verkehr nie zurück, ohne sie nicht auch befriedigt zu haben. Gesprochen wurde darüber aber noch nie. Silke: »Zuerst habe ich mich nicht getraut, dann war es zu spät, und jetzt hat es sich ja erledigt.« Die beiden haben in vierzehn Ehejahren ein System der wortlosen Verständigung entwickelt, das perfekt funktioniert. Eine bestimmte »Schlafstellung« im Ehebett signalisiert, daß Silke keine sexuelle Annäherung wünscht. Ihr Mann hält sich daran.

Daß in den bundesdeutschen Schlafzimmern neben der Lust auch »Gewohnheit oder Pflichtgefühl« eine Rolle spielen, geben – so die SEAT-Untersuchung – 47 Prozent der Frauen zu sowie 40 Prozent der Männer. Jede fünfte Frau beklagt sich, daß ihr Partner nur dann zärtlich zu ihr ist, wenn er sexuellen Kontakt haben möchte. Eine Erfahrung, die den Männern bis auf wenige Ausnahmen (3,5 Prozent) erspart bleibt.

Stress setzt beiden Geschlechtern gleichermaßen zu. Jeder vierte Mann und jede vierte Frau bekennt: »Ich bin häufig zu müde, um Zärtlichkeiten auszutauschen.«

»Männer«, sagt Anneliese Walter, 36, Angestellte bei der Post, »haben grundsätzlich durch den normalen Ablauf des Beischlafs einen Orgasmus. Und wenn sie den hatten, kostet es sie wohl ziemliche Überwindung, auch noch ihre Frau zu befriedigen. In einer guten Beziehung sollte es so sein, daß jeder es jedem schön macht.«

Frau Walter kennt beides: Sie ist zum zweitenmal verheiratet. In ihrer ersten Ehe hatte sie ihren »Traummann« geheiratet: »Schlank, blond, absolut mein Typ, ich war unheimlich stolz auf ihn und auch verliebt.« Rückblickend muß sie jedoch feststellen, daß ihr erster Mann »eigentlich sehr egoistisch« war, »alles ging viel zu schnell, war nicht liebevoll, nicht zärtlich genug«.

Kurz nach der Hochzeit wurde das erste Kind geboren. »Verhütungsmittel haben wir kaum genommen. Mal ein Kondom. Meistens unterbrochen. Dann kam gleich danach das zweite Kind. Ich wollte es absolut nicht. Bin von Arzt zu Arzt gerannt. Überall heulend rausgekommen. Nun waren wir also zu viert.«

Inzwischen hatte sich Annelieses Mann eine Wäscherei gekauft und sich selbständig gemacht. Das junge Paar war hoch verschuldet. Trotz der Kinder half Anneliese tagsüber in der Wäscherei und arbeitete noch zusätzlich drei Tage nachts bei der Post.

»Und mein Mann dachte immer, wenn er mich abends in den Arm nimmt, ist alles wieder gut. Er wollte auch dann mit mir schlafen, wenn ich total fertig war. Nein sagen mochte ich nicht. Manchmal bin ich dabei eingeschlafen. Morgens hab' ich nicht gewußt, haben wir nun, oder haben wir nicht. Ich hab es gar nicht wahrgenommen. War ja sowieso kein Vergnügen.«

Fünf Jahre hielt die Ehe. Dann verlangte Anneliese die Scheidung. Sie hatte inzwischen hauptberuflich bei der Post begonnen und andere Leute kennengelernt. Auch ihren jetzigen Mann.

»Er war in jeder Beziehung anders, hat nie gefordert, sondern immer versucht, auf meine Wünsche einzugehen. Bei ihm hab' ich zum erstenmal einen Höhepunkt erlebt.«

Sexualität ist für sie das Gefühl, daß sie sich auf ihren Mann verlassen kann, daß er da ist, daß man sich versteht, über alles reden kann. »Natürlich sind auch die Höhepunkte besonders schön, aber wichtiger ist mir das andere.«

Auf die Frage »Sind Sie sexuell auch befriedigt, ohne Ihren Orgasmus zu bekommen?« antworteten in der SEAT-Untersuchung fast 40 Prozent aller Frauen »immer« und »oft«, 33 Prozent

»manchmal«; nur 27 Prozent erklärten, ohne Höhepunkt »selten« oder »nie« zufrieden zu sein. Wobei die Devise gilt: Was eine Frau nicht weiß, macht sie nicht heiß; je seltener sie den Orgasmus erlebt, desto eher ist sie auch »ohne« zufrieden, je öfter sie ihn bekommen kann, desto mehr fehlt er ihr, wenn er ausbleibt.

Nach jüngsten Erkenntnissen der Sexualforschung steht fest: Die sexuelle »Triebstärke« eines Menschen – genauer gesagt: seine Bereitschaft, auf sexuelle Reize zu reagieren — wird nicht diktiert von einer Mangelsituation wie etwa beim Hunger oder beim Durst. Sie hängt auch nicht – wie oft vermutet – von der Höhe des Hormonspiegels oder gar von Hormon-»Stößen« ab. Sondern sie wird ganz schlicht und einfach zu einem großen Teil *erlernt*. Nicht ausschließlich, das sei hier betont, aber zu einem großen Teil. Und Männer lernen etwas anderes als Frauen.

Für die sexuelle Entwicklung ist es zum Beispiel ganz entscheidend, ob ein Mensch, bevor er sexuellen Kontakt mit dem anderen Geschlecht aufnimmt, seinen eigenen Körper kennenlernt. Es gibt bei Mädchen nichts, was mit den Selbstbefriedigungsritualen der Jungen gleichgesetzt werde könnte. »Männer haben in der Regel schon viele Orgasmen durch Masturbation erlebt«, so der Hamburger Sexualwissenschaftler Gunter Schmidt, »bevor sie ihre erste Freundin haben.« Dagegen hätten nur »sehr wenige Frauen« vor ihrem ersten Erlebnis mit einem Partner einen Höhepunkt durch Selbstbefriedigung kennengelernt.

In ihrem Buch »Was geschieht mit kleinen Mädchen?« belegt die italienische Pädagogin Elena Gianini Belotti eindrucksvoll, daß schon bei den Säuglingen die Jungen anders behandelt werden als die Mädchen. Der Sohn wird länger gestillt als die Tochter, und er wird erst später zur Sauberkeit gedrillt. Beide Maßnahmen bedeuten ein Defizit an lustvollen Erlebnissen für das weibliche Baby. Deutsche Untersuchungen zeigen, daß diese Ergebnisse auf die Bundesrepublik übertragbar sind.

Vom ersten Tag an, so beobachtete die Pädagogin, ist der Penis des Jungen Gegenstand lustiger Kommentare und wohlwollender Bemerkungen: »Schaut mal, was für ein kleines Männchen«, »der hat schon seine ganzen kleinen Sachen am richtigen Ort«, »wer weiß, was er damit anstellt, wenn er mal groß ist«.

Anders bei Mädchen. Oder ist es denkbar, daß jemand sagt: »Guckt, die stramme kleine Muschi, die wird ihr noch viel Spaß bringen?« Allerhöchstens würde es heißen: »Da hat mal ein Mann viel Freude dran ...«

Elena Gianini Belotti kommt zu dem Schluß: »Ein Mädchen soll solange wie möglich, am besten für immer, vergessen, daß es überhaupt ein Geschlecht hat. Je weniger man das weibliche Geschlechtsteil nennt, bemerkt oder berührt, desto besser ist es.«

Diese Form der sexuellen Unterdrückung, bei der verbotene Wünsche gar nicht erst unter Strafe gestellt werden müssen, weil schon das Entstehen solcher Wünsche verhindert wird, spielt – so die Erkenntnis der modernen Sexualwissenschaft – in unserer Gesellschaft wahrscheinlich schon seit einigen Jahrhunderten eine Rolle. Gunter Schmidt: »Die sexuelle Sozialisation von Mädchen scheint weitgehend diesem Mechanismus gefolgt zu sein. Studien an jungen Mädchen nach der Pubertät, die sexuell enthaltsam leben, zeigen ein erstaunlich geringes Maß bewußt registrierter sexueller Frustration.«

Hierfür seien keine biologischen Unterschiede in der Erregbarkeit junger Männer und junger Frauen verantwortlich; vielmehr gelinge es der Gesellschaft, »Mädchen besser als Jungen Situationen vorzuenthalten, in denen sie lernen können, sexuell zu sein«. Die Folge sei, daß Frauen ihre Erregbarkeit häufig erst im dritten Lebensjahrzehnt voll entfalteten.

Mütter von heute – sofern sie aufgeschlossen und aufgeklärt sind – leisten hier eine erzieherische Pionierarbeit, wie sie der Generation ihrer Mütter oder gar ihrer Großmütter nicht möglich war, weil die gültigen Moralvorstellungen es nicht zuließen. Silke Ritter, die es nicht fertigbringt, mit ihrem Mann über Sexualität zu sprechen, beantwortet ausführlich alle Fragen ihres siebenjährigen Jungen und ihrer sechsjährigen Tochter. Die Postangestellte Anneliese Walter freut sich, daß ihr Großer mit seinen sechzehn Jahren »eigentlich sehr frei« ist. Sie glaubt: »Unsere Kinder werden es bestimmt mal leichter haben.«

Aus der SEAT-Erhebung geht hervor, daß vor allem die Frauen der Kriegsgeneration, die heute fünfzig und älter sind, in einem bisher nie bekannt gewordenen Ausmaß um die Entfaltung ihrer Sexualität betrogen wurden. Das läßt sich nicht nur mit Zahlen belegen, sondern spricht auch aus den vielen Kommentaren älterer Frauen, die auf der letzten, freien Seite des SEAT-Fragebogens ihren persönlichen Standpunkt klarmachten.

Eine Sechzigjährige klagte: »Es wird viel zuviel Wirbel um dieses Thema gemacht – auch ältere Ehepaare meinen plötzlich, etwas versäumt oder nicht den richtigen Partner gefunden zu haben.« Eine Vierundfünfzigjährige: »Obwohl ich mit meinem Sexualleben nicht zufrieden bin, würde ich mich nicht von meinem Partner trennen, da man sehr viele andere Gemeinsamkeiten haben kann: harmonischer Umgang im Alltag und gegenseitiges Vertrauen.«

Daß die »Kameradschaft«, die »Harmonie«, das »Zusammenhalten in guten und schlechten Tagen« das Wichtigste in einer Ehe sei, wird – in beschwörendem Ton – fast nur von Frauen ins Feld geführt gegen eine Welt, in der »die Menschen mit dem Wort Sex nicht mehr so glücklich sind wie früher die Menschen mit dem Wort Liebe«.

Dabei mag für viele dieser Frauen das erste sexuelle Erlebnis so abgelaufen sein, wie es eine Vierundsechzigjährige im Interview schilderte: »Das war 1943. Da war ich verlobt. Der Abschied stand unmittelbar bevor. Er mußte morgens früh weg zur Front. Und dieses Gefühl, morgen ist er weg und kommt vielleicht niemals wieder, das überlagerte alles andere. Meine Wirtin hatte noch zu mir gesagt: ›Meine Güte, wenn der Mann nun nicht mehr wiederkommt, gönnen Sie ihm doch das Vergnügen.‹ Na ja, habe ich mir gedacht, das muß dann wohl sein. Daß der erste Verkehr irgendwelche Reaktionen auslöst bei der Frau, das habe ich nicht festgestellt. Danach war eine enorme Pause. Dann hatten wir ja um andere Dinge zu kämpfen.«

Die Aufklärung, die diese Frau von ihrer Mutter mitbekommen hatte; bestand aus genau einem Satz: »Wenn ein Mann dich küßt, will er nur oben anfragen, ob unten frei ist.«

In den dreißig Jahren nach dem Krieg haben gesellschaftliche Veränderungen vor der Bettkante nicht haltgemacht. Vor allem die Pille trug dazu bei, daß sich Frauen auf sexuellem Gebiet erstmals angstfrei erproben konnten, wenn sie das wollten. Immer mehr Frauen sind auf der Suche nach sich selbst, nach einer eigenen sexuellen Identität. Denn eine der wichtigsten Erkenntnisse dieser Frauen lautet: Wir haben unter Sexualität immer nur das verstanden, was von Männern praktiziert worden ist.

Als die Schriftstellerin Verena Stefan in dem autobiographischen Roman »Häutungen« ihre Erlebnisse mit Männern schilderte, traf sie genau bei den Frauen ins Schwarze, die sich bereits befreit glaubten, die nur Angst hatten, nicht aufregend, nicht sinnlich, nicht begehrenswert genug zu sein.

Verena Stefan über sich und Männer: »Der eine küßte leidenschaftlich und wild, so daß ich Zähne spürte, nichts als Zähne – und ich küßte leidenschaftlich und wild. Der andere küßte sanft und fand alles andere unreif und unerwachsen – und ich küßte sanft und erwachsen. Der eine mochte die Beine geschlossen, der andere offen und flach, der nächste offen und um seinen Rücken – und ich hielt die Beine geschlossen oder offen und flach oder offen und um seinen Rücken ...«

Vor allem die Studentinnen, die im Zuge der antiautoritären Bewegung von Bett zu Bett gewandert waren (Männerslogan: »Wer zweimal mit derselben pennt, gehört schon zum Establishment«), fühlten sich ertappt. Sie erkannten, daß sie einer Illusion aufgesessen waren, daß eine wirkliche sexuelle Befreiung nicht stattgefunden hatte. Sie waren sich so überlegen vorgekommen, hatten ihre Mütter verachtet, die den Vätern seufzend zu Willen waren, hatten geglaubt, es lägen Lichtjahre zwischen ihnen und der schweigenden Generation. Doch mit Verena Stefan hatte eine aus ihren Reihen gesprochen – und der Abstand war zu einem Nichts geschrumpft.

Auch die Lektorin Elisabeth von Wilten fand sich in »Häutungen« wieder. Sie ist eine selbstbewußte Frau, schlank, fast 1,80 Meter groß. Ihr Alter – 44 – könnte sie problemlos auf Ende dreißig herunterlügen; aber das haben Frauen heute nicht mehr nötig, findet sie. Im vorigen Jahrhundert hätte eine Adelige wie sie einen literarischen Salon geführt. Heute ist sie finanziell unabhängig durch eigene berufliche Leistung und hat ein uneheliches Kind, das sie gelegentlich als »Senkblei in meinem Leben« bezeichnet.

Daß sie nie heiratete, war nicht geplant. »Ein Zufall«, sagt sie. Und ergänzt: »Ein glücklicher Zufall, obwohl ich Heiraten im Prinzip sinnvoll finde, wenn Kinder da sind. Aber ich weiß, daß es schwierig ist, über einen längeren Zeitraum hinweg so etwas wie eine Ehe zu leben, in unserer Gesellschaft vielleicht das schwierigste Unterfangen überhaupt.«

Im Gegensatz zu den Anfangsschwierigkeiten der meisten anderen Frauen begann Elisabeths Sexualleben gleich mit einem Höhepunkt: »Ich hatte mit siebzehn einen Freund, den ich innigst liebte. Der hat mir im Fahrradkeller unserer Schule unter meinen Mantel und unter meinen Rock gefaßt. Ich wußte gar nicht, wie mir geschah, ich merkte, daß da plötzlich ein unheimlich schönes Gefühl kam. Ich war ganz betäubt. Und ich hatte auch gleich ein schlechtes Gewissen, obwohl ich gar nicht wußte, was los war.«

Aufgeklärt war Elisabeth zu diesem Zeitpunkt nicht. »Weil wir auf dem Land großgeworden sind, sagte meine Mutter immer: ›Ihr wißt ja schon, wie es geht, da brauch ich euch nicht viel zu erzählen.‹ Der Genitalbereich war tabu. Über Sexualität wurde nicht gesprochen, schon gar nicht zwanglos beim Mittagstisch, so wie ich das jetzt mit meinem Sohn mache.«

Auf das Erlebnis im Fahrradkeller folgten sexuell ebenfalls befriedigende Zärtlichkeiten in der Natur. Bis Elisabeth glaubte, nun müßte sie fairerweise ihren Freund auch »ranlassen« und »richtig« mit ihm schlafen. »Da war ich maßlos enttäuscht, weil ich dachte, jetzt läuten die Glocken, und der Himmel tut sich auf, aber es tat nur weh, und sonst war gar nichts.«

Ein Ortswechsel – Elisabeth ging für zwei Jahre nach Amerika – beendete die Jugendliebe. Was blieb, war die Erfahrung, daß »das Kosen vorher oder das Kosen ohne Beischlaf viel schöner ist als der eigentliche Verkehr«.

Der Schritt hinaus in die Welt war für Elisabeth der Aufbruch in eine sexuelle Sturm- und Drangzeit. Die Männer machten ihr den Hof, und sie genoß es. Sie erlebte noch zwei »große Lieben« und »jede Menge Abenteuer«. Zwei ständige Begleiter gab es allerdings auch: die Angst vor Schwangerschaft und die Enttäuschung nach dem Koitus, denn der früher so spielend erreichte Orgasmus stellte sich nur noch selten ein.

Elisabeth: »Ich dachte, irgendwie bin ich nicht normal, daß das bei mir nicht geht. Bei mir mußte man anfassen, sonst kam nichts. Und ich hatte auch nicht die Traute, den Männern zu sagen: »Hör mal, Junge, so macht mir das keinen Spaß.« Die lagen da, waren ganz zufrieden, und ich vibrierte innerlich. Ich hab' dann auch manchmal geweint. Das war dann meine Art von Orgasmus, daß mir jedenfalls die Tränen gekommen sind.«

Elisabeth kommt inzwischen auch »ohne Anfassen« zum Orgasmus. Das heißt: Sie erreicht allein durch den Koitus ohne zusätzliche Manipulation den Höhepunkt, den »vaginalen« Orgasmus, wie Sigmund Freud ihn verlangte. Warum sich das geändert hat, darüber kann sie selbst nur spekulieren. »Komischerweise«, sagt sie, »oder auch nicht komischerweise, weil ich das von anderen Frauen auch schon gehört habe, erlebte ich das nach der Geburt meines Kindes zum erstenmal.«

In der Tat verändern sich während einer Schwangerschaft die inneren und äußeren Genitalien. Es kommt zu einer größeren Blutfülle im kleinen Becken und es wird mehr vaginale Gleitsubstanz abgesondert. Der venöse Blutrückstau im Vaginalbereich bewirkt, daß schon eine normale Stimulierung in dieser Zeit eine hochgradige sexuelle Erregung auslöst. Nach dem Orgasmus setzt die Rückbildungsphase verlangsamt und meist nur vorübergehend ein. Frauen mit sonst normalen sexuellen Bedürfnissen erleben sich während dieser Zeit mitunter als »unersättlich«.

Seit ihrer Schwangerschaft haben sich Elisabeths sexuelle Vorlieben geändert: »Auch wenn ich mich selbst befriedige oder wenn mich jemand an der Klitoris reizt, will ich – um es mal ganz ordinär zu sagen – einen Schwanz in mir drin haben. Diesen Wunsch hatte ich als junges Mädchen nicht.«

Viele Frauen haben dieses Bedürfnis nicht, haben es nie gehabt, werden es vielleicht auch nie haben, schlafen trotzdem gern mit Männern und kommen durchaus zum Orgasmus, nur eben nicht »vaginal«. Sie könnten zufrieden sein und wären es wohl auch, wenn ihnen der »vaginale« Orgasmus nicht als der »einzig wahre«, der »reife«, verkauft worden wäre, gegen den alle anderen Empfindungen »minderwertig«, »zweitrangig« und »behelfsmäßig« sind.

Seit Sigmund Freud sind Generationen von Frauen mit der Forderung nach dieser einen Form der Lust tyrannisiert worden. Für Freud war eine Frau, die nicht »vaginal« empfinden konnte, frigide. Erst in den letzten zehn Jahren haben Wissenschaftler ernsthafte Versuche unternommen, die Theorien Freuds zu entrümpeln und von ihren Irrtümern zu befreien. Und Frauen, bei denen die Gleichung Vaginalorgasmus = Normalität nicht aufgeht, haben zaghaft damit begonnen, statt der Fremdherrschaft die Mitbestimmung im Bett einzuführen. Sie nehmen ihr sexuelles Schicksal im wahrsten Sinne des Wortes selbst in die Hand und melden Erfolgserlebnisse.

Eine Fremdsprachenkorrespondentin, 24, verheiratet, beschrieb auf dem SEAT-Fragebogen, wie sie ihre Schwierigkeiten in den Griff bekam: »Das Problem, daß ich beim Geschlechtsverkehr ohne Stimulierung der Klitoris keinen Orgasmus bekomme, hat sich bei mir (uns) in der letzten Zeit weitgehend gelöst. Zwar ist die Tatsache selbst unverändert geblieben, doch das Lesen verschiedener Bücher hat mir so viel Selbstbewußtsein gegeben, daß ich meinen Körper jetzt so akzeptiere, wie er ist. Das Gefühl, daß es fast allen Frauen (oder zumindest vielen) ebenso geht wie mir, manchmal sogar schlechter, hat mich sehr beruhigt. Jetzt ist es so, daß ich gar nicht mehr darauf hoffe und warte, einfach so einen Orgasmus zu bekommen. So kann ich auch nicht enttäuscht werden. Ich streichle jetzt beim Geschlechtsverkehr meine Klitoris selbst, und so kommen wir oft sogar gemeinsam (gleichzeitig) zum Orgasmus.«

Was die Anatomie betraf, hatte der geniale Freud sehr simple Schlüsse gezogen: Der Penis paßt in die Vagina, also sind Penis und Vagina füreinander geschaffen. Der Penis ist das zentrale Lustorgan des Mannes (richtig), also ist die Vagina das zentrale Lustorgan der Frau (falsch!).

Wenn Freuds Behauptung stimmte, daß die Vagina das lustvolle Gegenstück des Penis ist, wieso kam es, daß viele Frauen dort gar keine Lust empfinden konnten, wohl aber auf Stimulierung der Klitoris orgastisch reagierten? Um dieses Rätsel zu lösen, konstruierte Freud eine damals nicht zu widerlegende Theorie.

Die Klitoris, lehrte er, ist eine Art verkümmerter Penis, ein lächerlicher Ersatz. Frauen, die auf dieses Organ fixiert bleiben, haben ihren Neid auf den Phallus des Mannes nicht überwunden. Erst wenn sie dem Penisneid abschwören, beweisen sie »Reife«, und dann erleben sie auch den einzig erstrebenswerten, den »vaginalen« Orgasmus. Das war teuflisch. Denn wenn er sich nicht einstellte, blieb die Schuld an der Frau hängen.

Der kleinen Klitoris, diesem ohnehin etwas verborgenen Organ, wurde damals allenfalls die Rolle eines Schalters zugebilligt, den man im Dunkeln betätigt, damit die Lampe Licht gibt. Die leuchtende Lampe war das Wunderding, auf das fasziniert gestarrt wurde. Erst die Entdeckungen des amerikanischen Forscherpaares William H. Masters und Virginia E. Johnson lenkten die Aufmerksamkeit auf die tatsächliche Bedeutung des Schalters.

In den sechziger Jahren wagten Masters und Johnson in Amerika die spektakulärste sexualwissenschaftliche Versuchsanordnung des Jahrhunderts. Sie beobachteten Männer und Frauen beim

Koitus und bei der Selbstbefriedigung. Sie filmten, schlossen Meßgeräte an, registrierten, notierten und verglichen. »Mit imponierender Nüchternheit«, wie es ihr deutscher Kollege, der Frankfurter Sexualforscher Volkmar Sigusch, formulierte, stellten die beiden Mediziner so vage Begriffe wie sexuelle Erregung, Lust und Befriedigung auf den festen Boden der Naturwissenschaften.

Masters und Johnson bewiesen: Die Vagina ist keine unabhängige erogene Zone, wie Freud glaubte. Jeder Orgasmus, auch der sogenannte »vaginale«, geht von der Klitoris aus. Sie ist das zentrale Lustorgan der Frau, wie der Penis das zentrale Lustorgan des Mannes ist.

Es gibt nur einen Orgasmus, der allein durch die Reibung des Penis an den Vaginalwänden zustande kommt – den des Mannes. Wenn die Frau bei demselben Vorgang (durch Penetration) zum Höhepunkt kommt, reagiert die Klitoris auf die indirekte Reizung durch die rhythmischen Bewegungen des Penis. Druck und Zug bewirken, daß sich obere Partien des weiblichen Geschlechtsteils über der tiefer liegenden Klitoris hin- und herschieben (ähnlich wie bei einer sanften Massage mit der Hand). Die Erregung überträgt sich in die Vagina. Der Orgasmus wird dann als »nicht so genau lokalisierbar«, »eher wellenförmig«, »so daß man nicht genau sagen kann: das war er nun, jetzt ist es vorbei« empfunden (Zitate aus den Tonbandkontrollen).

»Die Klitoris«, so Masters und Johnson, »ist einzigartig in der menschlichen Anatomie.« Die Frau besitze damit ein Organ, das »vollkommen auf die Auslösung oder Erhöhung der sexuellen Erregung eingestellt ist«.

Zunächst wurde die Tatsache, daß Paare im Dienste der Wissenschaft miteinander geschlafen hatten, mehr beachtet als die Ergebnisse dieser Bemühungen. Anfang der siebziger Jahre griff jedoch die Frauenbewegung die Thesen der beiden Sexualforscher begierig auf und sorgte für Verbreitung.

Die Botschaft löste im Lager der Frauenrechtlerinnen Goldgräberstimmung aus: Ein Schatz war gefunden und gehoben worden, eine Kostbarkeit, die nur die Frauen besaßen. Einige schlugen schwärmerisch vor, das weibliche Geschlechtsteil künftig »Muschel« und die Klitoris »Perle« zu nennen. Andere zogen den Schluß, wenn alle Orgasmen von der Klitoris ausgehen, konnte man mit einer Frau genauso schön – wenn nicht besser – Liebe machen als mit einem Mann. Lesbierinnen hatten es immer schon gewußt und trugen den Kopf hoch.

»Männer fürchten, daß sie sexuell überflüssig werden, wenn die Klitoris an die Stelle der Vagina gesetzt wird«, argwöhnte die amerikanische Psychologin Anne Koedt in ihrer Streitschrift »Der Mythos vom vaginalen Orgasmus«. Radikale Feministinnen verfaßten eine Selbsthilfe-Broschüre – Titel: »Hexengeflüster« –, in der sie den Frauen empfahlen, das »Schwanzficken« am besten ganz zu lassen. Fazit: »Außer einem zufriedenen Mann haben wir nichts vom Schwanzficken.« In dem Ruf »Nieder mit dem Koitus!« gipfelte der feministische Kreuzzug gegen die, wie es hieß, »allgemein praktizierte Heterosexualität«. Ein über die Jahrhunderte angestauter Frauenfrust machte sich Luft.

Doch die Frage, warum manche Frauen »vaginal« empfinden und andere nicht, war damit noch nicht geklärt. Als gesichert gilt bis heute nur, daß keine anatomischen Gründe dafür ausschlaggebend sind, etwa eine ungünstige Lage der Klitoris. Die Ursachen liegen im psychischen Bereich.

Die Italienerin Carla Lonzi entdeckte des Rätsels feministische Lösung: So wie Freud die »vaginale« Frau aufs Podest gehoben hatte, setzte sie nun der »klitoralen« Frau ein Denkmal. Für Carla Lonzi ist die Frau, die den Orgasmus nicht durch den Koitus bekommt, eine heimliche Widerstandskämpferin gegen die »ungeheure Anpassung und Unterwerfung«, die das Patriarchat von ihr verlangt. Während sich die nach Freudscher Auffassung »normal« reagierende Frau, laut Lonzi, untergeordnet habe und mithelfe, den »Mythos des großen potenten Penis« aufrechtzuerhalten.

»Es wird so getan, als handle es sich um ein Wesen vom Mars und um ein Wesen vom Saturn, wenn über die ›vaginale‹ und die ›klitorale‹ Frau gesprochen wird«, kritisiert die Hamburger Diplompsychologin Dr. Viola Frick-Bruder diese Theorie. »Man vergißt dabei«, sagt sie, »daß jede Frau beides hat, und daß es gut wäre, sich beides vertraut zu machen.« Wer jetzt die Klitoris zur Königin küre und die Vagina ausblende, mache den gleichen Fehler wie Freud – nur umgekehrt.

»Die Frau ist generell störbarer«, weiß die Hamburger Therapeutin aus ihrer Praxis, »weil sie ein viel komplizierteres Verhältnis zum sexuellen Erleben hat als der Mann.« Die Vagina sei zwar im Vergleich zur Klitoris das reizärmere Organ, habe aber für die Mann-

Frau-Beziehung eine wichtige psychologische Bedeutung. Dr. Frick-Bruder: »Sie ist das Organ, das die Vereinigung gestattet. Aber der Wunsch nach größter Nähe ist erfahrungsgemäß auch mit sehr, sehr viel Angst besetzt. Vor allem mit der Angst, sich nicht mehr abgrenzen zu können.« Darin liege das Geheimnis, warum manche Frauen den Koitus lustvoll erleben und andere nicht, wobei die Lust entscheidend sei und nicht der Orgasmus.

Aufgeschlossene Sexualwissenschaftler haben sich inzwischen zu der Auffassung durchgerungen, daß es sich bei der koital anorgastischen Frau um eine normale Variante weiblicher Sexualität handelt. Sie behandeln solche Frauen, die meist auf Drängen ihrer Männer in die Beratung kommen, nicht als »Patientinnen«, sondern klären beide Partner entsprechend auf. (Es wäre allerdings sehr optimistisch anzunehmen, daß dies in der bundesdeutschen Sexualtherapie bereits die Regel ist.) Zum »Fall« sollte eine Frau demnach erst werden, wenn sie den Koitus nur angstvoll erlebt, denn mag er auch für die Lust entbehrlich sein, für die Fortpflanzung – falls gewünscht – ist er es nicht.

Angst und Lust schließen einander in der Regel aus. Diese psychologische Binsenweisheit scheint mehr Einfluß auf die sexuelle Reaktionsfähigkeit der Frauen zu haben als die jeweilige Geschicklichkeit oder Ungeschicklichkeit ihrer Liebhaber. Auffallend viele Frauen berichten, daß sie ihren ersten Höhepunkt mit einem Mann erlebten, in den sie »eigentlich gar nicht so sehr verknallt waren«, dem sie sich »eher ein bißchen überlegen fühlten«, bei dem sie »keine Angst hatten, etwas falsch zu machen«.

»Natürlich gibt es noch genug egoistische Männer«, sagt Dr. Frick-Bruder, »aber es gibt auch viele Frauen, die letzlich immer noch den Mann für alles verantwortlich machen. Sie suchen und rühmen den sensiblen, einfühlsamen Partner, weil der ihnen erspart, etwas von sich selbst zu erkennen zu geben. Sie brauchen den Traummann, der alles errät und alles schon weiß.« In dieser Haltung stecke wenig Vertrauen in die Entfaltbarkeit der eigenen Person; sie halte daran fest, daß eine Frau angewiesen bleibe auf die sexuelle Sensibilität des Mannes.

In der Praxis ist es jedoch eine heikle Sache, wenn Frauen – zumal solche, die jahrelang geschwiegen haben – plötzlich eigene Wünsche anmelden. Anita Winkler, 29, Friseurmeisterin in München, geschieden, erzählt: »Früher war mir das Sexuelle nicht so wichtig, da hab' ich mehr die Geborgenheit gesucht. Als sich das änderte, so mit 25, hab' ich mal einen Seitensprung gemacht, Bücher gelesen, und zu meinem Mann gesagt: ›Menschenskind, auch Frauen können einen Höhepunkt bekommen, den hab' ich aber nie.‹ Da fühlte er sich als Mann auf den Schlips getreten. Ihm lag nix dran, zärtlich zu sein. Er fand Schmusen gräßlich. Lästig. Er hat zu mir gesagt: ›Such dir einen Alten, der sonst nix mehr kann.‹ Ich wollt's ihm so ganz langsam beibringen, aber da war nix zu machen.«

»Ich hab' mit meinem Mann über den ›Mythos vom vaginalen Orgasmus‹ reden wollen«, erinnert sich Frauke Zorn, 39, geschieden, eine Berliner Journalistin und Feministin, »zuerst tat er so, als wisse er schon alles. Da bin ich deutlicher geworden. Mußte ich auch, weil ich ihm jahrelang was vorgespielt hatte. Dafür genier' ich mich heute sehr, daß ich auch zu den Frauen gehörte, die den Männern was vortäuschen. Ich hab' ihm gesagt: ›Es macht mir keinen Spaß, ich finde es furchtbar.‹ Das war es dann. Von Stund an konnte er nicht mehr mit mir schlafen. Er bekam keine Erektion mehr, nur so halb, so'n bißchen krumm. Ich hätte das wahrscheinlich ändern können. Aber ich wollte nicht mehr.«

Die Diskussion über die weibliche Sexualität ist noch lange nicht zu Ende. Aus den Reihen der Frauenbewegung wird inzwischen Selbstkritik laut. Zu technisch, zu mechanisch sei das Problem der Orgasmuslosigkeit angegangen worden, moniert die Soziologin Barbara Sichtermann aus Hannover in ihrem 1979 erschienenen vielbeachteten Aufsatz »Der Mythos von der Herbeiführbarkeit«, erschienen in der Zeitschrift »Freibeuter 2«. Darin bezweifelte sie, daß die Frauen nur deshalb so viele Probleme mit dem Sex haben, weil die Männer »es immer an der falschen Stelle« versucht haben. Ihrer Meinung nach ist ein Orgasmus nicht »mechanisch herbeiführbar wie ein Elektroschock nach Schließung eines Stromkreises«.

Sie stellt die These auf, daß ein Höhepunkt immer »eine Geschichte« hat, die »Geschichte eines Begehrens und einer Erregung«. Der Orgasmus sei »das Ende einer Kette von Empfindungen, von Bildern, Träumen, Sehnsüchten, Ängsten, Blicken, Berührungen«, an der nicht nur zwei Menschen beteiligt sind, sondern andere vorher mitgewirkt haben können. Fehle die Kette, die Geschichte, dann bewirke auch die geduldigste und geschickteste Stimulierung der Klitoris nichts.

Die Wissenschaftlerin glaubt, daß Frauen lernen müssen, Männer aktiv sexuell zu begehren, ein Selbstbewußtsein des Begehrens zu entwickeln. Und daß Männer lernen müssen, passiv sexuell begehrt zu werden. Im Soziologen-Jargon: daß beide sowohl Subjekt als auch Objekt sein können und sich dabei ständig abwechseln.

Barbara Sichtermann: »Die Sexualobjekt-Rolle, von der Frauenbewegung oft geschmäht, ist als Möglichkeit oder Rollenelement schön und lebenswert, ja unverzichtbar, ist nur in der Ausschließlichkeit fatal.«

Auch in einem anderen Punkt hat die Frauenbewegung sich korrigiert oder wird nicht darum herumkommen, es noch zu tun. Ich meine die vielgepriesene »neue Zärtlichkeit«, die lesbische Liebe als höhere, bessere, politischere Form des sexuellen Lebens in unserer Männergesellschaft. Slogan: »Feminismus ist die Theorie – Lesbianismus die Praxis.«

In der Tat haben sehr viele Frauen durch ihre Arbeit in autonomen Frauengruppen ihre Liebe zu Frauen entdeckt. Eine meiner Freundinnen, die mit mir zusammen in der Hamburger Frauengruppe F.R.A.U. aktiv war, verließ damals Knall auf Fall nach zwanzig Jahren Ehe ihren Mann und ihren achtzehnjährigen Sohn, um mit Tanja, einer anderen Frau aus unserer Gruppe, zusammenzuziehen. Es war ein Drama. Die kleinbürgerlichen Eltern meiner Freundin nahmen alle Bilder ihrer Tochter von der Wand, weil sie auf denen »so unschuldig lächelte«. Inzwischen ist sie mit ihren Eltern wieder versöhnt, hat nach wie vor eine innige Beziehung zu ihrem Sohn, während sie ihren geschiedenen Mann kaum noch sieht, und lebt immer noch – sehr glücklich – mit Tanja zusammen.

Ich war damals fest überzeugt, meine Freundin sei lesbisch geworden, weil das jeder Frau passieren könne, auch mir, ich erwartete es geradezu. Heute, nachdem sich eine gewisse Euphorie gelegt hat, die damals schön und notwendig war, weil Frauen zum ersten Mal andere Frauen bewußt wahrnahmen und liebenswert – ihrer Liebe wert – fanden, muß ich einsehen: Die Freundin, von der ich sprach, ist nicht lesbisch geworden, sie ist es immer schon gewesen, auch wenn sie vorher anders gelebt hat.

Der große Irrtum war die Vorstellung, daß wir frei entscheiden könnten, ob wir homosexuell sein wollten oder nicht. Durch die Frauenbewegung waren nur mehr Frauen als je zuvor in der Lage, ihre verborgene Homosexualität überhaupt erst zu entdecken und zu leben. Fast alle Feministinnen haben lesbische Erfahrungen gesammelt und mit der Frauenliebe herumexperimentiert, aber homosexuell geblieben sind nur die, die es immer schon waren.

Ein Ergebnis der SEAT-Untersuchung ist in diesem Zusammenhang besonders interessant: Laut Fragebogen-Erhebung kann jede zehnte Frau von einer Frau sexuell genauso angezogen werden wie von einem Mann. Bei den Frauen, die den Koitus als nicht befriedigend erleben, ist es jede fünfte!

Frauen, die den Geschlechtsverkehr auch nach einer längeren Beziehung mit einem Mann als unangenehm empfinden, sollten sich also durchaus fragen, ob nicht unterdrückte lesbische Neigungen im Spiel sein könnten. Andererseits kann sich keine Frau – und seien ihre sexuellen Schwierigkeiten mit Männern noch so groß – per Willensentscheid in eine Lesbierin verwandeln. Das heißt: Sie kann es versuchen, aber sie wird bald wieder davon abkommen, wenn nicht andere Zwänge oder Ängste Druck auf sie ausüben.

Diesen Druck hat es innerhalb der Frauenbewegung gegeben. Ich zitiere aus einer Nummer der Zeitschrift »Clio« aus dem Jahr 1977, in der veschiedene Frauen über ihre Erfahrungen in Selbsthilfegruppen berichten. Einleitend heißt es zu einem der Frauenkommentare: »In Lenas Gruppe liefen sehr viele Gespräche über Sexualität. Lenas Zweierbeziehung ging gerade auseinander. Sie fühlte sich darin bestärkt, daß ihre Unlust zur Penetration nicht anormal ist, sondern an der Form der Sexualität, an ihrer Zielgerichtetheit und Genitalfixierung liegt.« Lena abschließend über sich selbst: »Zu Männern habe ich seit längerer Zeit keine sexuellen Beziehungen mehr. Ich bin fast ausschließlich mit Frauen zusammen ... In letzter Zeit verliebe ich mich häufig in Frauen, und mit ihnen will ich auch meine Sexualität teilen. Für mich wäre es manchmal bequemer, mich sexuell auf einen Mann zu beziehen; aber zu welchem Preis? Leben, lachen und weinen mit Frauen – schlafen mit Männern! Es wäre die Abspaltung meiner Sexualität von meiner Gesamtpersönlichkeit. So einfach will ich's mir nicht machen.«

Möglich, daß Lena bei einer Frau das Glück gefunden hat, das sie bei ihrem Freund nicht fand. Möglich auch, daß ihr Freund ein Tölpel war, der ihr die Lust an der Sexualität vergällte. Aber wenn sie wirklich dauerhaft zur Frauenliebe »bekehrt« worden ist, dann hätte er ein noch so großartiger Liebhaber sein können, er hätte dennoch das Pech gehabt, an eine homosexuelle Frau zu geraten. Und nicht seine »Genitalfixiertheit« wäre der Grund der Trennung gewesen, sondern ihre Homosexualität.

Um Mißverständnissen vorzubeugen: Jede Frau und jeder Mann kann sich homosexuell betätigen und das als lustvoll erleben. Aber es ist ein Unterschied, ob ich als Frau auch mal mit einer Frau ins Bett gehe oder ob ich lesbisch bin. Gemessen an dem gesellschaftlichen Druck, den Lesbierinnen immer noch auszuhalten haben, finde ich es geradezu frevelhaft, die modische Beischläferei in den Betten Gleichgeschlechtlicher auch nur in die Nähe einer homosexuellen Identität zu rücken. Ich habe mich auch schon in Frauen verliebt, und ich habe auch schon mit Frauen geschlafen. Aber ich bin nicht lesbisch. Nicht weil ich es nicht sein will, sondern weil ich es nicht bin.

Ich empfand es als eine kleine historische Stunde, als bei einem Kongreß über die weibliche Sexualität im Herbst 1979 in Bad Marienberg, an dem überwiegend Feministinnen teilnahmen, die sogenannten »Heterofrauen« die Lesbierinnen baten, nicht an ihrer Arbeitsgruppe teilzunehmen. Begründung: »Wir wollen über unsere Sexualität reden, über das, was uns anmacht, und das sind nun mal die Männer. Wir haben keine Lust, uns dafür ständig entschuldigen zu müssen und uns als die Doofies der Bewegung zu fühlen, die immer noch nicht geschnallt haben, daß es mit Frauen besser läuft.«

Die Soziologin Barbara Sichtermann schreibt in ihrem Aufsatz: »Wenn heute eine Frau in einer feministischen Versammlung aufstehen und sagen würde, sie fände die Männer verführerisch und begehrenswert, so würde sie für bekloppt erklärt.«

Müssen sich die Frauen, die mit Männern leben, von der Bewegung emanzipieren?

Frauke Zorn aus Berlin ist eine überzeugte Kämpferin für die Sache der Frauen. Ich habe erlebt, daß sie eine ganze Evangelische Akademie im Sturm für den Feminismus einnahm durch ihr leidenschaftliches Engagement und ihre klugen Argumente. Im Interview erzählte sie mir, daß sie nach ihrer Scheidung »auch erst mal die Schnauze voll hatte von Männern« und prompt eine Beziehung mit einer Frau anfing.

FRAGE: »Ging das von dir aus?«

ANTWORT: »Ja, und es war ganz toll. Obwohl ich früher lesbische

Frauen schrecklich fand. Für mich waren die krank. Ich habe das nur toleriert, weil man das als toleranter Mensch tolerieren muß. Bei meinem ersten Frauenfest, das war etwa 1973, dachte ich noch: Wie furchtbar, die tanzen ja miteinander. Es war mir unmöglich, mit einer Frau zu tanzen. Peinlich fand ich das. Ich dachte vorher, so was machen doch nur Kriegerwitwen, die keinen Mann mehr haben. Aber allmählich fand ich das alles unheimlich gut, und fand es auch schön, Frauen anzufassen.«

FRAGE: »Hast du dich dann in eine Frau verliebt?«

ANTWORT: »Es gab eine, die mochte ich sehr. Sie hatte vorher auch noch nie etwas mit einer Frau gehabt, wollte es aber. So wie ich. Wir waren gleich. Das fand ich gut. Ich habe dann mit ihr eine sehr schöne Nacht zusammen verbracht.«

FRAGE: »Hattest du nicht Angst, daß du, unerfahren wie du warst, etwas falsch machst?«

ANTWORT: »Nein, die sah sehr schön aus und die hat sich wirklich gut angefaßt. Ich hatte in dieser Nacht keinen Orgasmus, aber sie. Und zwar durch mich. Und das fand ich ein ganz tolles Erlebnis. Ich habe sie nur gestreichelt und geküßt. Das war wirklich schön. Wenn ich ein Mann wäre, ich würde das öfter erleben wollen.«

FRAGE: »Habt ihr euch danach öfter getroffen?«

ANTWORT: »Nein. Sie lebte in einer anderen Stadt. Ich hatte sie besucht und fuhr am nächsten Morgen wieder zurück nach Berlin. Sie war sehr sauer, daß ich mich danach nicht mehr um sie gekümmert habe. Hatte sie auch recht. Es war nicht richtig. Ich habe mich verhalten wie ein Mann: Mal kommen, eine Nacht bleiben und dann wieder weg.«

FRAGE: »Wolltest du deine Erfahrungen mit anderen Frauen fortsetzen?«

ANTWORT: »Wenn du in der Bewegung sehr aktiv bist, gibt es immer Frauen, die sich in dich verlieben, die dich auch bekehren wollen. Aber ich mag nicht gern bedrängt werden. Ich umarme Frauen gern, weil ich überhaupt gern Leute anfasse. Aber entweder erfüllst du dann Erwartungen nicht, die an dich gestellt werden, oder du erweckst Erwartungen, die du gar nicht erfüllen willst. Das hat mich sehr gebremst.«

FRAGE: »Eine richtige Liebesgeschichte mit einer Frau hast du also nicht erlebt?«

ANTWORT: »Nein. Ich merkte, hoppla, wenn du jetzt nicht aufpaßt, machst du mit den Frauen das gleiche, was die Männer mit ihnen machen: Sie benutzen. Wenn ich mich einem Mann gegenüber schofelig verhalte, kann ich immer noch sagen: Geschieht ihm recht. Bei einer Frau könnte ich das nicht. Ich bin draufgekommen, daß man auch mal den Mut haben muß, im Niemandsland zu leben, keine Beziehung zu haben. Ich war nicht isoliert, aber ich hatte weder einen Mann noch eine Frau.«

FRAGE: »Und jetzt?«

ANTWORT: »Jetzt bin ich wieder mit einem Mann zusammen. Den mag ich sehr, sehr gern, weil der mir wie ein Sohn vorkommt. Sieht eigentlich noch aus wie ein Junge, ist aber schon erwachsen. Das gefällt mir unheimlich gut. Ich glaube, in unserer Gesellschaft sind Männer überhaupt nur als Söhne zu ertragen.«

4. Kapitel

DREI MÄNNER – DREI GENERATIONEN – DREI INTERVIEWS

»Gar nichts kannst du dir vorstellen, sagte Dole. Dann waren auf einmal ihre Kopfschmerzen da. Sie behauptete, entsetzlich müde zu sein und wollte so schnell wie möglich zum Wagen zurück. Wir liefen durch die hellen Hügel zum Wagen, ich versuchte noch zu sprechen, sie sagte nichts. Das Picknick am Mittag fiel aus. Wir fuhren auf der Autobahn nach Norden, sie trug ihre Sonnenbrille bis in die Nacht.«
Christoph Meckel, 1980, »Licht«

Wilfried, 33 Jahre alt

»Das ist einer der wenigen Männer, die es zugeben können, wenn es ihnen beschissen geht«, sagte eine Freundin über Wilfried. »Über meine Gefühle zu sprechen, mußte ich erst lernen», sagte er im Interview. Wilfried war früher politisch im Kommunistischen Bund aktiv. Über den zweiten Bildungsweg schaffte er den Sprung vom Technischen Zeichner bei der Post auf die Hamburger Hochschule für Wirtschaft und Politik, die er als graduierter Sozialwirt abschloß. Zwischendurch jobbte er als Kranführer und Künstlerbetreuer, wurde überall Betriebsrat oder Vertrauensmann und flog überall wieder raus. Heute arbeitet Wilfried als freier Fotograf.

FRAGE: »Bist du zur Zeit mit deinem Sexualleben zufrieden?«

ANTWORT: »Ja, sehr. Ich kenne Judith jetzt seit drei Jahren, und es ist eine optimale Beziehung. Ich habe vorher immer geglaubt, nach einer gewissen Zeit wird die Sexualität ganz automatisch zur Routine oder schlafft einfach ab, aber das ist eben nicht der Fall. Das hängt damit zusammen, daß wir uns während des Miteinanderschlafens immer sagen, was wir gern möchten. Was ich mich früher nicht getraut hätte. Vor allem war ich es nicht gewohnt, daß eine Frau so klar sagt, was sie will.«

FRAGE: »Demnach sah dein Sexualleben früher anders aus?«

ANTWORT: »Ja, allerdings. Ich habe mich vom Steinzeitmenschen zum Sexualpartner entwickelt.«

FRAGE: »Erzähl doch mal von der Steinzeit.«

ANTWORT: »Mein Vater war gelernter Tischler, meine Mutter Putzfrau. Ich bin sehr streng erzogen worden. Wenn ich etwas ausgefressen hatte, mußte ich mir die Strafe selbst aussuchen: Ohrfeige, Rohrstock oder Peitsche; dazu gab es noch Stubenarrest. Da wurde ich in einem dunklen Zimmer eingeschlossen.«

FRAGE: »Was hast du denn für Verbrechen begangen?«

ANTWORT: »Eins meiner schlimmsten Vergehen war, daß ich der Tochter unseres Nachbarn mal unter den Rock gefaßt habe. Da waren wir noch Kinder, aber es hat mich jemand dabei erwischt und mich zu meinem Vater geschleppt.«

FRAGE: »Hast du deine Eltern überhaupt mal als sexuelle Wesen wahrgenommen?«

ANTWORT: »Ja, ganz früher, als ich noch kein eigenes Zimmer hatte, schlief ich im Schlafzimmer meiner Eltern. Ich weiß noch genau, daß mein Vater jeden Abend über meine Mutter herfiel. Ich hörte ein kurzes Stöhnen und noch ein anderes Geräusch dabei, irgend etwas Glitschiges. Deshalb habe ich lange geglaubt, daß der Mann auf der Frau liegt und ihr ins Loch pinkelt.«

FRAGE: »Glaubst du, daß deine Mutter sexuell befriedigt war?«

ANTWORT: »Ganz sicher nicht. Mein Alter war einer von diesen Paschas, die einfach drübersteigen. Es dauerte auch immer nur ganz kurz, dann kehrte Ruhe ein.«

FRAGE: »Hast du bei soviel Strafandrohungen den Mut zur Selbstbefriedigung gefunden?«

ANTWORT: »O ja. Das hat mir ein anderer Junge beigebogen, der Sohn eines angesehenen Architekten. Meine Eltern waren ungeheuer stolz, daß ich mit dem befreundet war. Der hat mir genau gezeigt, wie das funktioniert, hat auch meinen Pimmel in den Mund genommen und gesagt, so ähnlich wäre es, wenn man mit Mädchen schläft. Ich habe das bei ihm dann auch gemacht. Als ich so vierzehn oder fünfzehn war, hat mich meine Mutter mal beim Wichsen erwischt. Das war schlimm. Ich konnte das auch nicht mehr vertuschen. Sie kam einfach ins Zimmer rein. Ich stand vor dem Spiegel und holte mir einen runter.«

FRAGE: »Ist sie dann wortlos aus dem Zimmer gegangen?«

ANTWORT: »Ja. Aber sie hat sich seit diesem Tag nie mehr nackend vor mir gewaschen. Was sie sonst immer getan hatte. Damit war Schluß.«

FRAGE: »War sie attraktiv?«

ANTWORT: »Nein, sie war eine sehr dicke, unansehnlich dicke Frau. Ich fand es abstoßend, wenn sie sich vor mir wusch, zumindest in der letzten Zeit, bevor sie es dann nicht mehr tat.«

FRAGE: »Wie fing es mit Mädchen an?«

ANTWORT: »Richtig intensiven Kontakt habe ich eigentlich erst mit dem Mädchen gehabt, das auch meine erste Frau wurde. Wir sind lange miteinander gegangen, bevor mehr stattfand als Küsse oder an den Busen fassen oder sich beim Tanzen aneinander reiben. Ihr Vater war Fabrikarbeiter, die Mutter Verkäuferin. Ich hatte damals ein Moped und durfte Ulrike immer besuchen. Das haben ihre Eltern erlaubt. Am Wochenende durften wir sogar zwei Stunden lang allein in ihrem Zimmer sein und das Zimmer auch abschließen, während die Eltern nebenan Sportschau guckten. Verglichen mit anderen Pärchen, die nur in Häuserecken rumknutschen konnten, war das schon eine sehr fortschrittliche Lösung damals. Aber sexuelle Großtaten fanden unter diesen Umständen natürlich nicht statt.

Zusammen geschlafen haben wir jedenfalls das erstemal bei mir zu Hause, als meine Eltern im Kino waren. Das war eine furchtbare Nacht! Es war alles ganz furchtbar! Der Ulli hat es unheimlich weh getan. Ich habe mich, weil ich spitz war wie Nachbars Lumpi, wahnsinnig beknackt angestellt. Die Ulli hat geblutet, als hätte ich sie abgestochen. Wir sind noch nachts in die Apotheke gerast, um Binden zu holen. Sie mußte ja dann noch mit der Straßenbahn nach Hause, während ich versuchte, das versaute Bettlaken auszuwaschen. Ich Idiot. So ein riesiger Blutfleck geht ja gar nicht so schnell raus. Da habe ich das Ding genommen und wollte es unten im Keller in den Ofen von der Zentralheizung stecken. Es brannte aber nicht sofort, weil es so feucht war. Ich zog es wieder raus und stopfte es in irgendeine dunkle Ecke. Dann ging ich nach oben, legte mich ins Bett und schlief ein. Plötzlich wurde ich wach von einem Riesenlärm: Feuerwehrsirenen, Stimmengewirr, aufgeregtes Hin und Her. Meine Eltern waren gerade noch rechtzeitig nach Hause gekommen. Das Laken im Keller hatte sich entzündet und einen Brand entfacht. Niemand konnte sich erklären, wie das passiert war. Ich war zur fraglichen Zeit der einzige, der im Hause war. Ich bin auch zum Verhör vorgeladen worden am nächsten Tag, aber ich habe eisern geschwiegen.«

FRAGE: »Habt ihr danach den Mut verloren?«

ANTWORT: »Ziemlich. Es spielte sich sexuell nur noch wenig ab. Ein Jahr später haben wir geheiratet, weil wir beide von Zuhause wegwollten und eine Wohnung in Aussicht hatten.«

FRAGE: »Aber in der Ehe hattet ihr doch dann mehr Zeit und Gelegenheit?«

ANTWORT: »Das schon, aber ich hatte eben eine völlig falsche Vorstellung von Sexualität. Ich dachte, wenn der Pimmel steif ist, muß er ganz schnell dahin, wo er hingehört. Ich habe mich nie bemüht, bei der Ulli auf irgendeine Weise eine sexuelle Spannung herzustellen. Frau unten, Mann oben, Beine breit, paarmal hin und her, damit hatte es sich. Ich hätte mich damals unheimlich gewehrt, wenn mir jemand gesagt hätte: Damit erniedrigst du die Frau, du verfolgst nur deine eigenen Ziele. Wir beide glaubten, so müsse Sexualität sein. Und weil es der Ulli immer weh tat, fanden wir die Erklärung: Sie ist einfach zu eng gebaut, deshalb geht es so schwer bei ihr. Später hat die Ulli mitgekriegt, daß ich sie in Ruhe lasse, wenn sie mich mit der Hand befriedigt. Das war die einzige Variation von Sexualität, die wir damals kannten.«

FRAGE: »Ist eure Ehe daran gescheitert?«

ANTWORT: »Nein. Ich ging dann nach Hamburg auf die Hochschule für Wirtschaft und Politik. Die Ulli kam erst nach einiger Zeit nach, und während dieser räumlichen Trennung ging ich natürlich kräftig fremd. Das waren reine Fickgeschichten. Ich bekam ein relativ hohes Stipendium, weil meine Eltern beide Arbeiter und beide in der Gewerkschaft waren: 560 Mark pro Monat – das war 1970 –, und ich hatte mein eigenes Einzimmer-Apartment im Studentenwohnheim. Wir waren eine Clique von vier jungen Männern und haben uns am Wochenende einen Sport daraus gemacht, Frauen abzuschleppen. Wir gingen ins ›Top Ten‹, in einen riesigen Tanzschuppen, wo immer was los war. Einer wurde zum Schiedsrichter ernannt, der war dann gleichzeitig unser Fahrer. Er mußte uns, wenn wir eine Frau so weit hatten, schnell ins Studentenwohnheim chauffieren und wieder zurückbringen. Es ging darum, wer in einer Nacht die meisten Frauen abschleppt und auch bumst.«

FRAGE: »In einer Nacht mehrere? Was war denn der Rekord?«

ANTWORT: »Sechs. Das war aber nicht bei mir. Bei mir waren es mal fünf. Du, da bist du wirklich nur hingegangen, hast dir eine ausgeguckt, die konnte potthäßlich sein, das war völlig egal. Ich habe zum Beispiel immer nur Frauen mit Brille angesprochen, weil ich davon ausging, daß die am ehesten rumzukriegen seien. Die bekamen eine Cola mit Rum spendiert, wir tanzten einmal, und dann ging's los. Das mußte ja auch ruckzuck gehen, denn um drei machte das ›Top Ten‹ zu.«

FRAGE: »Wie findest du das denn heute?«

ANTWORT: »Erschreckend. Das will mir heute gar nicht mehr in die Birne, was wir uns da geleistet haben. Vor allem auch die Sprüche: ›Wenn der Kopf nichts taugt, stülp n' Bierkasten drüber.‹ Oder: ›Dann fick sie von hinten, Ärsche sehen alle gleich aus.‹ Dabei waren wir in dieser Zeit politisch unheimlich engagiert und haben ständig von der Unterdrückung der Arbeiterklasse gesprochen.«

FRAGE: »Hast du denn nie eine Frau kennengelernt, die sich nicht mit deinen sexuellen Schnellschüssen zufriedengab?«

ANTWORT: »Doch. Da war aber die Ulli schon nach Hamburg gezogen, als ich mit einer solchen Frau eine Beziehung anfing. Das war eine Genossin, die mich zuerst nur sexuell reizte. Bei der habe ich zum erstenmal erlebt, daß das Zusammenschlafen mit allem Drum und Dran Stunden dauern kann. Die forderte mich auch auf: Mach dies, oder mach das. Das fand ich am Anfang richtig abstoßend. Ich dachte: Moment mal, was fällt der denn ein? Bis ich merkte, daß es so wesentlich mehr Spaß brachte.«

FRAGE: »Hast du dich verliebt in diese Frau?«

ANTWORT: »Ja, habe ich, aber ich kam auch unheimlich ins Schleudern, weil ich mich für die Ulli verantwortlich fühlte. Ich dachte, die kommt jetzt wegen dir nach Hamburg, kennt keinen, die kannst du doch hier nicht allein hocken lassen, das geht doch nicht.«

FRAGE: »Hast du deine sexuellen Erfahrungen nicht in die Beziehung mit Ulli einbringen können?«

ANTWORT: »Nein. Die Ulli war ja in meiner Vorstellung zu eng gebaut. Daran änderte sich nichts.«

FRAGE: »Hast du Schluß gemacht mit der anderen Frau?«

ANTWORT: »Nein, sie mit mir. Sie sagte: ›Du mußt dich jetzt entscheiden, das mach ich nicht mehr mit, ständig dein schlechtes Gewissen, wenn du hier bei mir bist, dauernd deine Anruferei zu Hause, ob deine Frau schon da ist. Also, entweder oder.‹ Sie schmiß mich raus. Und die Ulli hatte sich in dieser Zeit auch einen Freund gesucht. Zuletzt saß ich zwischen allen Stühlen.«

FRAGE: »Das soll vorkommen. Hast du danach deine zweite Frau kennengelernt?«

ANTWORT: »Ja, sie war leitende Genossin, von allen umschwärmt, ließ aber keinen an sich ran. Und da war ich natürlich stolz, daß ich es bei ihr schaffte. Wir haben sehr viel politisch zusammen gearbeitet.«

FRAGE: »Und sexuell?«

ANTWORT: »Die Gesa fand ich am Anfang irre, ein Teufelsweib. Sie war die Erfüllung des Männerwunschtraums, mal mit einer Frau zusammen zu sein, mit der man stundenlang nur vögeln kann. Die wollte auch sehr hart angefaßt werden, man mußte ihr richtig weh tun. Ich glaube, die hat Vergewaltigungsphantasien ausgelebt. Mir ist erst später aufgegangen, daß sich unsere Sexualität eigentlich auf immer genau dieselbe Stellung beschränkte. Ich wollte dann auch mal was anderes ausprobieren, das wollte sie dann nicht. Man hat ja auch nicht immer Bock, wenn man mit jemandem schläft, ihm weh zu tun. Was ich am Anfang so begeisternd fand, wurde fad. Dazu kam, daß wir uns in politische Widersprüche verwickelten. Gesa sagte: ›Ich kann nur mit jemandem schlafen, mit dem ich total übereinstimme.‹ Schließlich machte jeder seinen eigenen Kram. Wir hatten unser Leben gut organisiert, und haben uns auch gemocht, aber wir haben in den letzten drei Jahren kein einziges Mal mehr miteinander geschlafen.«

FRAGE: »Hast du wieder Liebschaften angefangen?«

ANTWORT: »Nein. Ich kannte ja nur die Leute aus unserem politischen Umkreis. Ich stand praktisch unter Kontrolle. Wenn ich angefangen hätte, Frauen aufzureißen, wären die mir aufs Dach gestiegen, weil man das einer Genossin ja nicht antut, und vor allem, weil die politische Arbeit darunter leidet.«

FRAGE: »Wie bist du in dieser Zeit sexuell über die Runden gekommen?«

ANTWORT: »Nutten und Selbstbefriedigung. Massenhaft Selbstbefriedigung mit ausgeprägten Phantasien und Pornos als Vorlage.«

FRAGE: »Gesa muß doch gemerkt haben, daß dir was fehlt – mal abgesehen davon, daß sie bestimmt auch nicht glücklich war – habt ihr denn nicht darüber gesprochen?«

ANTWORT: »Doch, aber wir haben das nicht gepackt. Wir haben auch falsch darüber gesprochen, nicht wirklich ehrlich. Wir haben versucht, das in einen politischen Rahmen zu bringen. Zusammen mit anderen. Nach dem Motto: Heute sprechen wir mal über uns. Aber kaum waren zwei Sätze gefallen, da hieß es, daß Leute, die politisch arbeiten, sich nicht mit so einem individualistischen Scheiß und Psychokram aufhalten dürfen. Das fand ich damals alles korrekt und richtig. Fazit war jedesmal: Bei einem Paar, das an der politischen Front kämpft, ist Sexualität nicht so wichtig. Niemals wurde über Selbstbefriedigung oder sexuelle Wünsche gesprochen. Keiner war in der Lage, seine Gefühle zu äußern. Das habe ich wirklich später erst lernen müssen.«

FRAGE: »Was hättest du denn im Bett gern gemacht, was Gesa nicht wollte.«

ANTWORT: »Bei ihr durfte die Möse nur mit dem Pimmel berührt werden, alles andere fand sie schmutzig. Das einzige, was sie machte, als wir noch sexuellen Kontakt hatten, war, daß sie mir schnell einen abwichste. Dann war es für sie erledigt. So wie die Ulli das auch gemacht hatte.«

FRAGE: »Wie waren deine Erfahrungen mit Prostituierten?«

ANTWORT: »Zum Kotzen. Hinterher. Ich war ständig frustriert, aber es zog mich immer wieder hin. Es war die einzige Möglichkeit, mir meine geheimen Wünsche zu erfüllen.«

FRAGE: »Welche denn? Die machen doch gar nicht alles.«

ANTWORT: »Na, eben so Sachen, daß man mal eine Frau von hinten vögeln konnte, oder daß man sich nur den Arsch ansah, oder ihr beim Pinkeln zuguckte. Jeder Sonderwunsch kostet natürlich extra. Einmal bin ich auf insgesamt 400 Mark gekommen und war bestimmt nicht länger als eine Viertelstunde drin. Hinterher kam ich mir doof vor. Aber eigentlich war ich einer von denen, die diesen ganzen Markt mit aufrechterhalten.«

FRAGE: »Wie kam es dann zu der Trennung von Gesa?«

ANTWORT: »Inzwischen hatte sich die politische Meinung geändert. Die Frauenbewegung gewann an Einfluß. Plötzlich hieß es:

Wir müssen das Private öffentlich machen. Und ich sollte Erklärungen abgeben über meine Probleme mit Gesa. Da habe ich irgendwann gesagt: ›Ihr könnt mich alle mal am Arsch lecken. Ich suche mir die Leute selber aus, mit denen ich darüber reden will.‹ Habe meinen Schlafsack gepackt und bin in die Wohnung von der Ulli, meiner ersten Frau, gezogen, weil die gerade ein Zimmer frei hatte. Die Gesa zog in eine Wohngemeinschaft mit lauter Frauen. Damit war klar, daß sie nicht auf meine Rückkehr wartete.«

FRAGE: »Wie hast du dich denn gefühlt in dieser Zeit?«

ANTWORT: »Nach drei Jahren Selbstbefriedigung und Scheißerfahrungen mit Nutten konnte ich mir überhaupt nicht vorstellen, daß sich noch mal eine Frau für mich interessieren würde.«

FRAGE: »Aber du wurdest eines Besseren belehrt?«

ANTWORT: »Ja. Ich fuhr drei Monate später nach Lissabon und habe dort Anja kennengelernt, eine Holländerin, mit der ich alle meine sexuellen Träume innerhalb kürzester Zeit verwirklichen konnte.«

FRAGE: »Welche?«

ANTWORT: »Was ich nie glaubte, mal machen zu können, war zum Beispiel Analverkehr. Und das lief mit ihr wie wahnsinnig. Bei ihr ging das so gut, wie wenn du andere Frauen, wenn sie naß sind, in die Möse vögelst. Das war eben eine Sache, die sie sehr gern mochte. Das sagte sie mir auch von Anfang an. Was sie nicht wollte, war, ganz normal gebumst zu werden. Das lehnte sie ab. Alle anderen Variationen waren erlaubt.«

FRAGE: »Warum mochte sie den Koitus nicht?«

ANTWORT: »Die Anja war lesbisch. Und ich war der erste Mann, mit dem sie schlief.«

FRAGE: »Hat sie dir das erzählt?«

ANTWORT: »Ja. Ich war natürlich ganz stolz darauf, weil ich dachte, lesbische Frauen seien für Männer unerreichbar. In den Phantasien von Männern spielen sie ja eine große Rolle. Und ich hab' mich dann auch total verknallt in die Anja. Wir gingen zusammen baden, sind im Land herumgefahren, schön essen gegangen. Ich merkte, was für ein Idiot ich war, daß ich mir das drei Jahre lang hatte entgehen lassen.«

FRAGE: »Und nach dem Urlaub in Portugal?«

ANTWORT: »Sie lebte in Amsterdam, hatte da auch eine feste Freundin. Ich lebte in Hamburg. Zum Glück arbeitete ihre Schwester bei KLM, und ich konnte für zehn Prozent nach Amsterdam fliegen. Ich flog abends hin und morgens zurück, habe sie bekniet und bekniet, daß sie sich was einfallen lassen soll, daß wir zusammenziehen können. Sie war Lehrerin, deshalb war das alles nicht so einfach. Und als sie endlich sagte: Gut, wir bauen was Gemeinsames auf, mit meiner Freundin ist Schluß, da hatte ich bei einer AKW-Demo in Kalkar die Judith kennengelernt.«

FRAGE: »So schnell ging das?«

ANTWORT: »Die Judith war mir schon vor einiger Zeit aufgefallen. Ich fand sie einfach unheimlich schön und anziehend, wie sie sprach, wie sie sich bewegte. Ich wußte in dem Moment, in dem ich sie kennenlernte, daß da mehr dahintersteckte als eine Verliebtheit. Zu der Demo in Kalkar war ich noch zusammen mit der Anja gefahren. Da spielte sich auch nichts ab zwischen Judith und mir, außer ein paar Worten. Aber danach wußte ich, daß ich in jedem Fall in Hamburg bleiben wollte, und die ewigen Amsterdam-Flüge fingen an, mich zu nerven. Die Judith hatte zu der Zeit auch einen sehr engen Freund. Der war gerade in München dabei, seine Zelte abzubrechen, um zu ihr nach Hamburg zu ziehen. Aber ihr ging es genauso wie mir. Sie sagte zu einer Freundin: ›Du, da ist ein Typ, dieser Wilfried, wenn mit dem mal was passiert, dann ist alles andere vorbei.‹ Und so kam es auch. Ich hab mir die Telefonnummer besorgt, wir gingen ins Kino, und zwei, drei Tage später lagen wir im Bett. Und da war dann alles klar. Wir wußten beide, was es jetzt für Zoff geben würde auf beiden Seiten. Aber wir sagten uns: Da müssen wir durch.«

FRAGE: »Ihr habt euch gegenseitig beigestanden und über alles gesprochen?«

ANTWORT: »Immer. Von Anfang an. Das war ein Entschluß von mir, daß ich wieder eine feste Beziehung haben wollte, aber eine, bei der die Karten auf den Tisch gelegt werden. Egal unter welchen Umständen. Glücklicherweise ist Judith so eine offene Person, die sofort alles sagt, auch wenn es manchmal weh tut. Wenn ein strittiger Punkt auftaucht, sprechen wir darüber. In meinen Ehen lief es falsch: Zuerst sagte man aus Angst gar nichts, dann beschwichtigte man sich damit, daß es ja nur eine Kleinigkeit gewesen war, und irgendwann knallte es aus einer ganz anderen Ecke, so daß man überhaupt nicht mehr wußte, worum es ging. Oder es knallte eben gar nicht mehr, weil einem der Partner egal geworden war. So wie in den letzten Jahren mit der Gesa. Es hätte mir überhaupt nichts ausgemacht, wenn sie mit jemand anderem gepennt hätte in der Zeit.«

FRAGE: »Wie wäre das jetzt bei Judith?«

ANTWORT: »Nein, das ginge nicht. Da würde ich verrückt werden.«

FRAGE: »Worüber streitet ihr euch, wenn ihr euch streitet?«

ANTWORT: »Judith ist in der Gewerkschaft aktiv, hat da auch eine Frauengruppe gegründet, macht furchtbar viele Sachen. Ich bin manchmal eifersüchtig, nicht auf Personen, sondern auf die Zeiten, in denen sie weg ist. Aber ich will natürlich nicht, daß sie sich von mir eingeengt fühlt. Deshalb sage ich nicht direkt, daß ich fünf aushäusige Abende hintereinander zuviel finde, sondern maule rum. Das ist nicht gut. Darüber reden wir dann.«

FRAGE: »Hast du in solchen Eifersuchtsphasen auch das Gefühl, daß sie sexuell weniger von dir will?«

ANTWORT: »Wenn ich dann in meinem Kämmerlein so vor mich hinleide, registriere ich ziemlich genau, wie oft wir in der letzten Zeit zusammen geschlafen haben. Da kommt schon mal ein Moment, wo ich sage: Am Anfang war's auch mal anders. Aber das gibt sich dann wieder.«

FRAGE: »Wer gibt denn den Anstoß, wenn ihr miteinander ins Bett geht?«

ANTWORT: »Beide gleich. Früher ging es sogar mehr von ihr aus. Ich jobbte eine Zeitlang beim Telefonbau, während sie Zuhause an ihrer Doktorarbeit schrieb. Wenn ich heimkam, hatte sie sich meist gerade ein bißchen hingelegt, da mußte ich dann schnell die Hose über den Stuhl hängen. Seit wir beide freiberuflich arbeiten, ist es ausgeglichen.«

FRAGE: »Habt ihr immer zur gleichen Zeit die gleichen Bedürfnisse?«

ANTWORT: »Nein. Wenn es zu Zärtlichkeiten kommt und ich werde geil, dann bin ich natürlich auch aufs Bumsen aus. Das stößt nicht immer auf Gegenliebe.«

FRAGE: »Ziehst du dich dann zurück?«

ANTWORT: »Ich befriedige mich dann selbst. Auch im Beisein von Judith. Danach kann ich stundenlang zärtlich sein.«

FRAGE: »Was arbeitet Judith?«

ANTWORT: »Sie macht Übersetzungen und schreibt Artikel für

Zeitschriften. Manchmal störe ich sie bei der Arbeit. Ich hab' oft tagsüber so ein Schmusebedürfnis wie ein kleines Kind. Dann will ich nicht mit ihr ins Bett, sondern will sie nur fühlen. Aber wenn ich damit ankomme, und sie hat den Kopf gerade woanders, schmeißt sie mich raus. Dann bin ich natürlich sauer.«

FRAGE: »Wie lange?«

ANTWORT: »Fünf Minuten.«

FRAGE: »Passiert das auch umgekehrt, daß sie mal ankommt und du nicht in Laune bist?«

ANTWORT: »Seltener. Ich habe einfach mehr Zeit, wenn ich zu Hause bin. Wenn ich fotografiere, bin ich ja unterwegs.«

FRAGE: »Hattest du mal Impotenzerlebnisse?«

ANTWORT: »Ja, bei Prostituierten passierte mir das häufiger. Dann geht man halt wieder. Oder ich kam ewig lange nicht zum Höhepunkt, dann schmeißt die dich ja raus. Ein richtiges Impotenzerlebnis habe ich mal mit der Frau gehabt, bei der ich gelernt habe, daß zum Sex mehr gehört als Bumsen. Da wollten wir beide, und bei mir ging es nicht. Die hat alles mit mir aufgestellt, was überhaupt möglich war, aber es nutzte nichts, da war ich total im Eimer. Bei der gleichen Frau bin ich mal während des Bumsens eingeschlafen. Ich war einfach zu müde. Ich lag auf ihr und pennte weg. Das hat sie mir hinterher unheimlich vorgeworfen. Das sind so Sachen, wo ich heute drauf achte. Wenn ich wirklich abgekämpft bin und wir die halbe Nacht getrunken haben und dann noch anfangen, miteinander zu schlafen, passe ich auf, daß ich ja wach bleibe.«

FRAGE: »Gibt es auf sexuellem Gebiet etwas, was du dir noch wünschst, was du noch erleben möchtest?«

ANTWORT: »Einige Phantasien würde ich schon noch gern ausleben. Aber ich habe auch Angst davor. Ich kann das nicht einschätzen, wie man sich hinterher fühlt. Zum Beispiel gibt es eine Frau, mit der Judith sehr eng befreundet ist, die besuchten wir, sie wohnt in einer anderen Stadt, und auf der Rückfahrt im Auto saßen wir erst mal schweigend, bis ich dann zu Judith sagte: »Hör mal, die fand ich gut, ich hatte Lust, mit der ins Bett zu gehen, die mal zu fühlen.« Und Judith sagte, bei ihr sei es genauso gewesen, sie hätte sich auch sexuell sehr angezogen gefühlt von ihr. Das haben wir dann im Kopf mal so durchgespielt, ob wir das riskieren sollten. Theoretisch wäre es möglich gewesen, weil die Frau ihren Besuch fürs nächste Wochenende angesagt hatte. Aber wir kamen beide zu der

Überzeugung: Lieber nicht, so etwas kann ganz schwer in die Hose gehen. Manchmal habe ich den Wunsch, Judith mit einer Frau zu beobachten, oder auch mit einem Mann.«

FRAGE: »Auf wen wärst du eifersüchtiger, auf einen Mann oder eine Frau?«

ANTWORT: »Auf eine Frau. Ich glaube, wenn es wirklich mal passieren würde, würde ich heulend aus den Zimmer rennen. Ich würde wahnsinnig werden.«

»Auf wie groteske Weise sind doch Söhne ihren Müttern treu. Sie behandeln alle anderen Frauen als zweitrangig.«
Phyllis Chesler, 1979

Wolfgang, 47 Jahre alt

Wolfgang hat eine gemütliche Kellerkneipe in Berlin. Er gehört zu jener geselligen Sorte von Wirten, die gern selber einen mittrinken. Ich bat ihn um ein Interview, weil ich ihn immer als »typischen Mann« empfunden habe: breitschultrig, laut, hemdsärmelig, schnoddrig, cholerisch – zumindest hinterm Tresen. Ich witterte Widersprüche. Soviel Kerlshaftigkeit ist oft ein Zeichen für große Verletzbarkeit. Wolfgang war zweimal verheiratet und wurde zweimal geschieden.

FRAGE: »Kriegst du eigentlich sehr viel mit von den sexuellen Wünschen und Bedürfnissen deiner Gäste?«

ANTWORT: »Wenig. Die Leutchen, die hier herkommen, sind meist feste Pärchen. Und eine Aufreißerkneipe ist es ja nicht. Mädchen, die allein am Tresen sitzen, kommen gerade deshalb, weil sie hier nicht angemacht werden. Vor einiger Zeit hat es mal ein paar lockere Damen gegeben, die auf der großen Suche waren und ziemlich wahllos mit jedem abgeschoben sind. Aber die sind lange nicht mehr hier gewesen. Haben wohl ihren Traummann gefunden. Die waren eigentlich sehr nett, die haben ganz gern einen geschluckt und offen zugegeben, daß sie lieber zu zweit als allein im Bett liegen. Bei den Jugendlichen, so zwischen siebzehn und neunzehn, wenn die in Cliquen hier auftauchten, hatte ich eher das Gefühl, die schlafen kreuz und quer durcheinander. Mal die mit dem, mal der mit der... Siehste ja, wenn die hier anfangen zu schmusen, dann werden die bestimmt nicht draußen Sterne zählen.«

FRAGE: »Bist du selbst als Wirt nicht auch einigen Versuchungen ausgesetzt?«

ANTWORT: »Ich hatte mal zwei ganz stinkbürgerliche Abiturientinnen hier am Tresen sitzen. Die blieben, bis der letzte Gast raus war. Ich dachte immer: Was wollen sie noch? Und habe dann spaßeshalber gesagt: ›Kinder, entweder gehen wir jetzt alle drei in die Betten, oder ihr geht nach Hause. Ich will nämlich Schluß machen.‹ Da sagten sie: ›Was meinst du denn, warum wir hier noch sitzen?‹ Also sind wir ab nach hinten, aber die eine, die hat dann gekniffen. Hat sich unter die Decke gewühlt und den Kopf darunter versteckt, während ich mit ihrer Freundin geschlafen habe. Später sagte sie, sie hätte doch so gern zugeguckt, aber sie hätte sich nicht getraut. Das ist die einzige Geschichte, an die ich mich jetzt im Moment erinnere.«

FRAGE: »Hast du zur Zeit eine feste Partnerin?«

ANTWORT: »Ja, Ich lebe seit zwei Jahren mit Christine zusammen. Das ist so eine große Blonde, sieht gut aus.«

FRAGE: »Hast du sie hier in der Kneipe kennengelernt?«

ANTWORT: »Eigentlich nicht. Hier lagen immer so Zettel rum mit Adressen von Mädchen, die einen Job suchten. Und ich habe dann irgendwann mal diese Zettelwirtschaft runtertelefoniert, weil ich eine Aushilfe brauchte. Und da war die Telefonnummer von der Schwester meiner Jetzigen dabei. Die Schwester war aber nicht zu Hause, und ich habe mich am Telefon mit Christine unterhalten. Wir fanden beide, daß wir recht angenehme Stimmen haben. Ich fragte: ›Wo stecken Sie eigentlich?‹ Sie sagte: ›Hier draußen im Grunewald.‹ Habe mir eine Taxe genommen und bin hin. Seitdem sind wir zusammen. Das war vor zwei Jahren.«

FRAGE: »Wie alt ist Christine?«

ANTWORT: »Sie war zweiundzwanzig, als ich sie kennenlernte, wir sind genau zweiundzwanzig Jahre auseinander. Aber sie ist sehr reif, finde ich. Kommt aus einem Geschäftshaushalt und kann anpacken. Ist nicht so versponnen, hat keinen politischen Unsinn im Kopf, sondern steht mit beiden Beinen auf der Erde. Und was der Witz war, daß die junge Dame mit zweiundzwanzig noch nagelneu war.«

FRAGE: »Du meinst, sie war noch Jungfrau?«

ANTWORT: »Ja. Ich habe auch gestaunt, und habe sie auch gefragt, warum sie so lange gewartet hat. Das war bei unseren Müttern vielleicht noch üblich, aber jetzt doch nicht mehr. Sie hat mir ganz offen gesagt, und ich glaub' ihr das auch: ›Mir hat noch keiner gepaßt.‹ Das war für mich natürlich ein großes Kompliment.«

FRAGE: »Hatte sie sexuelle Probleme am Anfang?«

ANTWORT: »Nein. Es gab überhaupt keine Schwierigkeit. Allerdings ist sie auch keine Frau, bei der man immer voll in die Trickkiste greifen muß, damit es ihr Spaß macht. Wenn alles ganz normal abläuft, dann ist das völlig in Ordnung.«

FRAGE: »Und auch schön für sie? Mit Höhepunkt?«

ANTWORT: »Ganz sicher. Nicht nur einmal. Meistens zwei-, dreimal. Was aber nicht bedeutet, daß ich wie wild geworden loslege und den Supermann mache, damit die Frau fünf Orgasmen hintereinander bekommt, das finde ich ein bißchen albern. Ich habe die Erfahrung gemacht, daß es für beide am schönsten ist, wenn es auch von den Gefühlen her stimmt. Wenn das einmal so richtig gut zusammen harmoniert, ist es besser als stundenlange Turnübungen, wo man den Partner hinterher am liebsten aus dem Bett schmeißen würde. Bei uns ist es problemlos, kann man sagen.«

FRAGE: »Warst du immer sicher, daß die Frauen, mit denen du geschlafen hast, auch etwas davon hatten?«

ANTWORT: »Ich habe in der Beziehung nie irgendwelche Schwierigkeiten gehabt. Zum Beispiel lernte ich vor drei Jahren mal eine Frau kennen, die war seit sechs Jahren verheiratet. Die hatte vorher noch nie einen Orgasmus erlebt. Ich weiß gar nicht, wie die das mit ihrem Mann gemacht hat. Die fiel aus allen Wolken. Ich will damit nicht sagen, daß ich so ein großer Meister bin, aber das ist mir so ein halbes Dutzend Mal in meinem Leben passiert, daß mir die Frauen sagten, sie hätten es bei mir zum ersten Mal erlebt.«

FRAGE: »Wie erklärst du dir das?«

ANTWORT: »Weiß nicht. Die hatten durchaus Freunde oder Ehemänner.«

FRAGE: »Lag es vielleicht an Praktiken, die du angewendet hast und die für diese Frauen neu waren?«

ANTWORT: »Das würde ich nicht sagen. Ich strenge mich da gar nicht so furchtbar an, alle fünf Minuten was Verrücktes zu erfinden. Ich habe manchmal das Gefühl gehabt – tut mir leid, wenn das jetzt fürchterlich chauvinistisch klingt –, daß es auch ein bißchen an der unterschiedlichen Größe der Männlichkeit liegt. Ich glaube, da habe ich einigermaßen Glück gehabt. Es ist mir sogar ein paar mal gesagt worden, daß das nicht nur angenehm ist, wenn das Ding so groß ist. Die Frauen haben eben endlich mal was gemerkt, was sie vorher noch nicht gespürt hatten. Die sagten: »Ach, so ist das also, wir haben immer gehofft, daß es so ist, aber es ist bis jetzt noch nie so gewesen.« Die haben mir manchmal Sachen erzählt . . . Was es nicht alles gibt. Die sind verheiratet, haben Kinder und wissen im Grunde gar nicht, wie es geht. Ich versteh das auch nicht.«

FRAGE: »Ist es dir nie passiert, daß eine Frau nicht zum Orgasmus kam?«

ANTWORT: »Sicherlich. Es waren auch mal Mädchen dabei, wo man es eben nicht schaffte. Da konnte man noch so viel Geduld haben. Aber diese Mädchen sind gar nicht so furchtbar unzufrieden, wahrscheinlich, weil sie nicht wissen, wie es ist.«

FRAGE: »Hat das an deinem Selbstwertgefühl genagt, wenn du es nicht geschafft hast?«

ANTWORT: »Nee. Weil ich genau weiß, bei anderen geht es vollkommen. Es liegt nicht an mir. Ich fand es nur schade für das Mädchen. Ich erinnere mich da an eine, das habe ich nie verstanden, die war so mit dabei, aber die kriegte und kriegte keinen Orgasmus. Die muß eine innere Sperre gehabt haben. Wenn man als Mann nur solche Erlebnisse hätte, daß man es bei der zehnten oder zwanzigsten Frau immer noch nicht schafft, dann würde man bestimmt ganz schön parterre gehen. Aber das habe ich nicht erlebt.«

FRAGE: »Wie war denn deine sexuelle Entwicklung, kannst du das mal beschreiben?«

ANTWORT: »Das ist eigentlich ziemlich früh losgegangen. Meine erste Geschichte hatte ich mit fünfzehn, glaube ich. Mein Vater war gefallen im Krieg, meine Mutter ist krank geworden, mußte in ein Lungensanatorium, und da hat unsere Wirtschafterin, die liebe gute Babette, den Laden zusammengehalten. Aber wie willst du drei Jungen ständig beaufsichtigen? Ich hatte also freie Wildbahn.«

FRAGE: »Bevor du mit Mädchen anfingst, was war da?«

ANTWORT: »Während des Krieges war ich auf so einer Art Kadettenanstalt in Westfalen, in einem ehemaligen Nonnenkloster. Da hatten sie die Nonnen gescheucht und ein Internat daraus gemacht. Der Jüngste war knapp zehn und unsere ältesten Jungen waren sechzehn. Da sind auch homosexuelle Geschichten gelaufen. Ich habe das auch erlebt mit einem meiner älteren Kameraden, der außerdem mein Zugführer war. Das ergab sich da. Aber das war sofort erledigt, sobald man den ersten Rock sah.«

FRAGE: »Habt ihr auch in der Gruppe onaniert?«

ANTWORT: »Ja, ja. Wer kann am weitesten, all diese Spielchen, die man in diesem Alter macht.«

FRAGE: »Dein erstes Erlebnis mit einer Frau...«

ANTWORT: »... fand im Freien statt, im Heu. Wir lebten damals noch in einem Kuhdorf auf dem Lande. Da wurde aber keine regelmäßige Geschichte draus. Das kam erst mit der Tanzstunde, als wir 1949 in Köln gelandet waren. Da konnte man auch mal ein Mädchen mit nach Hause bringen. Mutti hatte wieder geheiratet, und wir sind dadurch in völlig intakte wirtschaftliche Verhältnisse gekommen. Das war ein unheimliches Glück damals. Wir lebten in einem großen Haus, jeder hatte sein eigenes Zimmer, und da durften wir auch Besuch kriegen. Das wurde ignoriert. Und natürlich haben wir auch schon unsere Feten gemacht. Das hieß damals noch nicht Party, sondern Hausball. Im Grunde genommen hat sich nicht viel verändert. Um elf wurde das Licht ausgemacht, und in jeder Ecke knutschte ein Pärchen. In der Zeit hatte ich eine sehr nette Freundin, mit der ich regelmäßig zusammen war.«

FRAGE: »Wie stand es denn mit der Verhütung?«

ANTWORT: »Pille gab es ja noch nicht. Es war eben immer dieser Krampf: vorher aussteigen. Und ein bißchen aufpassen auf die gefährlichen Tage.«

FRAGE: »Gab es Tabus, was die sexuellen Praktiken anbelangt?«

ANTWORT: »Die Mädchen waren vielleicht noch ein bißchen scheuer damals. Mit dem Mund, das war so eine Sache, da mußte schon ein gewisses Maß an Innigkeit und Vertrautheit da sein. Das ging nicht gleich so auf Anhieb wie heute. Aber passiert ist es genauso. Nur hat eben meistens der Mann damit angefangen, der hatte damals das Geschehen mehr in der Hand. Die Mädchen waren zurückhaltender. Man mußte sich sehr liebhaben. Aber dann ging es auch.«

FRAGE: »Was hast du denn beruflich für eine Laufbahn eingeschlagen?«

ANTWORT: »Ich habe eine Bürolehre zu Ende gemacht, hatte aber überhaupt keine Lust, ins Büro zu gehen. Ich machte Musik in einer Band, so zwei- dreimal in der Woche, das reichte zum Leben. Während der Musikmacherei waren natürlich so tausend kleine Sachen mit Mädchen. Aber die sah man nie wieder. Wir tingelten von Ort zu Ort. Und dann habe ich mich verliebt in eine Verkäuferin in einem Lampengeschäft. Meine Mutter und mein Stiefvater waren gegen diese Verbindung. Die Erika war nicht standesgemäß. Sie versuchten sogar, mich abzuschieben. Mein Stiefvater bot mir einen Traumjob in Südamerika an. Aber ich blieb stur und flog erst mal zu Hause raus. Im April '56 haben wir geheiratet. Da war ich dreiundzwanzig. Ein Jahr später ist unsere Tochter auf die Welt gekommen. Der Erika zuliebe habe ich mit dem Tingel-Tangel Schluß gemacht, aber ins Büro wollte ich immer noch nicht. Da fiel mir ein: Menschenskind, wir sind doch olle Preußen, warum sollst du nicht zu Bundeswehr gehen? Ich bin als Offiziersanwärter da eingetreten. Aber ich war nicht gut zu disziplinieren. Habe bald Ärger gekriegt mit den Vorgesetzten und wollte dann nicht mehr. Wir haben uns in beiderseitigem Einvernehmen getrennt, die deutsche Armee und Wolfgang Schultze. Das fand dann meine Frau nicht so gut, die sagte: Soll das jetzt wieder losgehen mit dem unsteten Leben? – Wir trennten uns auch.«

FRAGE: »In beiderseitigem Einvernehmen?«

ANTWORT: »Ein bißchen Stunk hat es schon gegeben. Ich stand nachts vor ihrer Tür, rief sie an, wenn ich besoffen war, und all diese Geschichten. Sie war diejenige, die weg wollte. Ich muß ganz ehrlich gestehen, ich bin nie derjenige gewesen, der Schluß gemacht hat. Es waren immer die Damen, die dann irgendwann die Nase voll hatten von mir oder von der Situation. Ich bin vielleicht auch ein bißchen ein Gewohnheitstier, und sehr anhänglich, wenn ich jemanden mag.«

FRAGE: »Wie war es denn mit deiner zweiten Frau?«

ANTWORT: »Das war das schönste Mädchen im Rheinland. Von der sagte meine Mutter immer: ›Bildschön, aber total verrückt.‹ Heute würde ich sagen: Sie hatte einen nymphomanischen Stich. Vor der haben mich alle gewarnt. Aber die mußte ich haben. Ich war unsterblich in sie verliebt. Die ersten zwei, drei Jahre ging es gut, aber dann schlug eben ihre nymphomane Veranlagung durch. Sie schlief wahllos in der Gegend rum.«

FRAGE: »Heimlich oder offen?«

ANTWORT: »Zunächst heimlich, weil sie genau wußte, daß ich in die Luft gehen würde. Wir sind ja auch so erzogen worden: Das ist meine Frau, und die gehört mir.«

FRAGE: »Wie bist du denn dahintergekommen, daß sie dir untreu ist?«

ANTWORT: »Durch einen Brief. Wie im Kintopp. Eine ihrer Freundinnen hat mir diesen Brief zugespielt. Sie meinte, sie könne das nicht mehr länger mitansehen. Es war eben auch hier die klassische

Situation: Der Ehemann ist der letzte, der es erfährt. Das hat mich natürlich tief getroffen und in meinem Stolz verletzt. Nicht weil ich ein Gockel bin. Ich bin ein Preuße, mit so Sachen kann ich nicht larifari umgehen.«

FRAGE: »Hast du sie auch mal geschlagen?«

ANTWORT: »Ja, habe ich. Allerdings stand ich da unter Alkohol. Die habe ich sogar mal richtig vermöbelt. Nicht nur Ohrfeigen, eine rechts, eine links und dann Schluß, wie ich es machte, wenn sie hysterisch wurde und schrie wie am Spieß. Dann mußte man die echt stillegen. Einmal hat sie mich so weit gebracht, weil sie mich ganz übel beschimpft hat, daß ich einen richtigen Haßausbruch kriegte und sie so verdrosch, daß sie ein paar Tage zu Hause bleiben mußte.«

FRAGE: »Bist du da nicht vor dir selber erschrocken?«

ANTWORT: »Du erschrickst schon in dem Moment, wo du ausholst. Aber durch den Alkohol ist die Hemmschwelle weg. Ganz stocknüchtern jemanden zu hauen, das würde ich, glaube ich, nicht fertigbringen. Schläge sind ein allerletztes Mittel. Wenn mich eine Frau sehr trietzt. Die Marion, die konnte das. Rückblickend muß ich sagen: Das alles passierte, als das Boot schon gekentert war. Vielleicht war es auch so ein Wunschdenken, daß ich meinte, noch etwas zurechtprügeln zu können.«

FRAGE: »Wie hat denn Marion auf die Schläge reagiert?«

ANTWORT: »Das kann ich dir genau sagen: Die hat gesagt, verdient habe ich es, aber trotzdem lasse ich es mir nicht gefallen.«

FRAGE: »Du sagst, sie habe dich getrietzt – wie denn?«

ANTWORT: »Sie hat zum Beispiel genau gewußt, daß sie mich sexuell total in der Hand hat. Die brauchte mich bloß anzugucken, und da regte sich schon was bei mir. Das wußte sie, und das hat sie zum Schluß auch wirklich schamlos ausgenutzt.«

FRAGE: »Wie denn?«

ANTWORT: »Entweder hat sie mich zappeln lassen, oder stand plötzlich vor der Tür, wenn sie mal Lust hatte, mit mir ins Bett zu gehen. Nach dem Motto: Du kannst mit mir schlafen, wenn ich will, aber nicht, wenn du willst. Und ich habe immer wieder mitgespielt. Immer in der stillen Hoffnung, daß da noch was zu retten ist, und natürlich auch, weil ich in dem Moment scharf auf sie war. Eine verrückte Geschichte. Das war schon fast Masochismus, was ich da betrieben habe. Die hat mich ganz schön fertiggemacht. –

›Ich brauch dich doch bloß anzufassen‹, sagte sie, ›dann stehst du da und fängst an zu zittern.‹ So war es auch.«

FRAGE: »Weißt du heute, warum sie aus der Ehe ausgebrochen ist?«

ANTWORT: »Vielleicht fand sie bei mir zu wenig Selbstbestätigung. Sie brauchte das Gefühl, daß sie jeden Mann haben konnte, den sie wollte. Was mich am meisten entsetzt hat, auch nachdem wir schon auseinander waren, daß es ihr überhaupt nicht darauf ankam, ob ein Mann nett war oder gut aussah, aus welcher Kiste er kam – Hauptsache ein Kerl. Da waren Burschen dabei, das glaubst du gar nicht.

FRAGE: »Wie lange wart ihr insgesamt verheiratet?«

ANTWORT: »Vier Jahre. Als wir uns trennten, war sie siebenundzwanzig. Ich habe sie am Tag der Scheidung noch gefragt, warum sie mich überhaupt geheiratet hat. Da kam ganz spontan und ohne Überlegung die Antwort: ›Du, das war einfach ein sozialer Aufstieg für mich.‹«

FRAGE: »Trotzdem, das Prügeln ist doch wohl kein erlaubtes Mittel?«

ANTWORT: »Ich haue ja nicht blindwütig auf ein Weib ein. Für mich waren Frauen heilige Kühe. Immer. Ich habe die Frauen auf ein Podest gestellt. Wenn man ein gutes Verhältnis zu seiner Mutter hat, so wie ich, dann färbt das ab – auf jeden Mann. Aber vielleicht habe ich zum Prügeln eine andere Haltung, weil wir als Kinder auch ordentlich Dresche gekriegt haben. Der Vater durfte hauen. Die Mutter hat so manchen Kleiderbügel auf mir zerdonnert. Der Lehrer durfte hauen. Und jeder Onkel noch mit. Das haben wir gar nicht anders gewußt, und das war doch gar nicht schlimm, wenn ein Junge mal richtig den Hintern versohlt kriegte. Nicht so wie heute, wo sie alle gleich in Tränen ausbrechen, wenn einer mal eine Ohrfeige einfängt. Ich finde das einfach nicht schlimm.«

FRAGE: »Hat dich die Trennung von Marion sehr mitgenommen?«

ANTWORT: »Wenn ich eine Pistole gehabt hätte, hätte ich mich umgebracht. Statt dessen bin ich im Alkohol versackt. Ich war richtig am Absegeln. Zum Glück hat mich ein guter Freund da rausgeholt, sonst wäre ich untergegangen. Dem hatte ich geholfen, als er noch studierte und kein Geld hatte. Der sagte: ›Jetzt bin ich dran.‹ Er hat mich nach Spanien verfrachtet und dort wieder aufgepäppelt. Das war wie eine Wiedergeburt. Danach lernte ich dann ein sehr nettes Mädchen kennen, das hat meine Wunden geleckt und war sehr lieb. Mit der bin ich nach Berlin gezogen, weil sie hier eine Stelle bekam. Sie ist heute verheiratet und hat einen netten Mann. Ich bin im Guten mit ihr auseinandergegangen. Es gefiel ihr auf die Dauer nicht, daß ich ganz gern einen zur Brust nehme, das macht nicht jede Frau mit. Jetzt trinke ich ja nicht mehr soviel.«

FRAGE: »Mit deiner jetzigen Freundin geht alles prima?«

ANTWORT: »Ja. Wir harmonisieren gut miteinander. Und was kann ich mir mehr wünschen als eine zweiundzwanzig Jahre jüngere Frau, ich bitte dich.«

FRAGE: »Auch auf sexuellem Gebiet sind bei dir keine Wünsche mehr offen?«

ANTWORT: »Sicher. Mal so richtig schön fesch fremdgehen. Solche Gedanken hat man zwischendurch, das ist normal. Wenn ich an so etwas nicht mehr denke, ist es Zeit, sich zu beklagen. Aber meistens wird sowieso nichts draus. Partnertausch und solche Sachen finde ich affig.«

FRAGE: »Hast du keine Angst, daß sich der Altersunterschied zwischen dir und deiner Freundin eines Tages bemerkbar macht?«

ANTWORT: »Doch. Aber der Mensch hat ja eine sehr gute Eigenschaft: Er ist ein Künstler im Verdrängen.«

»Nachdem sie uns die männliche aggressive Sexualität dermaßen zum Vorwurf gemacht haben, den Phalluskult und unsere Fühllosigkeit, und daß wir immer nur an das eine dächten und es selbst in den schwärzesten Augenblicken unbedingt treiben wollten, da, an dem Tage, an dem sie sich den nun endlich feminisierten und schwachen Männern gegenübersehen, beginnen sie sich besorgt zu fragen, ob sie uns etwa nicht mehr gefallen oder ob wir homosexuell geworden sind.«
Marco Lombardo-Radice, 1978

Robbi, 23 Jahre alt

»Ich stamme«, so beschreibt Robbi seine Herkunft, »aus einem gutbürgerlichen Elternhaus in der Provinz, das ständig bemüht ist, seine kleinbürgerliche Vergangenheit zu vergessen, eine großbürgerliche Praxis aber meidet wie die Pest.« Robbi hat nach dem Abitur ein paar Semester Politische Wissenschaften in Tübingen studiert, zog dann nach Frankfurt, wo er an einer Alternativzeitschrift mitarbeitet. Er lebt in einem Altbau im Frankfurter Westend in einer Wohngemeinschaft. Er ist groß, schlank und hat ein zartes, mädchenhaftes Gesicht. Seine blonden Haare, die früher bis zu den Ellbogen reichten, sind inzwischen auf Kinnlänge gekürzt.

FRAGE: »Deine Freundin ist Feministin, seit wann kennt ihr euch?«

ANTWORT: »Seit neun Monaten. Wir lernten uns kennen, als sie in die Wohngemeinschaft oben einzog, ich hatte kurz vorher das Glück, daß in der WG hier unten ein Zimmer frei wurde.«

FRAGE: »Viele Männer machen einen weiten Bogen um eine Frauenrechtlerin – du offenbar nicht?«

ANTWORT: »Warum auch? Meine langjährige frühere Freundin ging auch in eine Frauengruppe. Daraus ergaben sich keine Probleme für uns.«

FRAGE: »Und jetzt? Mit Geli?«

ANTWORT: »Es ist eine bestimmte Wachsamkeit von ihrer Seite aus da, daß ich zum Beispiel nicht in jedem Moment sagen kann: Los, laß uns miteinander ins Bett gehen! Da würde sie eine Forderung dahinter sehen, und in dem Augenblick, in dem sie sich gefordert fühlt, fühlt sie sich überfordert.«

FRAGE: »Stört dich das?«

ANTWORT: »Wieso? Ich will ja auch nicht in jeder Sekunde. Ich bin kein Rund-um-die-Uhr-Erotiker. Das ist ein Vorurteil, daß Männer sexuell ständig ansprechbar seien.«

FRAGE: »Sprecht ihr viel über Sexualität?«

ANTWORT: »Permanent. Wir sind noch dabei, uns kennenzulernen und herauszufinden, was gut ist für uns.«

FRAGE: »Was schlecht ist, wißt ihr schon?«

ANTWORT: »Ja, es ist undenkbar, daß ich mich einfach drauflege und mein Wippen abziehe. Wenn die Geli das Gefühl hat, daß bei mir der erotische Countdown läuft, igelt sie sich sofort ein, wird kalt wie ein Frosch, wie wenn man bei jemandem die Sicherung rausdreht. Ich versuche, mich darauf einzustellen, und ich glaube, daß sie das mittlerweile auch weiß, daß es mir um sie genauso geht wie um mich.«

FRAGE: »Hast du schon mit Frauen geschlafen, für die ein Koitus ohne längere Vorbereitungszeit ein Vergnügen war?«

ANTWORT: »O ja, bei der Tina, meiner früheren Freundin, war es so. Nicht immer. Aber es konnte so sein. Es kam vor, daß sie morgens aufwachte, sich zu mir rüberrollte, und innerhalb von fünf Minuten war die Sache für sie mit befriedigendem Abschluß beendet.«

FRAGE: »Als ich hier ankam, habt ihr in der Wohngemeinschaft gerade Gedichte vorgelesen. Du hast dich empört über die Zeile in einem Frauengedicht, die lautete: ›Dein Schwanz steht zwischen uns.‹ Was hat dich daran geärgert?«

ANTWORT: »Ich glaube der Frau, die das geschrieben hat, daß dahinter eine konkrete Erfahrung steckt. Ich finde auch nicht, daß sich die Frauen ihre Sexualität vom Schwanz diktieren lassen sollen, nach dem Motto: Wenn er steht, hat er ein Recht darauf. Aber, verdammt noch mal, ich kann meinen Schwanz doch auch nicht wegpacken. Er ist da. Und ich habe auch keine Lust, ihn einzuwickeln, ein Bändchen drumrum zu binden und ihn auf den Speicher zu legen, bis die Frauenbewegung sagt: Jungs, ihr könnt ihn wieder auspacken! Ich trage ihn nicht auf dem Präsentierteller vor mir her, es muß ihm auch niemand huldigen, aber ich möchte ihn nicht ausgeschlossen wissen. Er hat nun mal eine andere Funktion und eine andere sexuelle Sensibilität als mein großer Zeh.«

FRAGE: »Was wünschst du dir am meisten von einer festen Beziehung?«

ANTWORT: »Nähe. Ich mag nicht gern allein einschlafen, und ich brauch am Morgen die Zweisamkeit.«

FRAGE: »Bist du treu?«

ANTWORT: »Kann ich theoretisch nicht beantworten. Im Prinzip bin ich monogam. Bestimmt kein Querbeetficker. Aber ich weiß aus Erfahrung, daß es mal passieren kann. Bei der Tina hatte ich das Gefühl, da ist eine solide Basis da, auf die man zurückgreifen kann. Warum soll man nicht außerhalb der Zweierbeziehung sexuelle Erlebnisse haben? Die müssen ja nicht so ablaufen, daß dem anderen das Wasser abgegraben wird. Aber die Tina kannte ich zu der Zeit schon sieben Jahre. Bei der Geli ist es anders, weil wir erst so kurz zusammen sind.«

FRAGE: »War Tina die erste Frau, mit der du geschlafen hast?«

ANTWORT: »Ja.«

FRAGE: »Wann war das?«

ANTWORT: »An meinem sechzehnten Geburtstag. Es war ein Geburtstagsgeschenk.«

FRAGE: »Wie? Hat sie es dir vorher angekündigt?«

ANTWORT: »Ich habe es mir gewünscht.«

FRAGE: »Und sie hat es gemacht?«

ANTWORT: »Ja, es war für uns beide das erste Mal.«

FRAGE: »Und wie war es? Haben sich deine Erwartungen erfüllt?«

ANTWORT: »Nein. Es war chaotisch, gräßlich, ein traumatisches Erlebnis, das mich noch mindestens zwei oder drei Jahre lang verfolgt hat. Meine Alten waren nicht da, wir hatten das ganze Haus für uns und haben unheimlich auf den Putz gehauen. Meine ganzen Freunde waren eingeladen. Es fand ein rauschendes Fest statt. Irgendwann mal, so um zwei oder drei Uhr nachts, haben wir uns nach oben verzogen in mein Zimmer, und dann sollte es eben losgehen. Wir mußten Verhüterlis nehmen, weil wir in Sachen Empfängnisverhütung noch nicht so drauf waren damals. Und das war schon das erste, was mich aus der Bahn gebracht hat.«

FRAGE: »Hat es dich unsicher gemacht?«

ANTWORT: »Ja. Zwischendrin aufzustehen und mir das Ding überzuziehen, das fand ich gar nicht gut. Und dann dauerte die ganze Sache vielleicht fünf Sekunden.«

FRAGE: »Was dauerte fünf Sekunden?«

ANTWORT: »Das Eindringen und die koitale Phase. Es ging mir eben viel zu früh los. Zack, wupp und damit hatte es sich. Ich war völlig niedergeschmettert. Tina hat versucht, mich zu trösten. Sie sagte: ›Spinn doch nicht, das ist doch ganz klar, daß das beim ersten Anlauf passieren kann.‹ Wir probieren es später noch einmal. Und da ging es dann auch nicht.«

FRAGE: »Beim zweiten Mal?«

ANTWORT: »Ja, da ging es eben nicht bei mir. Es war ein einziges Häufchen Unglück, was da zwischen meinen Beinen baumelte. Nach einer halben Stunde, nachdem sie versucht hatte, mich zu streicheln und so, bin ich wieder runtergegangen zu meinen Freunden und habe mich besoffen. So besoffen, daß ich einen Vollrausch hatte. Tina war oben geblieben, um sechs Uhr morgens, als ich wieder einigermaßen gerade gehen konnte, bin ich noch mal raufgegangen zu ihr, und dann hat es hingehauen.«

FRAGE: »Auch für Tina?«

ANTWORT: »Nein, ich glaube für sie zu der Zeit noch nicht. Das kann ich aber nicht mit Sicherheit sagen.«

FRAGE: »War das damals schon wichtig für dich, daß die Frau auch einen Orgasmus hatte?«

ANTWORT: »Klar, natürlich. Das war wie eine Hürde, die man überspringen mußte. Ein Maß, an dem man sich mißt.«

FRAGE: »Hast du, bevor du mit Tina zusammen warst, onaniert?«

ANTWORT: »Ich hatte viel mit älteren Jungen zu tun, als ich zehn, elf war. Die haben mir erzählt, wie das geht. Ich empfand zuerst eine ziemliche Scheu vor meinem eigenen Körper. Weil Sexualität bei uns zu Hause ein totales Tabu war. Mit dreizehn habe ich es dann mal probiert, und da war ich Feuer und Flamme.«

FRAGE: »Hattest du Schuldgefühle?«

ANTWORT: »Die Flecke im Bett, oder wenn meine Mutter mit wissendem Lächeln von meinem Bettlaken sprach, das war mir unangenehm. Sie machte mir keine Vorwürfe, es fielen nur so Anspielungen, aber das habe ich als Einbruch in meine Intimsphäre empfunden, weil es bei uns absolut unüblich war, darüber zu reden.«

FRAGE: »Bist du nur mit Tina zusammen gewesen, oder gab es auch noch andere Frauen in deinem Leben?«

ANTWORT: »Gab es. Wir hatten mal Streit, Tina und ich, eine ganz doofe Eifersuchtsszene, weil ihr ein anderer Typ gefiel, der noch dazu mein bester Freund war. Da fühlte ich mich unheimlich auf den Schlips getreten, bin nach Hause gefahren. Tina sollte mit, aber sie sagte mir knallhart: ›Nein, ich bleibe.‹ Da habe ich mir die ganze Nacht überlegt, was ich tun soll. Habe auf ihre Schritte vor der Tür gewartet, aber sie kam nicht. Da war ich total k. o., fertig und kaputt. Ich wollte weg, wollte ihr nicht mehr begegnen. Habe mich um neun Uhr an die Straße gestellt und bin zu meinem Freund Peter nach Berlin getrampt, um mich ein paar Tage abzulenken. Am ersten Abend nahm er mich gleich mit auf eine Fete. Wir waren alle besoffen und bekifft und haben gelacht und lagen uns in den Armen. Peter hatte eine Frau und ich hatte eine. Wir haben zu viert das explosivste Gemisch angerührt, das man sich vorstellen kann. Um fünf sind wir dann nach Hause gegangen. Da wollten wir uns alle zu viert in ein Bett legen und noch ein bißchen Spaß haben. Aber Peter ist Kotzen gegangen, und deshalb gab es eine Verzögerung. Und ich bin dann auf dem Wohnzimmertisch eingeschlafen, und alles hat sich irgendwie im Sande verlaufen. Am nächsten Tag trafen wir uns wieder zu viert. Und diesmal flog die Frau, die am Abend vorher mit Peter zusammen war, auf mich und ich auf sie. Da ging eine Flamme los, als wenn du in die Erde bohrst und es kommt Erdgas raus und du zündest das an. Rufff. Es war der absolute Wahnsinn. Ich war, glaube ich, in meinem Leben noch nie so verliebt. Aber ich konnte nicht mit ihr vögeln. Ich war total impotent. Ich lag da und hab geschwitzt, hab gezittert, bin fast ausgeflippt. Totaler Einbruch, Versagen, nichts. Aber es war trotzdem irre.«

FRAGE: »Ihr habt nicht miteinander geschlafen?«

ANTWORT: »Nein. Sonst alles andere, aber das nicht. Ich hatte den festen Vorsatz, mich von Tina zu trennen und mit dieser Frau zusammenzuziehen. Ich fuhr nach Hause, habe Tina alles erzählt. Sie sagte: ›Okay, du mußt wissen, was du tust, aber es wäre mir lieber, wir würden uns nicht trennen.‹«

FRAGE: »Was hat dir denn an dieser Frau so gut gefallen?«

ANTWORT: »Sie hatte dieses Maß an Zärtlichkeit. Sie konnte einen pausenlos anfassen, man hatte ständig körperlichen Kontakt mit ihr. Das hatte ich vorher so noch nicht erlebt. Dann sah sie toll aus, war klug und sensibel. War Künstlerin. Hatte ein tolles Zimmer. Hatte tolle Ansichten. Führte ein tolles Leben.«

FRAGE: »Aber aus dem Zusammenziehen ist nichts geworden?«

ANTWORT: »Als ich sie das nächste Mal besuchte, hat sie mir gesagt, daß sie das nicht will, daß sie zur Zeit keine feste Bindung haben möchte. Wir sind ausgegangen und haben uns sehr lieb unterhalten. Ich schlief bei ihr in dieser Nacht, aber wieder nicht mit ihr, obwohl ich diesmal gekonnt hätte.«

FRAGE: »Kannst du dir deine Impotenz bei eurer ersten Begegnung erklären?«

ANTWORT: »Ich weiß nicht, woher die Angst kam. Vielleicht aus Unsicherheit, daß ich nicht genug Leistung bringe. Solche Gedanken habe ich viel zu oft. Auch so im allgemeinen Leben.«

FRAGE: »Bei Tina ist es dir – bis auf das allererste Mal – nicht wieder passiert?«

ANTWORT: »Nein, wir waren sexuell sehr aufeinander eingespielt, es war auch schon ein bißchen Routine dabei. Das Versagen passiert mir eigentlich immer nur beim ersten Mal. Als es mit der Geli anfing, habe ich es ihr gleich gesagt, daß ich in der ersten Nacht keine Erektion bekommen würde, weil ich das nun schon öfter erlebt hatte. So war es auch. Erst in der zweiten Nacht haben wir wie die Wahnsinnigen miteinander gevögelt und festgestellt: Wir können miteinander, wir möchten miteinander, es kann schön werden.«

FRAGE: »Gibt es Praktiken, die ihr nicht mögt, oder welche, die ihr besonders mögt?«

ANTWORT: »Oral gehört absolut dazu. Dem würde ich fast so eine große Bedeutung zumessen wie dem Koitus. Es kommt auch vor, daß einer von uns beiden Lust hat, sich nur mit dem anderen zu beschäftigen und selber nichts davon haben will, das machen wir auch.«

FRAGE: »Warum ist es mit Tina auseinandergegangen?«

ANTWORT: »Tina hatte im letzten Jahr eine Beziehung zu einem anderen Mann. Ich kannte ihn und war eigentlich nicht eifersüchtig, weil ich wußte, daß sie die erste Frau für ihn war. Ich mußte mir also nicht die berühmte Frage stellen: Was bringt der, was ich nicht bringe? Weil ich mir eben einen Erfahrungsvorsprung ausrechnen konnte. Aber ich merkte, daß mir etwas abgezogen wurde. Zum Beispiel, wenn sie nachts wegblieb. Ich kann, wie gesagt, nachts nur schlecht allein sein. Ich sagte zu ihr: »Das geht nicht. Ich brauche mehr Zuwendung von dir.« Darüber kam es immer wieder zum Streit. Und als ich dann das Angebot bekam, in Frankfurt an dieser

Zeitschrift mitzuarbeiten, habe ich es angenommen. Von diesem Moment an war unsere Beziehung wieder sehr herzlich. In der ersten Zeit bin ich regelmäßig nach Tübingen gefahren, und da war sie auch ganz prima. Sie sagte dann zu ihrem anderen Freund: ›Hör mal, Robbi kommt, laß uns drei oder vier Tage allein.‹ Aber allmählich verlagerte sich mein Schwerpunkt doch mehr nach Frankfurt. Und als ich die Geli kennenlernte, hatte ich Lust, hier eine feste Bindung aufzubauen.«

FRAGE: »Wenn du mal vergleichst, was ist in deiner neuen Beziehung anders im Vergleich zu früher?«

ANTWORT: »Die Tina und ich, wir haben praktisch alles zusammen gemacht. Wir lebten zusammen in einer Zweizimmerwohnung, fuhren gemeinsam zur Uni, aßen gemeinsam in der Mensa, trafen uns, wenn wir frei hatten, und fuhren zusammen nach Hause. Das habe ich damals sehr schön gefunden. Aber heute würde ich nicht mehr so leben wollen. Ich habe meinen Bereich, Geli hat ihren Bereich. Ich meine Arbeit für die Zeitschrift, sie ihre Frauengeschichten. Ich würde auch nicht mehr mit einer Frau allein in einer Zweizimmerwohnung leben wollen. Das würde mich heute sehr bedrängen. Es ist ganz gut, wenn eine Pufferzone da ist.«

FRAGE: »Muß man das nicht auch mal ausprobieren, ob man das Alleinsein mit dem Partner schafft?«

ANTWORT: »Haben wir. Zwei Wochen auf einer kanarischen Insel. Wir haben uns ausschließlich miteinander beschäftig, haben geredet und geredet. Über unsere Erfahrungen, Wünsche, Vorstellungen, Probleme. Bis uns am zwölften Tag beinahe der Kopf platzte und wir es nicht mehr ertragen konnten. Ich schrie sie an: ›Du redest Quatsch.‹ Sie schrie zurück: ›Dann hau doch ab.‹ Als wir das hinter uns hatten, wußten wir, daß wir zusammen bleiben wollten.«

FRAGE: »Gibt das keine Konflikte, wenn sich in einer Wohngemeinschaft ein Pärchen zu sehr mit sich selbst beschäftigt?«

ANTWORT: »Doch. Darüber wird auch gesprochen. Als ich mal krank war und die Geli die ganzen Tage mit mir zusammen verbrachte, fanden wir beide das wunderschön, aber die andern waren stinksauer und moserten uns an. Wir bemühen uns, daß jeder zu seinem Recht kommt.«

FRAGE: »Könntest du dir vorstellen, mit vielen Leuten auch sexuell zusammen zu sein? Ohne eine feste Zweierbeziehung?

ANTWORT: »Nein. Da ginge ich ein wie eine Primel. Da würde ich früher oder später in einer Ecke stehen und nicht wissen, wohin mit meinen Worten, mit meinen Händen, mit meinen Blicken. Ich würde mich darin verlieren.«

5. Kapitel

ÜBER DIE MÄNNLICHE SEXUALITÄT

*»Ich kenne einen gutverdienenden Mann,
der sich für einen Satyr hält, weil er
ständig auf der Suche nach neuen Frauen ist.
Er ist kein Satyr, er ist nur ein
Verbraucher; denn selbst wenn er präpotent
wäre, müßte ihm eine halbwegs sinnliche
Frau fürs Leben ja genügen.«
Hermann Peter Piwitt, 1976, Essays*

Ein internationaler Ärztekongreß in Rom 1979: Einen Nachmittag lang gehört das Podium ausschließlich den Expertinnen. Die Frauen – obgleich in der Minderheit – bestimmen die Themen, geben den Ton an und diskutieren leidenschaftlich in eigener Sache. Die Männer bleiben stumm. Nach der Debatte geht ein holländischer Gynäkologe auf eine der Wortführerinnen zu. »Ich habe«, sagte er, »die ganze Zeit nur einen Wunsch gehabt. Ich wollte nach vorne gehen, meine Hose aufmachen, meinen kleinen Penis herausholen und sagen: ›Bitte, geht doch gut damit um‹.«

Die Hamburger Diplom-Psychologin Dr. Viola Frick-Bruder, die diese Szene miterlebt hat, mißt ihr symbolischen Wert bei. »Wir hatten über das sexuelle Selbstbestimmungsrecht der Frau diskutiert, über die Stärke der Frau, die Potenz der Frau – es entstand eine Atmosphäre, in der die Männer Angst bekamen.«

Sobald Männer Frauen als überlegen erleben – die Psychoanalytiker der alten Schule sagen: als »phallisch« –, schrumpft ein unsterblicher Mythos auf sein sterbliches Maß.

Die amerikanische Schriftstellerin und Frauenrechtlerin Kate Millett erzählte einmal, ihr Doktorvater habe, nachdem er das Manuskript von »Sexus und Herrschaft« – Kate Milletts inzwischen klassische Analyse des Männlichkeitswahns – gelesen hatte, zu ihr gesagt: »Ich fühlte mich bei der Lektüre wie ein Mann, dessen Penis in einen Nußknacker geraten ist.«

Kate Millett hatte einen Frontalangriff gegen eine Ideologie gewagt, in der Aggressionen und Gewalt als Voraussetzung und Bedingung von Männlichkeit und Sex begriffen werden. »Wo Sex Krieg ist«, schrieb sie, »ist Krieg sexuell.« Sie prangerte die Helden in den Büchern von Henry Miller, Norman Mailer und D.H. Lawrence als männliche Kampf- und Eroberungsmaschinen an, die einen erbarmungslosen Unterwerfungsfeldzug gegen das andere Geschlecht führen. Frauen wird in diesen Romanen »der Hintern abgehobelt«, sie werden »umgelegt« und »durchlöchert«.

Während die Sexualität mit Wörtern aus der Kriegssprache beschrieben wird, scheint der Krieg ein einziger gigantischer Geschlechtsverkehr zu sein: »Die Phallus-Granate dringt durch eine schimmernde Stahl-Vagina« (Mailer).

Miller, Mailer und Lawrence galten als moderne Literaten, die mit sexueller Scheinheiligkeit, Prüderie und Bettheuchelei gebrochen hatten. Tatsächlich neu war aber nur der hemmungslose Gebrauch von unflätigen Ausdrücken, mit denen die Lust an der Erniedrigung von Frauen beschrieben wurde. Zum Beispiel nannten sie das Geschlechtsteil der Frau »Spalte«, »Wunde«, »schleimiges Loch«, den Penis des Mannes dagegen »Dynamitstange«, »Schwert«, »Gewehr« oder »Rächer«.

Zitat aus dem Miller-Roman »Wendekreis des Steinbocks«: »Oder aber er trieb es mit ihr auf Hundeart, und während sie stöhnte und sich wand, zündete er sich lässig eine Zigarette an und blies ihr den Rauch zwischen die Beine. Einmal, als er es ihr auf diese Weise besorgt hatte, spielte er ihr einen schmutzigen Streich. Er hatte sie in einen solchen Zustand versetzt, daß sie außer sich war. Jedenfalls, als er ihr, sie von hinten orgelnd, fast den Hintern abgehobelt hatte, zog er seinen Pint so, als wolle er ihn abkühlen, einen Augenblick heraus und schob ihr eine dicke lange Mohrrübe zwischen die Hinterbacken.«

Was Kate Millett angriff, war nicht die Tatsache, daß Schriftsteller einen solchen Typ Mann beschrieben, sondern daß »diese neurotische Feindseligkeit und die offensichtlichen Schmähungen« gegenüber Frauen mit »geistiger Gesundheit, gar mit Freiheit« verwechselt wurden.

»Fast alle Männer, die etwas von Frauen verstehen«, behauptete Norman Mailer 1963 in einem Essay, »haben ihnen gegenüber feindselige Gefühle. Im schlimmsten Fall sind die Frauen niedrige, liederliche Tiere.«

Offiziell sind die »male chauvinists«, die männlichen Chauvies vom Schlage der Miller, Mailer und Lawrence, unter Beschuß geraten, aber inoffziell glaubt kein Mann, daß alles falsch ist, was sie sagen, denn ihr Herrschaftsanspruch hat Tradition. Schon für den Philosophen Schopenhauer war die Frau ein »Tier mit langen Haaren und kurzem Verstand«. Der kleine Thekenkönig der in der Vorstadtkneipe herumtönt, die Weiber gehörten allesamt »mal ordentlich durchgefickt«, muß nicht Miller oder Mailer oder Schopenhauer gelesen haben. Auch nicht Goethe, der im »Faust« den Mephistopheles sagen läßt: »Besonders lernt die Weiber führen! Es ist ihr ewig Weh und Ach, so tausendfach, aus einem Punkte zu kurieren...«

In diesem Punkte ist der ärmste und dümmste Mann so männlich wie der reichste und klügste und hat damit teil an der Überlegenheit des einen Geschlechts über das andere.

Wäre es nicht so, würden die scharfen und schneidenden Rivalitäten der Männer untereinander offener aufbrechen, vermutet die amerikanische Psychologin Phyllis Chesler in ihrem Buch »Über Männer«. Denn – so ihre These: »Männliche Gefühle von Wut, Gewalttätigkeit, Eifersucht und Scham gegenüber mächtigeren Männern werden in den Betten von Frauen oder in pornographischen Sexualphantasien ausagiert oder zur Ruhe gebracht.«

Der Phalluskult ist so alt wie das Patriarchat: etwa sechs Jahrtausende. Es hat vorher Kulturen gegeben, die das Schamdreieck der Frau als Symbol für Gott, Fruchtbarkeit und Leben verherrlichten. Doch die Erinnerung daran ist ausgelöscht. Die Männergesellschaft pflanzte überall auf dem Globus das Zeichen ihrer Herrschaft: den hoch aufgerichteten Penis. Er findet sich in den Höhlen der Bronzezeit, in etruskischen Gräbern, auf griechischen Vasen und – aus Granit gehauen – im Schatten romanischer Kirchen.

Heute noch gilt das männliche Sexualorgan, so der dänische Psychoanalytiker und Phallusforscher Thorkil Vangaard, als ein Sinnbild »für des voll entwickelten Mannes Größe, Stärke, Unabhängigkeit, Mut, Klugheit, Wissen, Einfluß auf andere Männer, Besitz begehrenswerter Frauen, sexuelle Potenz, und er steht auch für all das übrige, was ein Knabe an Männern bewundert und für sich selbst begehrt.«

Fatale Konsequenz für die Männer: Wenn der Penis für die Männlichkeit steht, fällt die Männlichkeit mit dem Penis.

Frauen haben es da leichter.

Der Unterschied zwischen den Geschlechtern, betont Vangaard, trete »an dieser Stelle« besonders klar hervor: Selbst völlige Unfähigkeit zum Orgasmus führe bei Frauen keineswegs »zu einem so allgemeinen Verlust des Selbstbewußtseins und einer solchen Beeinträchtigung der Persönlichkeit« wie sexuelles Versagen bei Männern.

Der Leistungsdruck lastet auf den Männern schwerer als auf Frauen: 13 Prozent aller männlichen Befragten gaben bei der Untersuchung der Hamburger Forschungsgruppe SEAT an, daß sie es nicht fertigbringen würden, den Geschlechtsverkehr abzulehnen, wenn sie keine Lust dazu hätten oder sich nicht gut fühlten. Vermutlich, weil ein Mann einfach immer potent und bereit zu sein hat. Das trifft zwar statistisch nur auf eine Minderheit unter den Männern zu (65 Prozent sagen es, wenn sie nicht wollen), aber bei den Frauen sind es nur zwei Prozent, die gleichermaßen unter Vollzugszwang stehen und dem Partner nie ein Nein zumuten.

Andererseits gibt es auch Männer, die gar nicht lange fragen, ob ihre Frau oder ihre Freundin gerade in Stimmung ist. Zehn Prozent bekannten, die Partnerin schon einmal zum Geschlechtsverkehr gezwungen zu haben. Noch mehr Frauen, nämlich 15 Prozent, versicherten, daß ihnen dies – mit ihrem Partner, nicht etwa mit einem fremden Mann – schon einmal widerfahren sei.

Die Tatsache, daß Frauen in den letzten Jahren unbefangener als früher über ihre sexuellen Erlebnisse plaudern, hat viele Folgen für den Mann. Die Vergewaltigung in der Ehe wurde ein Thema, das den Gesetzgeber beschäftigt. Büroliebschaften bergen die Gefahr, daß die Potenzschwäche des Abteilungsleiters zum Kantinenthema wird. Zumal Frauen heute nicht mehr wie früher automatisch die Schuld auf sich nehmen, wenn ihr Bettgenosse keine Erektion bekommt (nach dem Motto: »Ich gefalle ihm halt nicht genug«).

Ein junger Schriftsteller erzählte mir, wie er kürzlich auf einer Künstlerfete in Berlin buchstäblich »den Schwanz eingezogen« habe. Eine in der Szene sehr bekannte und umschwärmte Frau mit einer Vorliebe für Literaten hatte ihm den Hof gemacht. Sie wollte mit ihm ins Bett. Er merkte es, alle merkten es. Aber er verließ die Party ohne sie. »Ich habe mir voll panischer Angst vorgestellt«, sagte er, »daß ich ausgerechnet bei ihr keinen hochkriegen würde, und daß sich das bei meinen Kollegen herumsprechen könnte. Wer hätte mich dann noch für vollgenommen?«

Vor allem bei einem neuen Eroberungszug ist ein Mann nie ganz sicher, ob sein »kleiner Herr« Sieg oder Niederlage mit ihm spielt. Aufregung, Freude, Angst, Widerwillen, Ekel, Schuldgefühle können auch beim potentesten Mann jederzeit eine Erektion verhindern. Und manchmal bleibt unerklärlich, warum es ihm widerfuhr.

»Es war bei einer wunderschönen Frau«, erinnert sich der Münchner Architekt Harald Klein, 38, »ich wurde ihr nachmittags in Schwabing vorgestellt, abends hatte ich es geschafft, sie von ihrer Clique loszueisen. Wir sind zu mir. Alles war okay. Ich war furchtbar scharf auf die Frau. Wir tranken noch ein bißchen was, schmusten, endlich lagen wir im Bett – und bei mir war's aus. Nichts zu machen.«

Das sei »ein Schlag ins Gesicht« gewesen. Er habe gedacht: Geht das jetzt schon los? Bin ich schon in dem Alter? Die Frau sei nett und verständnisvoll gewesen, aber er habe sich so geniert, daß er sie danach nie mehr wiedersehen wollte.

Harald Klein ist das, was man einen »Frauentyp« nennt: hübsch, ein bißchen weich, mit guten Manieren. Er wurde als Einzelkind von »einer heute noch sehr verklemmten Mutter mit besitzergreifender Liebe« erzogen. Als er sein gutbürgerliches Elternhaus in einer niederbayrischen Kleinstadt verließ, um in München Architektur zu studieren, erlebte er, was die meisten jungen Männer erleben, wenn sie endlich von zu Hause fort sind und eine eigene Bude haben – eine »sexuelle Explosion«.

»Ich will nicht übertreiben«, sagt Harald, »aber ich habe in den ersten zwei Jahren bestimmt jede zweite Nacht eine andere Frau mit nach Hause genommen. Irgendeine. Vollkommen wahllos.«

Harald Klein hatte sich damals zwischen Siegestor und Frauentürmen einen beachtlichen Ruf als Weiberheld erworben. Als ich ihn anrief und um ein Gespräch zum Thema Sexualität bat, sagte er sofort zu.

Treffpunkt: das »Adam's«, eine kleine Tagesbar in der Münchner Maxburg. Harald Klein hat Karriere gemacht. Er leitet inzwischen ein eigenes Architekturbüro, ist seit zehn Jahren verheiratet, hat ein achtjähriges Kind und meistens eine feste außereheliche Beziehung, von der seine Frau nichts weiß.

War das früher eine schöne Zeit für ihn, als er noch ungebunden lebte?

»Wenn ich damals noch zwanzig Mark in der Tasche hatte«, sagt

Harald Klein, »dann habe ich sie in der Nacht noch dem Mädchen in die Hand gedrückt, damit sie mit dem Taxi nach Hause fährt, bloß daß ich sie wieder los bin. Wenn sie blieb, nachdem wir zusammen geschlafen hatten, habe ich mich im Bett zusammengezogen wie ein Igel, bin auf die äußerste Kante gerutscht, daß die mich nur ja nicht mehr berührt hat. Wenn die nur an meine Schulter kam, das war unangenehm, ein direktes Ekelgefühl. Aber dieses Gefühl hielt nur bis zum nächsten Nachmittag. Dann zog ich wieder los.«

Fast jeder Mann hat das schon einmal erlebt, daß er nach seinem Geschlechtsverkehr leer, einsam und verloren zurückblieb. Diese Mischung aus Trauer und Ekel stellt sich um so eher ein, je mehr er seine Gefühle aus dem sexuellen Abenteuer herauszuhalten versucht. Die meisten Männer machen sich dann vor, es liege ausschließlich an der Frau.

»Ich unterscheide zwischen Betterlebnis und Frauen, für die ich Gefühle hab«, so beschreibt ein Taxifahrer, 25, die sexuelle Ordnung in seinem Leben, »es fällt mir ziemlich leicht, in einschlägigen Kneipen eine Frau abzuschleppen. Ich weiß, das klingt irgendwie gemein. Ist es auch sicher. Aber es findet statt. Macht doch jeder, daß er nach einer wilden Party oder nach einer Kneipentour im Halbsuff aus Geilheit mal mit einer ins Bett geht. Das kommt doch bei manchen Frauen genauso vor wie bei Männern, daß sie einfach geil sind und bumsen wollen und deshalb in den Kneipen die Typen anmachen.«

»Ich würde gern mal eine kennenlernen«, berichtet ein dreiundzwanzigjähriger Werbetexter, »deren Anwesenheit mich nicht von Stunde zu Stunde mehr nervt. Abends muß ich sie haben. Morgens steh' ich da und sage: Mann o Mann, hoffentlich geht die bald wieder.«

Die Frau, die sich auf eine flüchtige Beziehung einläßt, wird vom Mann oft verachtet, weil er sich – uneingestanden – selbst verachtet für den dummen Handel, auf den er sich da einläßt: Er verliert seine Erektion und seinen als kostbar geltenden Samen und bekommt dafür einen Beweis seiner Männlichkeit, der naturgemäß die Nacht nicht überdauert. Sobald er seinen Höhepunkt gehabt hat, verbindet ihn nichts mehr mit der Frau in seinem Bett. Denn es gab nur eine einzige Brücke von ihm zu ihr – seine Geilheit. Und die ist weg, sobald er »gekommen« ist.

Wenn Männer zwanghaft nach immer neuen und andersartigen Frauenkörpern suchen, schreibt die amerikanische Psychologin Phyllis Chesler, dann hoffen sie, dadurch einem »vaginalen Zuhause« zu entfliehen, einer Frau, die so besitzergreifend und übermächtig sein könnte wie die Mutter.

Aber selbst wenn sie die »Richtige« gefunden haben, werden viele Männer das Gefühl nicht los, daß der Geschlechtsverkehr eigentlich eine »Schwächung« ist, eine Kraftverschwendung. »Ich liebe meine Freundin, und es ist schön mit ihr«, erklärte ein 44jähriger Lehrer, »aber ich kann mir nicht helfen, ich schaue hinterher auf die Uhr, automatisch, es ist ein Reflex, als ob ich etwas getan hätte, was eigentlich gar nicht zu meinen wichtigen Aufgaben gehört.«

Wenn Frauen es genauso eilig haben, empfinden Männer das jedenfalls als ungewöhnlich. Der Schriftsteller Nicolas Born beschrieb einmal eine Frau, die sich so verhielt: »Dann wollte sie sich aus dem Bett hinauswälzen, um sich zu waschen und schnell anzuziehen, natürlich, sie wollte schnell alles auslöschen, mir schnell wieder angezogen gegenübersitzen. Eigentlich wie ein Mann, dachte ich. Sie verhält sich wie ein Männchen: fertig, Aufgabe erfüllt, ein paar Spuren verwischen und nichts wie raus.«

Laut SEAT-Untersuchung bleiben 78 Prozent der Männer »immer« und »häufig« nach dem Geschlechtsverkehr bei ihrer Partnerin liegen. Fast genauso viele männliche Befragte – 75 Prozent – geben an, daß sie mit ihrer Partnerin zusammen leben. Es ist also nicht genau festzustellen, ob es sich dabei um ein Bedürfnis handelt oder um die Schnarch-Variante: umdrehen, wegschlafen.

Insgesamt strengen die Männer sich jedoch mehr als früher an, um ihre Partnerin sexuell zu befriedigen. Und sie sind deutlich erschüttert in dem Glauben, daß ihnen das immer gelingt. Fast alle (90 Prozent) halten den Höhepunkt der Frau »immer« – oder zumindest »oft« – für wichtig. Aber jeder zweite hat manchmal Angst, daß die Partnerin keinen Orgasmus bekommt. Vor zehn Jahren – das geht aus alten Sex-Untersuchungen hervor – waren noch zwei Drittel der Männer überzeugt: Mindestens ein Höhepunkt jedesmal ist gar kein Problem für die Frau.

Auf die Frage der SEAT-Forscher »Sind Sie bemüht, Ihrer Partnerin einen Orgasmus zu verschaffen?« antworten heute 83 Prozent der Männer: »Immer.« (Daß sie es wirklich tun, bestätigen 73 Prozent der Frauen.) Bei der etwas später im Fragebogen auftauchenden Zusatz-Frage »Nehmen Sie sich für Ihre Partnerin viel Zeit, um sie zu erregen und ihr einen Orgasmus zu verschaffen?« sinkt die Zahl der Männer, die »immer« sagen, auf 34 Prozent; diese Aussage wird von den Frauen bestätigt.

Für die meisten Männer ist die Befriedigung der Frau wichtig, weil sie in der Lust der Frau den höchsten, besten Beweis ihrer Männlichkeit sehen. Typisch ist folgende Formulierung: »Das Erste und das Wichtigste war für mich immer, die Frau in irgendeiner Form glücklich zu machen und zu befriedigen. Und daraus schöpfe ich mein eigenes Glück oder meine eigene Befriedigung. Ich habe mich immer angestrengt bei der Sache.«

Wenn Männer ganz allgemein gefragt werden, ob sie einen Unterschied zwischen Männersexualität und Frauensexualität feststellen können, erweisen sie sich als kritisch gegenüber dem eigenen Geschlecht. Was sie als Stammtischprotzerei von Freunden und Kumpels so mitkriegen, beschreiben sie als »wenig einfühlsam«, »eher brutal«, »auf schnelle Befriedigung aus«, »immer hinter der Wahnsinnsfrau her«. Sich selbst mögen sie da aber nicht mit einreihen. Im Einzelgespräch, wenn kein anderer zuhört, bekennen sich vor allem die jüngeren Männer zu ihren Ängsten, ihrer Unsicherheit und ihren zarten Seiten.

Ein Abiturient klagte über gleichaltrige Mädchen: »Die legen sich hin, und ich als Junge soll nun mal was zeigen, soll sie in Stimmung bringen, eine tolle Sache bieten. Dabei habe ich viel zuwenig Selbstvertrauen, um alles allein zu machen. Die Frauen haben's echt gut: legen sich hin und warten, was kommt.«

Ein Industriekaufmann, 22: »Alle Frauen wollen ziemlich viel gestreichelt werden, aber bei meiner Freundin ist es extrem – unheimlich viel. Ich find das schön. Ich selbst will auch wahnsinnig gern und viel gestreichelt werden. Das bedeutet jetzt aber nicht, daß ich aufs Bumsen verzichten möchte. Das ist immer noch besser. Wenn man es abwechselnd macht, das find ich gut.«

»Was mich stört«, erboste sich Michael, 23, Verkäufer in einem Schallplattengeschäft, »ist dieses Weibergeschwafel, das uns weismachen will, Männersexualität sei feindlich und unterdrückend. Natürlich habe ich für meine Sexualität ein Organ, das dafür da ist, diese Sexualität auszuüben. Aber das heißt doch überhaupt nicht, daß das ein Knüppel ist zur Unterdrückung von irgend was.«

Über sein Sexualleben berichtet er: »Klar, es gibt Situationen, daß man mal einen Quickie macht. Aber manchmal liegen wir den ganzen Nachmittag nur nebeneinander, meine Freundin und ich, und bohren uns vor lauter Zärtlichkeit in den Ohren.«

Die meisten der weiblichen Gesprächspartner stimmten darin überein, daß das Bedürfnis nach Zärtlichkeit bei Männern genauso groß ist wie bei Frauen. Nur könnten viele Männer das noch nicht zugeben, müßten erst lernen, damit umzugehen.

Daß die sexuellen Bemühungen eines Mannes manchmal dennoch so daneben treffen, beruht oft auf seinem guten Glauben, daß die Weise, auf die er einmal erfolgreich war, immer erfolgreich sein wird. »Wenn er gerne die Füße küßt, wird er noch fünfzig Frauen die Füße küssen«, klagte einmal die Dichterin Ingeborg Bachmann, »eine Frau muß aber damit fertig werden, daß jetzt ausgerechnet ihre Füße an der Reihe sind, sie muß sich unglaubliche Gefühle erfinden und den ganzen Tag ihre wirklichen Gefühle in den erfundenen unterbringen, einmal damit sie das mit den Füßen aushält, dann vor allem, damit sie den größeren fehlenden Rest aushält, denn jemand, der so an Füßen hängt, vernachlässigt sehr viel anderes.« Frauen müßten sich »ruckartig« von einem Mann zum anderen umstellen. »Aber ein Mann«, so die Dichterin, die nie heiratete, »zieht mit seinen Gewohnheiten friedlich weiter, manchmal hat er eben Glück damit, meistens keines.«

Sie habe oft Liebe gemacht mit einem Mann, gesteht die holländische Feministin Anja Meulenbelt in ihrer Erzählung »Die Scham ist vorbei«, weil »es eigentlich die einzige Art war, um gefühlsmäßig zu ihm durchzudringen. Weil du danach besser reden kannst. Weil das Bett oft der einzige Fleck ist, wo er seine Fassade ein bißchen fallen läßt und normal ist und empfindsam und sanft.«

In der Ehe oder einer »festen Zweierbeziehung« suchen Männer dasselbe wie Frauen: Geborgenheit. Selten heiraten Männer eine Frau aus der Clique, mit der sie als Junggesellen herumgezogen sind. Irgendwann kommt der Punkt, wo sich der umherschweifende Mann für ein Mädchen interessiert, das seiner Mutter gefallen könnte.

Auch der Münchner Architekt Harald Klein hielt sich an diese goldene Regel. Als er seine spätere Frau kennenlernte, merkte er gleich: »Die war eben ganz anders. Die war aus einem sehr, sehr guten Haus, gut erzogen, hat mir auch äußerlich gefallen.« Er habe damals nicht gewußt, daß »auch finanziell etwas dahintersteckt«, sagt er, daß er beruflich davon profitieren könnte, »das hat sich ganz ungezwungen ergeben«.

Vorm Altar in der Kirche sei ihm erst so richtig ins Bewußtsein gedrungen: Herrgott, das bist ja du, der hier heiratet! Er habe das Gefühl gehabt, weglaufen zu müssen. Aber die Verwandten, die Freunde ... Und der Frau gegenüber habe er sich verantwortlich gefühlt, sie sei noch Jungfrau gewesen. »Für die war ich alles, Mann, Freund, Halt.«

Eineinhalb Jahre lang schlief er gern mit ihr. Dann gab es einen »sexuellen Knacks« in der jungen Ehe, wie Harald es formuliert. »Von dem Moment an, als sie das Kind geboren hatte, war sie nicht mehr Frau und Geliebte für mich, sondern nur noch Mutter. Ich nehme sie zwar heute noch ganz gern in den Arm, aber ich habe nicht mehr das Verlangen, intim mit ihr zu werden. Ich schlafe mit ihr – wie es die guten Deutschen tun – zu Ostern und zu Weihnachten.«

Die Folge sind Szenen einer traurigen Ehe: eine Frau, die »oft gereizt ist«, ein Mann, der »ständig fremdgeht«, ein Kind und zehn Jahre, die »natürlich binden«.

Es passiert gar nicht so selten, daß ein Mann seiner Ehepartnerin Züge seiner Mutter überträgt. Der Grund kann – wie vermutlich im Fall Harald Klein – eine nicht bewältigte Bindung an die Mutter sein; es kann aber auch aus Bequemlichkeit und Phantasielosigkeit geschehen. In jedem Fall wird ein solcher Mann die Sexualität allmählich aus seiner Ehe ausklammern, denn das Inzesttabu schlägt dann wieder durch.

Zum Konflikt kommt es, wenn eine Frau in diesem Beziehungsmuster nicht mitmacht, weil sie ihrem Mann nicht nur Mutter, sondern auch erotische Partnerin sein will. Manchmal trifft es sich aber, daß die Frau selber froh ist, sexuell nicht gefordert zu werden. »Dann bleibt eben die Erotik draußen«, sagt die Gießener Psychoanalytikerin Marina Moeller-Gambaroff, »und die beiden leben glücklich zusammen wie Mama und Sohnemann. Jeder Seitensprung kränkt die Frau zwar ein bißchen, andererseits festigen die Schuldgefühle ihres Mannes aber auch ihre Machtposition über ihn – und mütterliche Macht ist ja nicht von schlechten Eltern.«

Jeder dritte Mann geht fremd. Die Frauen haben noch nicht gleichgezogen, holen aber auf. Während bei den Männern Bildungsunterschiede keine Rolle spielen, machen sie sich bei Frauen deutlich bemerkbar: Unter den 24 Prozent, die ihren Partnern Hörner aufsetzen, sind Frauen, die ein Gymnasium besucht haben, viermal so oft vertreten wie Volksschülerinnen.

Das Recht auf eine außereheliche Zweitfrau ist dem mittelständischen deutschen Mann selbstverständlich. Ein siebenundvierzigjähriger Diplomvolkswirt, seit dreizehn Jahren verheiratet, bemängelte an dem SEAT-Fragebogen, daß er sich nur auf *eine* Partnerschaft beziehe. »Ich habe«, schrieb er, »Ihren Fragebogen im Hinblick auf meine Ehe beantwortet, die für mich – trotz sexueller Abnutzung – wichtigste Beziehung.«

Seine daneben bestehende außereheliche Verbindung hätte völlig andere Antworten ausgelöst, »nämlich absoluter sexueller Gleichklang mit einer erotisch anspruchsvollen, aktiven Partnerin«.

Den Wunsch nach einer aktiveren Partnerin äußert jeder vierte Mann. Jupp Frank, 58, Beamter in Dortmund, ließ sich nach 21 Jahren Ehe scheiden, weil er eine Arztwitwe kennengelernt hatte, von der »so wunderbare Anregungen« ausgingen, und weil er zu Hause »mit dem ewigen Druck eines vollen Samenstranges alleingelassen wurde«.

»Ich habe meine Frau zum erstenmal nackt gesehen«, berichtete er, »da waren wir schon viele Jahre verheiratet. Laß mich dich doch mal streicheln, hab ich gesagt, laß mich an dein Köstliches ran ... Nein, sie fand alles Schweinerei. Das waren qualvolle Nächte für mich. Was blieb mir übrig, ich hab' Selbstbefriedigung gemacht. Manchmal hab' ich zu ihr gesagt, wenn du schon selbst nicht bereit bist und nichts davon hast, willst du mir nicht wenigstens helfen, dann faß mich doch mal an, oder wenn du wenigstens mal guckst, das nützt ja auch schon. Nein, nichts. Das war eine furchtbare Zeit.«

Jupp Frank und seine Frau hatten sich am Heiligabend 1944 verlobt. Sie wollten sich die Heiratspapiere beschaffen, weil mit diesen Papieren, selbst im Todesfall noch, eine Ferntrauung möglich gewesen wäre. »Das war eine reine Versorgungssache«, sagt Jupp Frank, »wenn mir etwas passiert wäre, hätte sie wenigstens einen Anspruch gehabt.« Bevor er wieder in den Krieg zog, meldete er jedoch erst mal seinen Anspruch bei seiner Braut an: »Sie wollte eigentlich nicht. Aber ich sagte: Wenn schon Verlobung, dann mit Verkehr.«

So blieb es: 21 Ehejahre lang ließ sie, wenn überhaupt, nur widerwillig zu, was er als sein Recht betrachtete. Zuletzt hatte er angefangen zu trinken, und es war fast täglich zur gleichen Auseinandersetzung gekommen. Er: »Du gibst mir nicht das, was du mir als Frau schuldig bist.« – Sie: »Du bist ja ständig besoffen.« – Er: »Ich kann ja auch nüchtern bleiben.« – Sie: »Wenn du nur deshalb nüchtern bleibst, weil du mit mir ins Bett willst, dann kannst du auch weitersaufen.«

Jupp Frank ist überzeugt, daß seine Ehe an seiner »starken Veranlagung« gescheitert ist. Er konnte seine Frau nicht in den Arm nehmen oder ihr einen Kuß geben, ohne daß »sich was rührte«. »Heute ist das nicht mehr so«, sagt er, »heute kann ich mit einer Frau knutschen, ohne daß sich sexuell etwas regt. Aber das empfinde ich als krankhaft.«

Abgesehen vom Ausnahmezustand der Verliebtheit fühlen sich viele Frauen mit einem superpotenten Partner auf die Dauer eher geschlagen als beglückt. »Ich war fünf Jahre mit einem Mann zusammen«, erzählt eine Kölner Fotografin, »der wollte am liebsten jeden Tag zweimal; wenn er morgens aufwachte, war er schon bereit und griff rüber. Ich habe das immer als Zumutung empfunden. Was hatte seine Morgenlatte denn mit mir zu tun?«

Gefragt nach der Häufigkeit des Geschlechtsverkehrs erwiesen sich die Männer als überraschend ehrlich. Ihre Angaben deckten sich mit denen der Frauen: Die Mehrheit nannte »bis zweimal pro Woche« (45 Prozent) und »dreimal pro Woche« (21 Prozent).

»Was haben denn die anderen Männer gesagt?« – »Lügen die nicht alle?« – »Da werden bestimmt wieder wahre Wunderdinge über zehnmal pro Nacht erzählt werden ...« – Diese Zitate kamen ausschließlich von männlichen Gesprächspartnern. Keine Frau machte sich darüber Gedanken. Auf die Frage, mit wie vielen Frauen sie bisher geschlafen hätten, reagierten die meisten Männer belustigt: »Ah, die Kardinalsfrage!«

Die höchste Zahl, die auf den SEAT-Fragebogen genannt wurde, stammt von einem sechsundzwanzigjährigen Chemiker: 120; es folgten ein achtundvierzigjähriger Handelsvertreter mit etwa 100 und ein achtundfünfzigjähriger Forstbeamter mit etwa 80.

Die Auswertung der SEAT-Zahlen ergab, daß die Häufigkeit des Geschlechtsverkehrs und die Anzahl der Sexualpartner keinen Einfluß auf die sexuelle Zufriedenheit von Männern und Frauen haben.

»Ich glaube, ich könnte immer«, sagt Jürgen, 22, Kfz-Mechaniker in Hannover, »wenn ich einer Frau in der U-Bahn gegenübersitze, dann stelle ich mir manchmal vor, der würde ich jetzt gern unter den Rock fassen. Was passiert dann: Haut sie mir eine runter? Oder faßt sie mich auch an? Das läßt sich beliebig ausspinnen. Am nächsten Tag ist es vielleicht ein Hintern, der vor mir auf der Straße hergeht. Wo ich solche Augen bekomme und denke: Mensch, wie kriegt die Frau den Arsch so hin?«

Die Frage nach der sexuellen Persönlichkeit eines Mannes – warum der eine nur auf die Beine oder auf den Hintern guckt, der andere nicht mit einer Frau schlafen kann, deren Gesicht ihm nicht gefällt – ist eine Frage nach seinen bewußten und unbewußten Erinnerungen, nach erfüllten Wünschen und erlittenen Gefahren, kurz: nach seiner ganz persönlichen Lebens- und Lerngeschichte, und nach dem, was seine Phantasie daraus macht.

Noch zu Beginn des 20. Jahrhunderts glaubten die Wissenschaftler: Sexuelle Erregung ist die Folge sexueller Energien und Spannungen im Mann. Nach dieser Theorie wirkt der wohlgebaute Hintern wie ein Streichholz am Benzinkanister.

»Die einfachste Form dieses Modells der Sexualität«, so der Hamburger Sexualwissenschaftler Professor Gunter Schmidt, »war die Vorstellung vom Entleerungstrieb.« Sie besagte, daß sexuelles Verlangen durch den Druck des Samens und anderer Sexualsäfte in den Hoden und in der Prostata entsteht. In der Volksweisheit, daß ein Mann »es sich schließlich nicht aus den Rippen schwitzen kann«, wird die »Dampfkesseltheorie« auf eine anschauliche Formel gebracht. Diese Theorie ist jedoch heute widerlegt. Ein kleiner Schönheitsfehler des Modells war im vorigen Jahrhundert unbeachtet geblieben: Auf Frauen ist es überhaupt nicht anwendbar.

Eine Frau, die heute ernst macht mit der sexuellen Gleichberechtigung, steht bei jüngeren Männern hoch im Kurs. Zumindest sagen sie das. »Mir gefällt«, so rühmte ein Ingenieur aus Kiel, 22, seine Freundin, »daß sie unheimlich spontan ist. Wir sehen hier meinetwegen fern, und von einer Minute zur anderen ergreift sie die Initiative. Es geht oft von ihr aus, in der Hinsicht bin ich ein bißchen bequem. Sie zieht mich aufs Bett. Oder wir duschen zusammen und baden zusammen. Schlafen im Bad miteinander oder im Flur. Eben so ganz spontane Sachen, die sonst noch nicht so abgelaufen sind.«

Diese Art von Aktivität läßt sich ein Mann gern gefallen. Die Frau darf auch ruhig mal losgehen und selber Typen anmachen in der Kneipe. Das stört ihn nicht, solange es nicht seine eigene ist. Was er fürchtet, was ihm bedrohlich erscheint, ist etwas anderes: Von der sexuell enthemmten Frau in einen Strudel gezogen zu werden der ihn verschlingt.

Je gehemmter er selbst ist, je mehr er dazu erzogen wurde, seine Gefühle zu beherrschen, desto eher zieht er die Notbremse. Wenn er mithalten wollte, müßte er sich preisgeben. Und dabei käme vielleicht eine Seite von ihm ans Licht, die er – weil er gelernt hat, die anständigen Frauen von den schlechten zu unterscheiden – nur einer einzigen Frau zumutet: der Hure in seinem Hirnkino, der Dirne, die so verworfen ist, daß man auf sie keine Rücksicht zu nehmen braucht.

Folgende Szene aus einem Hamburger Betrieb ist dafür bezeichnend: Ein Angestellter, der einen wichtigen Bericht über ein kompliziertes Sachgebiet fertiggestellt hatte, trat erlöst aus seinem Büro in den Flur, reckte sich und sagte: »Jetzt möchte ich drei Tage nur eins – vögeln, vögeln, vögeln.« Ein Kollege, der das hörte, frotzelte: »Mein Gott, Ihre arme Frau.« Da wurde der Angestellte zornrot und fauchte: »Lassen Sie gefälligst meine Frau aus dem Spiel. Was hat sie denn damit zu tun?«

6. Kapitel

LISA – INTERVIEW MIT EINER PROSTITUIERTEN

»In der sexuellen Unterwelt wird die Liebe auf den Sex reduziert, weil in der bürgerlichen Dauerbeziehung oder Ehe der Sex auf die sublimen Formen der Zärtlichkeit, Sicherheit, Geborgenheit reduziert wird.«
Peter Schneider, 1974

Ich lebe in Hamburg. Auf der Reeperbahn war ich ein einziges Mal, vor sieben Jahren, als ich hierherzog. Durch das Thema Sexualität fühlte ich mich zu einem erneuten Streifzug verpflichtet. Während dieses Bummels überlegte ich mir, daß Prostituierte eigentlich sehr viel über die männliche Sexualität wissen müßten und daß ich eine befragen sollte. Lisa hatte ich kurz vorher in einem ganz anderen Zusammenhang kennengelernt. Sie hatte sich an mich als Redakteurin gewandt, um mich auf ihr Buchprojekt hinzuweisen, ein Buch über Prostitution. Die Ungeniertheit, mit der sie mir erzählte, selbst einschlägig tätig zu sein, beeindruckte mich. Was ich auf St. Pauli vorfand, war der Mief von vor sieben Jahren, der sonderbarerweise vor allem bei Intellektuellen immer noch als exotisch gilt.

Sex-Live-Show: Auf der Bühne findet ein Geschlechtsakt statt. Ein als Pariser Flic verkleideter Mann kniet hinter einer Frau, deren knappe Kostümierung ein französisches Straßenmädchen andeuten soll. Das Gesicht der Frau ist unbewegt. Gestöhn kommt, musikalisch untermalt, vom Tonband. Der Mann grinst ins Publikum, schiebt keck seine Uniformmütze ins Genick, zwinkert den Gästen zu, während er seinen erigierten Penis in der Frau hin- und herbewegt. Er ist deutlich bemüht, den Eindruck zu vermitteln, als ginge ihn die ganze Sache überhaupt nichts an. Soll bloß niemand denken, sein funktionierender Schwanz stelle irgendeine Verbindung zwischen ihm und der Frau her. Auffallend ist, daß alle Männer, die an den noch folgenden Koitus-Darbietungen beteiligt sind, ein ähnliches Verhalten zeigen, während die Frauen passiv, gleichgültig, in sich gekehrt bleiben. Als ob selbst die gnadenloseste Vermarktung es nicht fertigbringen dürfte, die Geschlechter auf ein- und dieselbe Stufe herabzuwürdigen. Noch auf der miesesten Sex-Bühne errichtet sich der Mann ein kleines Podest, von dem herab er selbstherrlich zu fragen scheint: Weib, was habe ich mit dir zu schaffen?

Ein Pornokino lockt mit dem Versprechen, daß auf fünf Leinwänden gleichzeitig Filme vorgeführt werden. Die Vervielfachung des Angebots vervielfacht die erschreckende Monotonie der Motive: Wer mit den Augen springt, kann auf einer der Leinwände immer einen Koitus in Großaufnahme betrachten, wobei sich der Penis mit der Exaktheit eines Maschinenkolbens in einem vorgefertigten Teil hebt und senkt – je intimer die Kamera rangeht, desto weniger intim wirkt die Szene, die sie einfängt.

Peep-Show: Auf einer kreisrunden, sich drehenden Scheibe liegt eine splitternackte Frau. Ein Küchenhandtuch schützt sie vor direkter Kontaktaufnahme mit dem schmuddeligen Hirtenfell unter ihr. Sie sieht müde aus. Als müßte sie die Miete für ihre Sozialwohnung zusammenjobben. Mit unendlich gelangweilter Geste, als würde sie Fussel entfernen, bewegt sie die Hand zwischen den Beinen.

Man muß Männer und Frauen – vor allem auch die Männer – in Schutz nehmen vor den Zumutungen, die ihnen in den sogenannten Vergnügungsvierteln unter dem Stichwort Sexualität verkauft werden, denke ich beim Hinausgehen. Da fällt mein Blick auf eine offensichtlich benutzte, zusammengeknüllte weiße Papierserviette in der Ecke der Kabine. Wie ist es möglich, daß ein so trostloser Anblick auf irgendeinen Mann erregend wirkt? Ich begreife es nicht. Es ist mir absolut unvorstellbar.

»Oft konnte ich den Kunden nicht verstehen«, sagt die Prostituierte J. in dem Buch »Das verkaufte Geschlecht« von Kate Millett, »ich konnte nicht verstehen, was er davon hatte, weil ich selbst merkte, daß ich nichts gab. Was er von mir bekam, war nichts.«

Lisa, 30, arbeitet in einer westdeutschen Großstadt in einer Bar, in der es Séparées gibt. Sie ist eine sehr schlanke, sehr selbstbewußte Frau mit hennaroten Haaren und Katzenaugen, zu eigenwillig, um von Männern als Püppchen taxiert zu werden. Sie hat ein abgeschlossenes Germanistikstudium mit Magisterexamen hinter sich, macht gelegentlich Übersetzungen, schreibt für Zeitungen und Rundfunkanstalten, aber zwischendurch zieht es sie immer wieder in die Bar, wo sie als »Prosti« im Schnitt 300 Mark pro Nacht verdient.

FRAGE: »Was hast du eigentlich für Erfahrungen mit Männern gemacht, bevor du als Prostituierte gearbeitet hast?«

ANTWORT: »Ich bin zum Teil selbst durch eine harte Schule gegangen, zum Teil hab' ich einiges aus nächster Nähe miterlebt: APO-Zeiten, Kommune, jeder mit jedem. Viele Frauen sind damals kaputtgegangen, weil sie das nicht durchgehalten haben. Ich hab' gelernt, daß man sich die Männer am besten vom Leib hält, indem man scheinbar tut, was sie wollen. Ob du pro Nacht durch das Bett von drei Kommunarden wanderst, oder ob du mit drei, vier Gästen im Séparée sitzt, oder ob du es im Auto mit fünf Freiern treibst – ich sehe da nur einen Unterschied: Im einen Fall wirst du ausgenommen, als Matratze benutzt, im anderen Fall hast du was davon, nämlich Geld.«

FRAGE: »Wann hast du angefangen, in diesem Gewerbe zu arbeiten?«

ANTWORT: »Vor vier Jahren. Das war in Hannover während der Messe. In dieser Zeit ist dort alles auf den Beinen. Die Frauen, die tagsüber brav im Büro arbeiten oder bei Woolworth an der Kasse stehen, die stehen dann abends an der Bar. Das ist tatsächlich so.«

FRAGE: »Hattest du keine Angst?«

ANTWORT: »Nicht vor den Männern. Die Sorte kannte ich. Von den Geschäftsleuten ließ man sich als Studentin einladen, um mal wieder was Ordentliches zu essen. Ich hatte nur deshalb ein flaues Gefühl im Magen, weil ich den Arbeitsplatz nicht kannte, nicht wußte, wie die Bedingungen sind. Was muß ich machen, was darf ich verweigern, ohne daß ich rausgeschmissen werde. Die Frauen haben gleich gemerkt, daß ich neu war. Sowie ich den ersten Gast hatte und mit dem im Séparée verschwinden sollte, nahm mich eine beiseite und sagte: ›Paß mal auf, du mußt überhaupt nichts machen. Nur wenn du extra Geld dafür kriegst. Für deine Sekt-Prämie kannst du ihm bestenfalls einen runterholen. Aber sieh lieber zu, daß du dir das auch bezahlen läßt. Also, keine Preisbrecherei. Bumsen nur gegen Kohle. Und wenn einer Zicken macht, erzählst du ihm, hinterm Vorhang stünden ein paar Schläger. Die haben sowieso alle Schiß, die Gäste, die haben mehr Schiß als wir.‹«

FRAGE: »Kannst du mal deine Arbeit beschreiben, wie das alles abläuft von dem Moment an, in dem ein Gast die Bar betritt?«

ANTWORT: »Gut, nehmen wir den klassischen Gast, der allein kommt. Er versucht, einen distanzierten und unberührbaren Eindruck zu machen. Motto: Mich kann keiner übers Ohr hauen. Er setzt sich an die Bar, wird von der Barfrau gefragt, was er trinken will, und bestellt. Linkisch oder weltmännisch. Und guckt sich immer so um. Wenn er weltmännisch auftritt, merkt man meist, so ganz stimmt es nicht, er zieht schon den Nacken ein bißchen ein. Na ja, wenn er dann den ersten Schluck genommen hat, geht eine Frau zu ihm hin. Meist verabreden wir das untereinander über Augenkontakte. Oder die Barfrau, die ihn schon näher gesehen hat und ein bißchen einschätzen kann, gibt einer einen Wink.

Wenn ich hingehe, habe ich ihn schon ein paar Minuten lang taxiert: Soll ich ihn nach seinem Beruf fragen? Soll ich ihn siezen oder gleich duzen? Ist er zum erstenmal da oder kennt er sich aus? Ich sage also: Guten Tag, darf ich mich dazusetzen? Möchten Sie oder möchtest du ein bißchen Gesellschaft? – Dann merke ich schon, wie er reagiert. Wenn er schroff nein sagt, will er entweder eine andere Frau oder gar keine. Wenn er ja sagt, knüpfe ich ein Gespräch an. Zum Beispiel drehe ich mir meine Zigaretten immer selbst. Darüber kann man gut reden.«

FRAGE: »Was hast du denn an?«

ANTWORT: »Lange Wollstrümpfe und hohe Schuhe. Ansonsten bin ich nackt.«

FRAGE: »Ganz nackt? Hast du nicht wenigsten so ein Dreieck an?«

ANTWORT: »Nein, ich habe ein Handtuch unterm Hintern. Wir haben alle unser Handtuch dabei.«

FRAGE: »Wie reagieren denn die Männer auf deine Nacktheit? Sind manche nicht ganz perplex?«

ANTWORT: »Der Gast weiß es meist, denn das Lokal wird außen so angekündigt. Die Reaktion ist unterschiedlich: Die einen fummeln sofort an einem rum oder versuchen es zumindest, kneifen einem in die Brustwarzen, noch bevor sie etwas ausgegeben haben, da werde ich immer sauer. Oder sie gehen auf Distanz, finden's aber gleichzeitig prickelnd. Es ist doch so eine schöne klassische Situation: Der Mann angezogen, die Frau nackt. Es ist mir aber auch schon einmal passiert, daß ich mich auf Wunsch eines Gastes anziehen mußte. Weil der sich nur mit einer angezogenen Frau unterhalten wollte. Mir ist das egal. Dann redet man halt über dies und das. Ich versuche, so schnell wie möglich zu sagen, daß ich auch etwas trinken möchte. Und wenn mein Getränk kommt, und ich den Gast bis jetzt gesiezt habe, stoße ich mit ihm an und sage: Ich heiße übrigens Lisa. Wollen wir uns nicht duzen? Wie heißt du denn? – Dann wird es schon mal ein bißchen vertraulicher.«

FRAGE: »Wie geht's weiter?«

ANTWORT: »Manche müssen erst langsam warm werden. Mit denen sabble ich noch eine halbe Stunde bei drei weiteren Cocktails über ihre Probleme. Wichtig für mich ist: Weiß der Gast, daß es Séparées gibt, oder weiß er es nicht? Das kriegst du schnell raus. Zum Beispiel, wenn dir einer ein Kompliment macht, wie schön es sei, mit dir hier zu sitzen. Dann sagst du: Wir können es uns ja auch noch schöner machen. Und dann fragt er: Ach, wo denn? Du erzählst von den Séparées. Da will er natürlich wissen, was das kostet. Und dann scheiden einige gleich aus, die fallen in Ohnmacht wegen der Preise. Mit den anderen beginnt ein Spielchen, so eine Art Flirt. Du gibst ihnen zu verstehen: je nachdem, was sie mit dir machen wollen, kostet es noch mal extra. Dann fragen sie, was das denn alles sein könnte und werden schon fickeriger dabei.«

FRAGE: »Sagst du denn auch ganz konkret: Ich könnte es dir mit der Hand machen oder...«

ANTWORT: »Je nachdem, das merkst du ja, ob einer drauf steht, durch geile Wörter angeheizt zu werden, oder ob er es lieber durch die Blume hat. Ich versuche immer, daß die das aussprechen, was sie wollen. Da kommen oft sehr komische Sprüche: Würdest du es mir auch ganz schön machen? Oder: Können wir da auch bis zum Letzten gehen? Und alles mit so einer belegten Stimme...«

FRAGE: »Nehmen wir mal den klassischen Gast, bei dem Geld keine Rolle spielt – was bezahlt er?«

ANTWORT: »Im Séparée kostet ein Riesencocktail – den muß er mindestens bestellen – 290 Mark, eine Flasche Champagner 380 Mark. Das bezahlt er der Frau hinter der Bar. Wenn er bumsen will, dann nur mit Gummi und mindestens 150 Mark extra für mich. Vorher muß ich natürlich rausgekriegt haben, ob der auch Bargeld bei sich hat. Wenn der mit einer Diners-Karte oder mit American Express bezahlen will, kann ich mit dem nichts anfangen. Er muß Euroschecks haben oder Bargeld. Na gut, dann geht der klassische

Gast mit mir ins Séparée und ist meist zu Tode erschrocken.«

FRAGE: »Warum?«

ANTWORT: »Na, der malt sich aus, er kommt jetzt in ein Liebesnest mit breiter Lotterliege und schwellenden Polstern, möglichst noch eine Dusche dabei – und dann steht er in so einem Kabüffchen mit Klappsofa und einem kleinen Tischchen davor. Alles ist furchtbar eng und ungemütlich. Es gibt auch keinen richtigen Haken, wo er seine Jacke aufhängen könnte. Denn im Séparée darf man ja eigentlich nicht bumsen. Eine Bar ist ja schließlich kein Puff. Also gibt es auch nichts, was den Eindruck erwecken könnte, daß doch gebumst wird. Jetzt weiß der Gast erst mal nicht, wohin mit seinen Sachen, ist ganz aufgeregt, denn in der Jackentasche sind alle seine Wertsachen – Geld, Scheckkarte, Ausweis, Füllfederhalter, Schlüssel – natürlich hat er um die auch Angst. Er versucht also, sich auszuziehen und seine Sachen unterzubringen.«

FRAGE: »Was zieht er denn aus?«

ANTWORT: »Erst mal die Krawatte ab. Und dann wird das Oberhemd gelockert, knöpf, knöpf. Und dann haben sie so schöne dicke Unterhemden an und riesige Bollerhosen. Richtig von Mutti eingepackt. Ich seh immer die Koffer vor mir mit den gefalteten Hemden, den abgezirkelten Unterhosen, den frischgewaschenen Socken. Dann sitzt er da mit seinem schweinchenrosa Bierbauch und braucht einen Moment, um wieder zu seinem Thema zu kommen. Warum er eigentlich da drin sitzt.«

FRAGE: »Hat er da schon eine Erektion?«

ANTWORT: »Meistens nicht. Erst mal sitzt er nur da und schämt sich wohl auch ein bißchen. Weil er häßlich ist. Ich glaube, die Männer sind grundüberzeugt, daß sie wahnsinnig häßlich sind. Und daß sie in diesem Moment wenig zu bieten haben, um einer Frau zu imponieren. Ja, dann Prost, sage ich, stoßen wir doch erst mal an. Dann streichel ich ihm übers Haar, oder nehme ihn in den Arm und kuschel mich an. Hach, endlich allein, jetzt können wir es uns ja gemütlich machen. Und so.«

FRAGE: »Sind das eigentlich sehr triebhafte Männer, deine Kunden, die einfach nicht wissen wohin mit ihrer Geilheit?«

ANTWORT: »Ach, überhaupt nicht. Viele erzählen dir schon vorher auf dem Barhocker, daß sie ja eigentlich Probleme hätten, und daß sie gar nicht garantieren könnten... Keiner sagt: Ich bin impotent. Vielleicht kannst du mir ja helfen. Aber darauf läuft es hinaus.

Sie spielen auf ihr Alter an, und daß ich möglicherweise ganz enttäuscht wäre hinterher. Das ist dann ein Signal für mich. Ich weiß genau, daß ich aus solchen Gästen unheimlich viel Geld rausholen kann. Die sind sich ihrer eigenen Nichtsnutzigkeit oder Wertlosigkeit derart bewußt, daß ich denen ganz leicht ein schlechtes Gewissen machen kann. Ach, Mensch, Heinz, jetzt bin ich aber traurig, bin ich etwa schuld, daß du keinen hochkriegst? Dann beeilen sie sich zu sagen: Nein, Kleines, nein, um Gottes Willen, du bist doch so wunderbar. Ich spiel aber noch fünf Minuten lang die arme Kleine, die untröstlich ist, daß sie versagt hat, und die Summe auf dem Scheck wird höher.«

FRAGE: »Sind es viele, die gar keine Erektion bekommen?«

ANTWORT: »Nein, die meisten kriegen einen hoch, sind aber ganz schnell fertig – nach einer langen körperlichen Anlaufzeit. Männer, die ganz lange brauchen, die ewig auf dir rumrutschen, oder denen du stundenlang erst mal einen wichsen mußt, die sind ziemlich selten. Vielleicht liegt das aber auch an mir, weil ich da nicht mitmache. Mir ist es sehr angenehm, wenn sie schnell fertig werden, oder wenn sie es sich selbst machen. Ob die dann psychisch auch befriedigt sind, das ist eine andere Sache. Rein körperlich kann man wirklich Hebel stellen bei den Männern. Ihre Sexualität ist oft auf einen einfachen Mechanismus reduziert, der blind funktioniert. Die Kunden, mit denen ich zu tun habe, wissen alle, daß eine schöne Sexualität eigentlich etwas ganz anderes ist. Manche sagen es auch. Da haben sie recht. Aber letzten Endes sind sie auf die geeicht, die sie kriegen.«

FRAGE: »Kommt es vor, daß ein Kunde offen als Käufer auftritt und dir zu verstehen gibt, daß du für ihn eine Ware bist, die er bezahlt, die gefälligst das zu tun hat, was er verlangt?«

ANTWORT: »Nie. Das habe ich noch nie erlebt, daß diese geschäftliche Ebene ehrlich zugegeben wurde. Das Geld ist der wunde Punkt. Die können es sehr schwer ertragen, für gepflegten Sex Geld zahlen zu müssen. Sonst hätten sie ja dieses ganze Imponiergehabe und diese Balzgesten nicht nötig.«

FRAGE: »Womit wollen sie dir denn imponieren?«

ANTWORT: »Mit ihrer Verantwortung im Beruf. Und auch mit wieviel Geld sie rumschieben. So nach dem Motto: Jetzt weiß ich nicht, ob ich diese Million da investieren soll oder dort. . .«

FRAGE: »Sprechen sie auch über ihre Ehe und ihre Frau?«

ANTWORT: »Manchmal beklagen sich Gäste, daß sie mit ihren Ehefrauen nicht mehr vögeln können. Aus irgendwelchen gesundheitlichen Gründen, weil die krank sind oder geschont werden müssen. Dann weiß ich, daß die Frauen ein Ding gedreht haben, damit sie nicht mehr müssen. Ich glaube das nie, daß die nur nicht mehr können, die wollen auch nicht mehr. Andere Gäste – oft sind es Stammgäste – das sind richtig ordentliche, nette sympathische Ehemänner. Die lieben ihre Frau, gehen auch mit der ins Bett und haben Spaß daran. Sind auch schöne Frauen, die sie haben. Sie zeigen mir manchmal Fotos. Wirklich schöne Frauen. Trotzdem gehen sie regelmäßig in Bars.«

FRAGE: »Wie erklärst du dir das?«

ANTWORT: »In die Bar kommen Männer aus anderen Gründen als ins Bordell oder auf den Straßenstrich. Das hat immer die Aura von kultivierter Unterhaltung und dient dem Image des Weltmannes.«

FRAGE: »Wie verändern Männer sich, wenn sie nicht allein kommen, sondern in Gruppen?«

ANTWORT: »Sie sind mutiger oder verklemmter. Und oft kommen sie dann nicht, um sich locker zu amüsieren, sondern um Geschäfte damit zu machen. Zum Beispiel kommen so vier, fünf, sechs Leute aus zwei, drei verschiedenen Banken. Da ist dann immer einer dabei, der ist der Boss. Das heißt: Mit dem muß jetzt alles laufen. Der muß als erster im Séparée verschwinden. Der muß das beste Mädchen kriegen. Der muß zufriedengestellt werden. Entweder weil er ein Geschäft beschaffen kann oder einen Auftrag geben soll. Das kriegste schnell mit. Das wird dir auch gesagt: Paß mal auf, kümmert euch mal um den Sowieso. Das ist manchmal unheimlich schwer. Bis du diesen Boss hast, sind die anderen schon gelangweilt und gehen wieder.«

FRAGE: »Warum sind Männer in der Gruppe manchmal verklemmter?«

ANTWORT: »Da mußt du psychologisch unheimlich auf Zack sein, um das rauszukriegen. Manche haben Angst, sie könnten zu geil wirken. Andere haben Angst, sie könnten zu impotent wirken. Einige wollen grundsätzlich nicht, daß jemand was von ihnen weiß. Die fühlen sich kontrolliert und in eindeutige Sitationen gedrängt. Die reagieren oft unheimlich barsch und abweisend und sind dankbar, wenn sie ein Mädel erwischen, das sich kühl gibt. Die wollen nicht zu diesen geilen Böcken gehören, die es nötig haben. Die kommen manchmal nach einer Stunde allein wieder, wenn die andern alle weg sind. Oder sie verabreden sich mit dir im Hotel.«

FRAGE: »Hast du eigentlich jemals Lustgefühle gehabt bei einer Begegnung mit einem Freier?«

ANTWORT: »Nein. Noch nie. Ich verlier in keinem Moment den Überblick über die Lage. Ich bin da wie ein Buchhalter, kalkuliere im Kopf, was ich schon alles getrunken habe, behalte immer die Summe im Gedächtnis, die ich morgens rauskriegen muß, denn der Chef sieht natürlich auch zu, daß er dich bescheißen kann. Und ich behalte den Überlick über die Psyche des Gastes, den ich gerade habe. Da ist nie ein Moment, wo ich mich mal fallen lassen kann. Nie. Und das will ich auch nicht.«

FRAGE: »Auch nicht, wenn du mal zu einem ins Hotel gehst?«

ANTWORT: »Da am allerwenigsten, da muß man noch viel mehr aufpassen.«

FRAGE: »Warum?«

ANTWORT: »Weil ich da ganz alleine bin und alleine die Situation in der Hand behalten muß. Männer haben einen wahnsinnigen Instinkt für Macht. Die spüren es sofort, wenn du dir eine Schwäche leistest. Und dann fangen sie an, dich zu verarschen oder verächtlich zu machen oder nach deinem Privatleben auszufragen. In jedem Fall versuchen sie, eine Ebene einzuführen, die du nicht dulden kannst. In der Bar bist du zwar auch allein mit dem Gast, aber du brauchst ja nur aus dem Séparée rauszugehen.«

FRAGE: »Gibt es sexuelle Praktiken, die zwar verlangt werden, die du aber nicht gern machst? Oder ist das von Kunde zu Kunde verschieden?«

ANTWORT: »Auf den Kunden kommt es überhaupt nicht an. Ich mache es prinzipiell nie mit dem Mund, und ich würde mich nie in den Arsch ficken lassen. Die üblichen, normalen Sachen bring ich locker.«

FRAGE: »Also mit der Hand und Bumsen mit Gummi?«

ANTWORT: »Jaja. Oder ich lasse zu, daß die sich zwischen meinen Brüsten einen runterholen. Oder an meiner Haut lang. Oder während sie mich anfassen. Damit habe ich keine Probleme.«

FRAGE: »Und wenn es bei dir einer mit dem Mund machen will?«

ANTWORT: »Das kratzt mich auch nicht.«

FRAGE: »Kommt das oft vor?«

ANTWORT: »Ja, das gehört ja neuerdings zum Standard des modernen, fortschrittlichen Sexualverbrauchers.«

FRAGE: »Mußt du dann einen Höhepunkt vortäuschen?«

ANTWORT: »Klar, die wollen alle gern, daß die Frau befriedigt ist. Ich denke, daß ihnen ihre eigenen Frauen und Freundinnen das beigebracht haben, gefälligst auf sie zu achten. Das finde ich im Prinzip auch richtig, nur bin ich die falsche Adresse.«

FRAGE: »Die Männer sind wirklich darauf aus, dich zu befriedigen?«

ANTWORT: »Ja, das hat sich in den Köpfen der Männer ganz schön niedergeschlagen, daß sie verdammt noch mal aufzupassen haben. Aber es kommen dann oft so verrückte Sachen dabei raus, weil sie keinen wirklichen Draht zu dem Körper einer Frau haben. Am schlimmsten ist es, wenn sie ihre irgendwo abgeguckten Programme zur Befriedigung von Frauen abspulen. Wenn sie mal hier ein Knöpfchen drücken, mal da. Mal ins Ohrläppchen beißen, mal Kuß auf die Brust. Aber die meisten kriegst du davon wieder runter. Denn im Ernstfall achten sie dann doch nicht darauf. Sowie die wirklich bumsen, sowie die drin sind, spritzen sie ab. Manche schon vorher. Das ist wirklich wahr.«

FRAGE: » Eigentlich müßte doch die Lockerung der sexuellen Sitten, die Tatsache, daß du in vielen Kneipen jemand für eine Nacht finden kannst, der Prostitution abträglich sein?«

ANTWORT: »Studenten, Freaks, Spontis – Leute, die noch nicht in der Karrieremühle stecken und noch nicht ihr Geld verdienen müssen, das sind keine Freier. Freier sind andere Leute. Sie können auch jung und schmuck sein, mit Schnauzbärtchen und was weiß ich. Aber sie wissen, was Geld ist. Ganz genau.«

FRAGE: »Aber könnten die nicht einfach in eine Discothek gehen und . . .«

ANTWORT: »Geh doch mal in eine Discothek und guck, wer da wen anmacht. Das sind doch seit einigen Jahren die Frauen, die auf den Mann zugehen, zumindest in den Großstädten. Sie nehmen sich das Recht auf ihn. Und er kann nein sagen. Na gut. Dann nehmen sie den nächsten. Das ist schon unheimlich brisant. Und die Männer werden immer aggressiver, aber auch immer kleiner und immer verklemmter. Und was glaubst du, wo sie dann hingehen?«

FRAGE: »Also hat die Emanzipation der Prostitution eher genützt als geschadet?«

ANTWORT: »Durch die Emanzipation sind mehr Frauen an Geld gekommen, an eigenes. Entweder durch den Beruf oder durch den kleinen Topf von Sozialleistungen, an den du heute als Frau auch allein rankommst, ohne daß du einen Mann vorweisen mußt. Entsprechend ist das Selbstbewußtsein der Frauen gestiegen. Sie können öfter nein sagen gegenüber allem, was Männer verlangen. Das geht bei den Männern an die Substanz. Was sie vorher immer hatten, worauf sie ein Recht hatten, womit sie groß geworden sind, das kriegen sie plötzlich nicht mehr automatisch. Die Frauen sagen nein.«

FRAGE: »Und die Männer kommen zu euch?«

ANTWORT: Ja, aber wir sagen nur scheinbar nicht nein. Indem wir das Geld für etwas nehmen, was eine Frau zu Hause umsonst machen sollte, sagen wir auch nein. Wir sagen nein dazu, uns einfach wegzuschenken. Nein zu einer Sexualität, die uns nicht befriedigt. Wenn wir sie trotzdem geben, warum sollen wir uns nicht dafür bezahlen lassen? Die Zahl der Frauen, die in irgendeiner Form anschaffen gehen, ist irrsinnig gestiegen. Und diese Frauen werden immer jünger, immer schöner und immer gebildeter. Sie passen nicht mehr in das alte Huren-Klischee, das sowieso nie ganz gestimmt hat.«

FRAGE: »Bist du privat glücklich?«

ANTWORT: »Ja, sehr.«

FRAGE: »Lebst du mit einem Mann zusammen oder mit einer Frau?«

ANTWORT: »Mit einer Frau.«

7. Kapitel

ÜBER DIE SEXUELLEN STÖRUNGEN VON MÄNNERN UND FRAUEN

»Hinter sexuellen Störungen steht oft
ein Leidensdruck, der weit über das Vermissen
von Lust und Befriedigung hinausgeht: Eine
Angst vor Ungeliebtsein, Verlassenwerden
und Einsamkeit; eine tiefe Verunsicherung des
Selbstwertgefühls; sich gedemütigt und ge-
schunden fühlen in seiner Männlichkeit oder
Weiblichkeit.«
Gunter Schmidt, 1980

Niemand weiß, wie viele es sind, die nie Befriedigung erleben, weil ihre Sexualität gestört ist. Wirkliche Hilfe finden nur wenige. Andere bleiben bestenfalls in ihrem Elend nicht allein. Sie haben einen Partner, der mitleidet und mitduldet, weil er sich in der Regel auch mit sexuellen Problemen herumschlägt – ob bewußt oder unbewußt –, mit denen er nicht fertig wird.

Der achtunddreißigjährige Maschinenschlosser Karlheinz Pfaff und seine fünfunddreißigjährige Frau Inge haben ein gemeinsames Ehebett. Aber sie gehen nie zur selben Zeit schlafen. »Meistens leg' ich mich früher aufs Ohr, und wenn ich dann schon penne, kommt die Frau«, sagt Karlheinz. Daß beide wach nebeneinanderliegen, ist keine schöne Vorstellung für ihn. »Die Frau würde vielleicht etwas erwarten, was ich nicht kann.«

So gelingt es Karlheinz, nachts ein Problem unter der Decke zu halten, über das er bei Tag – allerdings nur nach Zusicherung von absoluter Anonymität – offen spricht: Er ist impotent. »Mir fehlt der Trieb«, so beschreibt er seine Störung, »also, wenn ich eine nackte Frau seh', oder auch wenn ich die Frau gern hab', der Penis wird eben nicht hart. Das ist mein Problem.« Nach außen führt Karlheinz ein normales Leben: Familienvater, seit vierzehn Jahren verheiratet, zwei Kinder, Haus im Grünen in einem kleinen Ort im Rheinland.

Niemand – außer seiner Frau natürlich – weiß, daß er nicht sehr viel öfter mit ihr geschlafen hat, als Kinder aus dieser Ehe hervorgegangen sind. »Die hat nun das Problem«, sagt er, »was sie mit ihrer Liebe oder ihrem Sex macht, wenn der Mann – auf gut deutsch – nicht kann. Wegrennen und sich 'nen andern suchen? Das will sie wahrscheinlich nicht. Die Inge hat mich gern, zumindest bilde ich mir das ein. Sie hat sich mit dem Zutand so langsam abgefunden. Eigentlich geschimpft hat sie darüber noch nie.«

Karlheinz meldete sich auf ein Inserat, das die Hamburger Forschungsgruppe SEAT in Zeitungen veröffentlicht hatte. Darin suchte sie Männer und Frauen, die bereit waren, über ihre sexuellen Schwierigkeiten zu sprechen und auch über die Erfahrungen, die sie bei der Suche nach fachlicher Beratung und Hilfestellung gemacht hatten.

Karlheinz Pfaff könnte auf Gewerkschaftsplakaten als Sympathieträger für die Arbeiterklasse werben: kräftige, ein wenig gedrungene Figur, offenes Gesicht, sensible Augen. Im Gespräch mit ihm wird schnell deutlich, daß er sich mit seinem sexuellen Schicksal nie abfinden wollte. Immer wieder hatte er Ärzte konsultiert. Aber da er auch wegen verschiedener organischer Beschwerden in Behandlung war – unter anderem wegen eines Leberschadens –, buchten die Ärzte seinen »mangelnden Trieb« automatisch als Begleiterscheinung dieses Leidens ab. Sie kurierten seine Leber, stellten seine Arbeitskraft wieder her – aber wenn die Rede auf seine Manneskraft kam, zuckten sie mit den Schultern. Einer verschrieb ihm Vitamintabletten; ein anderer das Pflanzenextrakt »Sanddorn«, das er flaschenweise trank, von dem er aber nur »rote Backen« bekam, mehr nicht.

»Ich hab' das Gefühl«, sagt Karlheinz, »den Ärzten ist das peinlich, wenn einer mit solchen Schwierigkeiten kommt.« Kein Mediziner fragte ihn nach seiner sexuellen Entwicklung. Keiner kam auf die Idee, seine Störung könnte seelisch bedingt sein. Keiner riet ihm zu einer Sexualtherapie.

Karlheinz stammt aus kleinbürgerlichen Verhältnissen. Der Vater war selbständiger Handwerksmeister im katholischen Rheinland, die Mutter Hausfrau. Aufklärung im Elternhaus fand nicht statt; der Junge wurde »sehr kirchlich« erzogen. Kumpels weihten den Vierzehnjährigen in das Geheimnis der Selbstbefriedigung ein: »Das mußte machen, das ist 'ne ganz tolle Sache.«

Karlheinz fand das auch. Bis ihm eines Tages – »wahrscheinlich, weil ich überall rumgesucht hab', das tut man ja in dem Alter« – ein Buch in die Hände fiel, in dem etwas über Selbstbefriedigung stand. Er las es und war zu Tode erschrocken; denn dort erfuhr er, Onanie führe unaufhaltsam zur Zerrüttung des Nervensystems und zum Verfall des Rückgrates. »Da hätte ich eigentlich schon unter der Erde liegen müssen, weil ich das doch immer gemacht hab'. Ich hab' mich tatsächlich gewundert, daß ich noch lebe.«

Nun begann eine Leidenszeit für ihn. Auf der einen Seite kämpfte er »wie ein Löwe« gegen das Laster an: »Ich wollte ja nicht krank werden.« Auf der anderen Seite war er immer wieder zu schwach, um das Onanieren aufzugeben. Daß er dafür bestraft werden würde, stand für ihn fest. Um Mädchen kümmerte er sich nicht. Er war überzeugt, daß ein Mann mit einer so krankhaften Veranlagung wie er die Hände von Mädchen lassen müsse.

Mit einundzwanzig ging er – immer noch unerfahren – zum Arzt. Der lachte ihn aus. »Bei mir sind Sie ganz verkehrt«, sagte er, »Sie müssen sich eine Freundin anschaffen.« Weil er sich wegen seiner Unerfahrenheit schämte, wollte Karlheinz »die Sache erst mal probieren«. Er steckte sich 50 Mark in die Tasche und ging damit in ein Bordell.

»Hätt' ich das Geld doch lieber verbrannt«, sagt er heute. »Ob ich zu aufgeregt war oder zu gefühlskalt, das weiß ich nicht, jedenfalls tat sich nichts. Die Prostituierte hat es dann mit der Hand versucht, aber irgendwann hat ihr dann wohl der Arm weh getan. »Hat keinen Zweck«, hat sie gesagt. Da war ich wieder draußen.«

Auf der Straße, daran erinnert er sich noch genau, dachte er: »Das ist nun der Sex, wonach die ganze Welt verrückt ist. Das gibt's doch nicht.«

Dann lernte Karlheinz Inge kennen, »die auch sehr schüchtern erzogen war«. Nach Inges Moralauffassung sollte der erste Geschlechtsverkehr eigentlich erst in der Hochzeitsnacht stattfinden. Aber Karlheinz wollte das nicht riskieren. Wieder ging er zum Arzt. Diesmal verschrieb ihm der Doktor »Yohimbin«, ein Potenzstärkungsmittel, das Blutfülle in den Genitalien bewirkt. Es half. So gut, daß Inge auch gleich schwanger wurde. Jetzt war die Heirat Ehrensache. Mit Hilfe von Yohimbin kam es auch zu dem zweiten Kind eineinhalb Jahre nach der Hochzeit.

Doch Yohimbin löste das Problem nicht auf Dauer. Als er leberkrank wurde, durfte er das Mittel wegen der starken Nebenwirkungen nicht mehr nehmen – es schlägt auf den Kreislauf.

Andere sexuelle Praktiken, etwa manuelle oder orale Techniken, mit denen er seine Frau befriedigen könnte, lehnt er ab (»Finde ich echt eklig.«). In all den Jahren hat ihm seine Frau nur einmal zu verstehen gegeben, er sollte »möglichst zusehen, daß er die Sache in Ordnung kriegt«. Seine Impotenz ist kein Gesprächsthema in seiner Ehe.

Als wir, Seat-Projektleiter Marcus Wawerzonnek und ich, mit Karlheinz Pfaff sprachen, lag sein letzter – ergebnisloser – Versuch, mit seiner Frau zu schlafen, mehr als ein Jahr zurück. Wir gaben ihm die Adresse einer »Pro familia«-Sexualberatungsstelle in Köln. Er hatte nicht gewußt, daß eine solche Einrichtung existiert. »Davon müßte es mehr geben«, sagte er, »nicht nur so Privatklubs für Reiche, bei denen es ohnehin schon klappt, die nur darauf aus sind, daß es immer noch besser klappt.« Für sich selbst sah er jedoch wenig Hoffnung: »Das schaff' ich doch zeitlich gar nicht. Ich bin doch immer auf Montage, ich muß doch Geld verdienen.«

In der Bundesrepublik gibt es nur zwei Institute für Sexualberatung: an den Universitäten in Frankfurt und Hamburg. Die Anmeldetermine für ein ganzes Vierteljahr werden in Hamburg an einem einzigen Vormittag vergeben. Jährlich können maximal 450 Patienten dort behandelt werden. »Gemessen an dem tatsächlichen Bedarf ist diese Zahl verschwindend gering«, heißt es in einem Bericht des Hamburger Sexualforschers Eberhard Schorsch. Eine Umfrage bei Ärzten ergab, daß allein in der Hansestadt 3000 bis 4000 Patienten pro Woche im Sprechzimmer über sexuelle Schwierigkeiten klagen.

Geholfen wird wenig, verschrieben viel: Tabletten zur Beruhigung, Pillen gegen Depressionen, Hormonpräparate und potenzstärkende Mittel, deren Nebenwirkungen beträchtlich sein können. Medikamente, welcher Art auch immer, sind – das betonen die Fachleute – »kaum je erfolgreich«. Männer und Frauen mit sexuellen Schwierigkeiten irren oft jahrelang von Arzt zu Arzt, bis sie – wenn sie viel Glück und Geduld haben – einen speziell ausgebildeten Therapeuten finden.

Ursel und Rainer Baum haben es versucht. Sie ist Erzieherin, 24, er angehender Gymnasiallehrer, 28; ein Pärchen von gutbürgerlichem Zuschnitt, das in einer kleinen Universitätsstadt lebt. Seit drei Jahren sind sie verheiratet, seit drei Monaten Eltern einer Tochter. Die beiden mögen sich. Er schenkt den Tee ein, sie ergreift das

Wort. Sie lassen sich ausreden, fragen einander, ob sie eine Situation richtig wiedergegeben haben. Bei denen stimmt alles – könnte man meinen.

Aber ihr Sexualleben bringt beide allmählich zur Verzweiflung. »Such' dir doch mal eine andere, damit es dir endlich mal gefällt«, hat Ursel ihrem Mann schon empfohlen. Und er hat genauso unglücklich darauf geantwortet: »Ich kann mir nicht die menschliche Befriedigung innerhalb der Ehe holen und die sexuelle außerhalb ...«

Ursel wäre es am liebsten, wenn sie überhaupt keinen Geschlechtsverkehr haben müßte. Rainer zuliebe reißt sie sich alle zwei Monate mal zusammen: »Ich kann ihn doch nicht ständig abweisen, das ist doch nicht normal.« Ursels Konflikt besteht darin, daß sie sich auf der einen Seite – für sich selbst und für ihren Partner – wünscht, normal zu reagieren (»Ich möchte das auch mal als schön erleben.« Und: »Ich bin es meinem Mann doch schuldig, daß ich es schön finde«). Auf der anderen Seite sind ihre Empfindungen eindeutig: »Wirklich, ich brauch' das nicht. Ich kann jahrelang ohne leben.«

Für Rainer stellt sich die Situation so dar: »Zuerst habe ich die Schuld bei mir gesucht. Von meinen Schwestern hörte ich, daß es Männer gibt, die immer direkt aufs Ziel lossteuern und daß die Frauen das schlimm finden. Also dachte ich, vielleicht nimmst du dir nicht genug Zeit oder du läßt ihr nicht genug Zeit. Aber das ist es nicht. Sie kommt über einen bestimmten Punkt nicht hinweg. Sie kann sich nicht fallenlassen. Plötzlich verspannt sie sich. Ein paarmal hat sie richtig angefangen zu schreien. Dann ist einfach Schluß, dann muß ich sie sofort loslassen.«

Als Rainer Ursel heiratete, wußte er, daß sie auf diesem Gebiet Probleme hatte. Aber er glaubte – und sie glaubte es auch –, daß die eigene Wohnung und die Heirat, die Ursels Bedürfnis nach Sicherheit entgegenkam, die Schwierigkeiten beheben würden. Den vorehelichen Sex auf der Wohnzimmercouch in Ursels Elternhaus, abends, wenn die Mutter schlief, hatte auch er als »Scheißspiel« empfunden.

Später, als beide ihre Ausbildung begonnen hatten, sahen sie sich nur noch an den Wochenenden. Rainer wollte seine Ursel auf keinen Fall so belästigen, wie er das bei seinem Vater und seiner Mutter erlebt hatte: »Der kam untertags aus seinem Büro hoch in die Küche zu meiner Mutter, um sich Zärtlichkeiten zu holen. Er fing an, sie zu beschmusen, und sie stand ganz verklemmt da, es war ihr sichtlich unangenehm, worauf mein Vater wieder abdampfte und die Tür knallte.«

Die erste Adresse, von der sich Ursel und Rainer Hilfe versprachen, fanden sie im Telefonbuch: eine katholische Eheberatungsstelle. Nach einigen Sitzungen empfahl die Psychologin der jungen Ehefrau, statt immer nur Jeans doch mal ein Kleid zu tragen, und einmal selbst an ihrem Körper auszuprobieren, was für Berührungen ihr Spaß machten. Den Garderobentip befolgte Ursel, die lustvolle Erforschung ihrer erogenen Zonen gelang ihr nicht.

Rainer erinnert sich: »Am Tag, bevor wir wieder bestellt waren, wollte Ursel es hinter sich bringen, weil sie wußte, sie würde danach gefragt werden. Sie gab sich einen Ruck, stand auf, ging ins Schlafzimmer und sperrte zu. Schon nach ein paar Minuten kam sie wieder heraus. ›Ich schaff' das nicht‹, sagte sie.«

Zweiter Anlauf: Ursel faßt sich ein Herz und spricht mit ihrem Frauenarzt über das Problem. Er verschreibt ihr Beruhigungstabletten. Als Rainer an diesem Abend nach Hause kommt, findet er seine Frau in ihrem hübschesten Nachthemd tief schlafend auf der Wohnzimmercouch vor.

Dritter Anlauf: Rainer und Ursel lesen die SEAT-Anzeige. Sie sind zum Interview bereit. Ursel hatte ihre Schwangerschaft als Vorwand benutzt, um sich ihrem Mann fast völlig zu entziehen. Doch nach dem Gespräch sahen sie ein: »Es muß etwas geschehen.« Rainer ergänzt: »Sonst gehe ich wirklich noch fremd, ich möchte einmal ein sexuelles Echo erleben, eine Wirkung spüren, nicht immer nur geduldet werden.«

Wieder suchen die Eheleute ihren Arzt auf. Diesmal lassen sie sich nicht mit Pillen abspeisen, sie bestehen darauf, daß er ihnen eine Überweisung ausstellt. Sie bekommen einen Termin bei einer Psychoanalytikerin. Die Behandlung hat begonnen.

Nach den Erfahrungen der Sexualtherapeuten an der Hamburger Universität genügen im Schnitt 30 bis 40 Therapiestunden, um selbst schwere sexuelle Störungen zu beseitigen. Ursels Problem heißt in der Fachsprache »primäre Anorgasmie«. Das bedeutet: Sie hat noch nie, weder beim Koitus noch durch andere sexuelle Praktiken des Partners oder durch Selbstbefriedigung, einen Orgasmus erleben können. »Sekundär« heißt eine Störung, wenn sie erst später, das heißt nach vielen Orgasmen, im Zusammenhang mit einem wichtigen, konfliktauslösenden Ereignis auftritt.

Ursels Störung wurzelt vermutlich in ihrer Kindheit. Sie erzählte im Gespräch, daß sie in einem Frauenhaushalt aufwuchs, weil ihr Vater früh starb. Psychologen haben erkannt, daß der Verlust dieser ersten, entscheidenden männlichen Bezugsperson – auch wenn die bewußte Erinnerung daran fehlt, weil das Kind noch zu klein war – die Beziehung zu allen späteren Männern prägen kann. Der Tod des Vaters wirkt oft wie eine Kränkung und Verletzung, wird wie ein Verlassenwerden erlebt und macht es der Frau später unmöglich, einem Mann volles Vertrauen entgegenzubringen. Ihre unbewußte Angst sagt ihr: Auf dich darf ich mich nicht einlassen, du gehst ja doch fort.

Es sieht zwar so aus, als habe nur Ursel die Störung, aber vermutlich ist Rainers Sexualität auch nicht konfliktfrei. Es kann sein, daß er seine sexuellen Triebe unbewußt als zerstörerisch empfindet, und deshalb eine Frau gewählt hat, die ihn sexuell nicht fordert. Eine der wichtigsten Erkenntnisse der Paar-Therapie lautet: Bei einem zeigt sich das Symptom, doch am sexuellen Grundkonflikt sind beide beteiligt. Wenn sich bei einem etwas verändert, verändert sich auch beim anderen etwas.

Fallstudien aus der Sexualpraxis lesen sich oft wie Krimis: der Therapeut als Detektiv auf der Suche nach dem Motiv, das sich in den Abgründen des Unbewußten versteckt hält.

In ihrem Buch »Sexuell gestörte Beziehungen« haben die beiden Sexualwissenschaftler Gerd Arentewicz und Gunter Schmidt die wichtigsten psychosozialen Ursachen zusammengestellt: Zum Beispiel kann mangelnde Zuwendung schon beim Säugling das Gefühl auslösen, grundsätzlich zu kurz zu kommen, nie befriedigt zu werden. Später, wenn sexuelle Wünsche wach werden, setzt ein Erinnern an die unausbleiblichen Enttäuschungen ein. Die sexuelle Störung soll vor neuen leidvollen Erfahrungen schützen, etwa nach dem Muster: Lieber funktioniere ich nicht, als daß ich das noch einmal mitmache.

Übertriebene Sauberkeitsansprüche der Eltern, Bestrafung, wenn das Kind in die Windeln macht, können einen Menschen unter das eherne Diktat zwingen: Du darfst nie die Kontrolle über deinen Körper verlieren! Wer es aber nicht wagt, sich überwältigen zu lassen, blockiert seine sexuellen Reaktionen. Der Orgasmus ist ohne diesen »Kontrollverlust« gar nicht möglich.

In anderen Fällen wird die sexuelle Störung als Waffe gegen den Partner eingesetzt. Die unbefriedigte Frau »entlarvt« den Mann als »Waschlappen« oder weist seinen Machtanspruch über sie zurück, indem sie ihm zu verstehen gibt: Du hast mich nicht ganz, da ist ein Rest von Autonomie, den ich mir nicht nehmen lasse.

Gunter Schmidt: »Der Aufruf bestimmter Fraktionen der Frauenbewegung, sich sexuell zu verweigern, fordert als bewußten Akt nur, was viele Frauen stillschweigend und oft ohne recht zu wissen warum schon lange tun.« Andererseits kann auch ein Mann interessiert sein an der Störung seiner Partnerin, weil ihr mangelnder Geschlechtstrieb seine Potenzängste beschwichtigt – sie wird nie etwas verlangen, was er nicht »kann«.

Manchmal kommt es zu »Spontanheilungen«, wie die Fachleute es nennen, weil der Anlaß sich von selbst erledigt.

Die sexualwissenschaftliche Literatur berichtet zum Beispiel von einer jungen Frau, die nach siebenjähriger Ehe ohne Hilfe von außen plötzlich orgasmusfähig wurde. Der Grund: Ihre Schwiegermutter, von der sie immer geglaubt hatte, ihr Mann liebe sie mehr als sie, war gestorben.

Eine sexuelle Störung kann »situationsbezogen« sein, d.h.: Sie tritt immer nur in einer bestimmten Situation auf. Etwa wenn ein Mann immer beim erstenmal bei einer neuen Partnerin versagt (»Premierenversagen«). Die Störung kann aber auch »partnerbezogen« sein: Sie verschwindet, sobald Mann oder Frau eine neue Beziehung eingehen.

Zum Beispiel ist es denkbar, daß eine Studentin mit ihren gleichaltrigen Kommilitonen keine sexuelle Lust erlebt, wohl aber mit einem Professor, der ihr Vater sein könnte, weil nur eine »Autorität« in der Lage ist, die alten elterlichen Sexualverbote außer Kraft zu setzen und ihr die Verantwortung für ihr sexuelles Tun abzunehmen. Andere Frauen reagieren genau umgekehrt: Der dominante, überlegene Mann mobilisiert ihre Ängste, während sie gegenüber einem sanften, eher unterwürfigen Liebhaber ihre sexuellen Möglichkeiten frei entfalten können.

Ein Mann, der bei seiner Ehefrau keine Erektion bekommt, hat möglicherweise keine Schwierigkeiten bei Prostituierten oder sogenannten »leichten Mädchen« aus der Unterschicht. Die Erklärung der Sexualwissenschaftler: »Seine Abgrenzungsängste erlauben ihm, Sexualität nur zuzulassen, wenn es außer der Sexualität sonst keine Beziehungsmöglichkeit zu den Frauen gibt.«

Frauen erleben es leider häufig, daß ihnen der erste Partner durch Unerfahrenheit oder Egoismus – oder beides zusammen – die Lust an der Sexualität nimmt. Eine kaufmännische Angestellte aus Lübeck, 29, berichtet: »Mein erster Freund bedeutete mir sehr viel. Ich war völlig abhängig von seiner Zuneigung. Wenn ich nicht mit ihm schlafen wollte, behauptete er, ich hätte ihn nicht mehr lieb. Also tat ich es doch. Die Folge war, daß ich seinen Körper nicht mehr sehen konnte. Ich entwickelte Abscheu vor ihm und vor allem, was mit Sexualität zusammenhing, wollte ihn aber trotzdem nicht verlieren.«

Das ging so weit, daß sich ihr Körper durch Verkrampfung der Scheidenmuskulatur gegen den unliebsamen Verkehr wehrte. Laut Fragebogen-Untersuchung der Hamburger Forschungsgruppe SEAT hat fast die Hälfte aller Frauen schon einmal erlebt, daß die Scheide sich nicht weit genug öffnete, um den Penis eindringen zu lassen. Wenn sich das oft oder immer wiederholt, sprechen die Ärzte vom »Vaginismus«, der das Anzeichen einer tiefsitzenden sexuellen Störung sein kann. Im Fall der Lübecker Angestellten verschwand das Symptom jedoch, nachdem sie sich von ihrem Freund getrennt hatte. Sie hat seither »nie wieder Aversionen gegen irgendeine Form von Sexualität« empfunden.

Eine andere klassische Frauenerfahrung, nämlich, daß die Scheide nicht feucht genug wird, um den Penis mühelos eindringen zu lassen, kennen drei Viertel aller weiblichen Befragten. Wenn der Partner rücksichtslos vorgeht, bekommt die trockene Haut in der Vagina feine Risse, die schlecht verheilen. Der nächste Verkehr tut der Frau wieder weh – und entsprechend wächst ihre Angst davor. So baut sich allmählich ein Teufelskreis auf aus Angst, Schmerzen und neuer Angst, der eines Tages von selbst nicht mehr durchbrochen werden kann.

Bei Frauen in den Wechseljahren ist das mangelnde Feuchtwerden der Scheide oft nur eine – vorübergehende – Folge der hormonellen Umstellung, nicht etwa ein Zeichen nachlassender Erregbarkeit. Weil sie das aber nicht wissen, haben die Frauen Hemmungen, ihren Arzt darauf anzusprechen. Ärzte wiederum kommen von sich aus nur selten auf die Idee, ihre Patientinnen, die im Klimakterium sind, auf die segensreiche Wirkung von Vaseline in dieser Phase hinzuweisen.

Grundsätzlich gilt für Männer und Frauen: Je befriedigender

sich ihr Sexualleben von Anfang an gestaltet, desto länger können sie es genießen. Fest steht aber auch, daß sich im Lauf eines Lebens die sexuellen Erlebnismöglichkeiten ändern können.

»Die Triebschicksale«, sagt die Kölner Psychoanalytikerin Margarete Mitscherlich, »sind eben nicht in der frühen Kindheit schon unabänderlich vorgezeichnet.« Voraussetzung für die Beseitigung sexueller Störungen – ob aus eigener Kraft oder mit Hilfe eines Therapeuten – ist jedoch der Abbau von Angst. Denn eine gewisse Portion Mut gehört immer dazu, wenn alte Gleise verlassen und neue Wege beschritten werden.

Eine neunzehnjährige Pädagogikstudentin aus Frankfurt erzählte im Interview, daß sie nur mit Männern schläft, weil sie denkt: »Ich muß das, das gehört dazu.« Sie hat dabei das Gefühl, daß sie es »nur für den Typen« macht. »Manchmal bekomme ich so Anwandlungen, daß ich mich wie ein Tier fühle. Dann versuche ich, mich selber zu beobachten, wie ich so mit gespreizten Beinen daliege, und komm' mir so eklig vor, daß ich ein Scheißgefühl kriege. Der Typ liegt auf mir drauf und rammelt sich einen ab, und ich krieg' Gänsehaut vor Ekel.«

Die Studentin erlebte ihren ersten Höhepunkt während einer Ferienreise: »Nicht dadurch, daß der Mann in mir drin war, sondern ich habe mich an seinem Bein gerieben, einfach so.« Sobald es mit einem Partner zum Verkehr kommt, nimmt sie sich krampfhaft vor, diesmal einen Höhepunkt zu haben. Sie fürchtet: »Sonst ist der Typ doch sauer. O je, sagt sich der dann, die kriegt keinen Orgasmus, mit der ist es langweilig. Er rackert sich ab, und ich bring's nicht. Ich denk dann nur noch daran. Und dann ist es natürlich ganz vorbei ...«

Vor ihrer Entjungferung hatte die Studentin geglaubt, daß sich nach dem ersten Geschlechtsverkehr ihr ganzes Leben, die Welt, einfach alles total verändern würde. Entsprechend groß war die Enttäuschung. Und obwohl sie inzwischen Höhepunkte erlebt hat, sagt sie: »Das Blöde ist, daß ich gar keine oder eine andere Vorstellung von einem Orgasmus habe. Irgendwie glaube ich immer, daß mein Orgasmus kein richtiger ist. Es gibt bestimmt Unterschiede.«

Das stimmt. Physiologisch läuft zwar beim Orgasmus immer das gleiche ab. »Aber er wird nicht immer gleich erlebt«, sagt die Psychoanalytikerin Marina Moeller-Gambaroff, »es kommt darauf an, wie weit das Erlebnis in die Tiefe geht und einen ergreift, wie weit das Durchbluten der inneren Organe tatsächlich gefühlt wird. Das hängt davon ab, wie weit eine Frau dem Partner das ›Eindringen‹ gestattet, seelisch gestattet, nicht körperlich. Auch bei Männern kommt es vor, daß zwar alles normal abläuft, daß aber sehr unterschiedliche Erlebnisse damit verbunden werden.«

Wenn man Frauen, die noch nie einen Orgasmus erlebt haben, fragt, wie sie ihn sich vorstellen, sagen sie oft: »Da tut sich der Boden unter den Füßen auf«, »da wird man bewußtlos und verliert sich vollkommen«. Diese Formulierungen verraten bereits die Angst, die einen Orgasmus für diese Frauen unmöglich macht. Dagegen beschreiben Frauen, die wissen, wovon sie sprechen, den Orgasmus als ein »warmes Durchfluten, das zufrieden macht«, »eine wohlige Befreiung«, »ein Hochgefühl, für das mir im Moment alles egal ist«.

Was Filme, Schlager und Romane auf dem Gebiet der Erotik versprechen, deckt sich nur selten mit der sexuellen Wirklichkeit. Für viele junge Mädchen und auch für Männer ist es ein Schock, wenn ihre Träume auf die Realität treffen. Vorprogrammiert auf die große Liebe, erleben sie die große Ernüchterung und tun oft genau das, was sie von einem erfüllten Geschlechtsleben immer weiter entfernt: Sie setzen sich selbst unter Druck, wollen Leistung bringen. Die Folgen: Statt Fähigkeit zur Lust – Jagd nach dem Höhepunkt. Statt Freude am Partner – Angst vor dem Versagen. Statt Sinnlichkeit – sexueller Tauschhandel.

Inzwischen hat die Frankfurter Studentin ihr Problem auf ihre Weise »gelöst«. Sie hat eine Beziehung mit einem Freund begonnen, der unter vorzeitigem Samenerguß (Ejaculatio praecox) leidet. Sexuell haben sie sich so arrangiert, daß er ihr durch Streicheln einen Orgasmus verschafft, während sie ihm den kurzen – und deshalb nicht weiter störenden – Verkehr gestattet, von dem sie sich ein Lustgefühl gar nicht erst verspricht. »Ich weiß«, sagt sie, »das bringt mich keinen Schritt weiter, aber ich brauche mich in dieser Beziehung für nichts zu rechtfertigen.«

Die Auswertung der SEAT-Fragebögen hat bestätigt, was Sexualtherapeuten in der Praxis beobachten: Männer und Frauen mit sexuellen Schwierigkeiten suchen sich häufig einen Partner, dessen Sexualität ebenfalls gestört ist. »Einundzwanzig Jahre Partnerschaft«, schrieb ein siebenunddreißigjähriger Lehrer auf die Rückseite seines Fragebogens, »neun Jahre vor der Hochzeit, zwölf Jahre nach der Hochzeit; Geschlechtsverkehr: fünfmal vor der Hochzeit, nullmal nach der Hochzeit. Dennoch gemeinsam glücklich, noch nie der Gedanke auseinanderzugehen.«

Das »dennoch« war dick unterstrichen. Ebenso dick angekreuzt war aber auch das »Ja« auf die Frage, ob er eventuell die Hilfe eines Sexualtherapeuten in Anspruch nehmen würde.

Sein Fragebogen weist ihn als den klassisch passiven, zartfühlenden, bis zum Exzeß rücksichtsvollen Mann einer vaginistischen Frau aus. Ein solches Bündnis schützt immer beide – einer nimmt dem andern seine Angst vor der Sexualität ab.

»Ich habe sehr spät geheiratet«, berichtet ein Filialleiter, 50, aus Braunschweig, »und mir war klar, daß ich nur eine Frau heiraten konnte, die sexuell keine Anforderungen stellt.« Er leidet seit seiner Jugend unter vorzeitigem Samenerguß. Vermutlich eine Folge seiner panischen Angst, er könnte eine Frau schwängern.

»Es gibt ja frigide Frauen«, sagt er, »die nur teuer ausgeführt werden wollen. Und so eine habe ich auch geheiratet, die beim Verkehr ganz woanders ist mit ihren Gedanken. Sie wollte Mutter werden. Das ist ihr bürgerlicher Wunsch gewesen. Sonst braucht sie eigentlich keinen Mann, denn sie zeigte keine Leidenschaft.«

Trotz seines Problems ist dieser Mann sein Leben lang süchtig nach Sex gewesen. Immer wieder suchte er neue Frauenbekanntschaften. In der Sekunde der Wahrheit entschuldigte er sich: »Ich bin halt ein nervöser Typ.« Da seine Frau so gut wie gar nicht mehr mit ihm schläft, war er jetzt zweimal auf dem Witwenball. »Es ist ein kleines Verhältnis daraus entstanden, so daß ich also jede Woche zu einer Frau gehe. Nun ist sie natürlich etwas alt und hat etwas welkes Fleisch, aber die ist nicht so anspruchsvoll. Mein Versagen spielt da keine so große Rolle. Sie wird sich nicht so schnell einen anderen suchen.«

Der vorzeitige Samenerguß ist – laut SEAT-Umfrage – das unter Männern am weitesten verbreitete Problem. Jeder dritte Mann leidet zumindest zeitweilig unter dieser Störung.

Die Ratschläge von Ärzten für die Betroffenen lauten: »Trinken Sie vorher ein Glas Bier«, »denken Sie an etwas Ekliges, wenn sie merken, daß es kommt«; »das vergeht mit der Zeit«; »wechseln Sie mal die Frau«.

Wie bei der Impotenz kann auch beim verfrühten Samenerguß die Angst vor dieser Störung die Störung geradezu herbeiführen.

Andererseits wird gerade dieses Problem von manchen Männern gar nicht als Problem erkannt. Dem amerikanischen Therapeutenpaar William H. Masters und Virginia E. Johnson fiel auf, daß sie von Personen mit niedrigem Bildungsniveau fast nie wegen Ejaculatio praecox konsultiert werden. Sie erklären sich das damit, daß in weniger aufgeklärten Gesellschaftsschichten der Mann bestimmt, was sexuell »normal« ist. Wenn die Frau damit nicht zurechtkommt, ist es ihr Problem. Mit der Zeit wird sie, da sie auf diese Weise unbefriedigt bleibt, sogar froh sein, daß der Verkehr nicht länger dauert.

Für einen sensiblen, aufgeklärten jungen Mann ist dagegen der vorzeitige Erguß fast so schlimm wie Impotenz. Rolf Weber, Medizinstudent in Göttingen, neunzehn Jahre alt, hat inzwischen Angst davor, überhaupt mal wieder mit einem Mädchen zu schlafen. Seine erste Liebe ging wegen seiner Störung in die Brüche, obwohl er anfangs sehr schöne erotische Stunden mit dieser Frau erlebt hatte. Aber nachdem es ihm ein paarmal passiert war, daß er »automatisch mit dem Eintritt in die Scheide« seinen Orgasmus bekam, fühlte er sich »von Mal zu Mal mieser«.

Rolf kommt aus einem sogenannten »guten Haus« (Vater: Beamter), in dem Sexualität ein totales Tabu war. Als er mit seiner ersten Freundin ins Bett ging, war er so unaufgeklärt, daß er nur wußte: »Ich muß mit meinem Glied in eine Vertiefung eindringen.« In dem dreistündigen Interview mit ihm fielen immer wieder die Sätze: »Das war mir peinlich«; »das fand ich widerlich«; »davor ekle ich mich«.

»Peinlich« waren ihm die Onanierflecken auf dem Bettlaken zu Hause. »Widerlich« fand er den ersten Kuß auf einer Klassenreise, als ihm ein Mädchen »die Zunge in den Mund schob«. Er ekelte sich vor dem weiblichen Geschlechtsteil, weil es »so eine schleimige Sache« absondert, aber auch vor Sperma (»klebrig, widerwärtig, übelriechend«). Und mit seinem eigenen Geschlechtsorgan ist er »nie so richtig klargekommen«.

Nach den Beobachtungen der Sexualtherapeuten kann die vorzeitige Ejakulation die ängstliche Reaktion eines Mannes vor einer Frau sein, die er als besonders leidenschaftlich erlebt, deren Ansprüchen er sich durch den vorzeitigen Samenerguß entzieht. Sexualangst vor Frauen spielt in Rolfs Fall vielleicht nicht die einzige, sicher aber eine zentrale Rolle. Darauf weisen auch seine sexuellen Wunschvorstellungen hin, in denen er sich von seinen Ängsten losphantasiert.

Rolf: »Abends, wenn ich im Bett liege oder wenn ich aufwache, stelle ich mir Mädchen vor, die ich am Tag gesehen habe, die ich gern kennenlernen würde. Die laß ich dann so alles mit mir machen, was ich gern hätte. Am liebsten ist es mir, wenn sie zu zweit sind. Sie sollen mich überall am Körper berühren, sollen unheimlich darum bemüht sein, mich zu erregen. Ich bin aber der ganz kühle Typ, wo sie erst mal ziemlich abblitzen, ich reagiere nicht sonderlich auf sie. Dann trete ich selbst ein bißchen in Aktion, ich küsse diese Mädchen am ganzen Körper und schlafe sehr lang und sehr heftig mit ihnen, so daß sie schon nach kurzer Zeit unheimlich erregt sind. Die Mädchen kommen dreimal oder viermal zum Orgasmus, bevor ich überhaupt einen Höhepunkt habe. Also die Umkehrung meines Problems.«

FRAGE: »Wenn die Mädchen sich um dich bemühen, wie erregen sie dich?«

ANTWORT: »Mit Mundverkehr.«

FRAGE: »Hast du diese sexuelle Praktik schon mal in Wirklichkeit erlebt?«

ANTWORT: »Nein, ich versuche, es mir vorzustellen. Es taucht eigentlich erst in letzter Zeit in meinen Phantasien auf. Und es ernüchtert mich, wenn ich versuche, mir das vorzustellen. Ich finde es widerlich, unangenehm.«

FRAGE: »Warum denn?«

ANTWORT: »Weil ich glaube, es muß für diese Mädchen sehr widerlich sein, mein Geschlechtsorgan in den Mund zu nehmen. Es ist mir sehr peinlich. Für mich gehört der Penis in die Scheide und nicht in den Mund. Daß ich mit dem Mund an die Geschlechtsorgane gehe, ist für mich etwas Abartiges.«

Rolfs Hoffnung: ein Mädchen kennenzulernen, zu dem er sich hingezogen fühlt und das ihn so liebt, daß er seine Angst und seine Hemmungen verliert und eine freie Einstellung zur Sexualität bekommt. Denn er möchte seine Schwierigkeiten überwinden. Für den Sexualtherapeuten sind die Phantasien seiner Klienten wichtige Hinweise auf ihre Konflikte und Ängste. Professor Gunter Schmidt berichtet von einer Patientin, die mit ihrem Partner nie einen Orgasmus erlebte, wohl aber bei der Selbstbefriedigung. Während der Masturbation stellte sie sich vor, daß sie von Leuten überrascht wurde, die »eigentlich gar nicht wissen dürfen, daß ich das tue«. Schmidt: »Sie erlebte diesen Moment in der Phantasie als tiefbeschämend und sogleich als hochgradig stimulierend. Indem sie sich mit Hilfe ihrer Vorstellungskraft dieser angstauslösenden Situation bemächtigte, ermöglichte sie sich den Orgasmus.«

Männer, die davon träumen, daß sich ihnen gefesselte Frauen demutsvoll nähern, haben nach einem ähnlichen Muster ihre Angst in den Griff bekommen: Die Frauen sind ihnen ausgeliefert, sie können ihnen nichts tun, sie sind harmlos.

In fast allen meinen Interviews mit Männern und Frauen fragte ich nach den sexuellen Phantasien. Meist wurden mir sexuelle Wünsche und Vorlieben genannt, erotische Pikanterien, wie sie die meisten Leute gern mal ausprobieren würden. Gelegentlich kam jedoch auch eine Phantasie zur Sprache, die auf ein sexuelles Problem schließen ließ. Ein in dieser Hinsicht typisches Interview führte SEAT-Projektleiter Marcus Wawerzonnek mit Barbara Sondermann, vierundzwanzig Jahre alt, Lehrerin in Stuttgart. Barbara hatte sich der Forschungsgruppe SEAT als Interview-Partnerin angeboten, nachdem sie einen Fragebogen zugeschickt bekommen hatte. Sie sandte ihn ausgefüllt zurück mit folgender Ergänzung:

»Es erregt mich sehr, mir vorzustellen, daß ich erniedrigt und geschlagen werde von Männern, die sonst unerreichbar sind für mich. Ich wünsche mir oft, auch von den Männern, zu denen ich eine sexuelle Beziehung habe, geschlagen zu werden. Gleichzeitig finde ich es entsetzlich, diese Wünsche und Phantasien zu haben. Es quält mich, die Erregung zu spüren, die durch solche Phantasien entstanden ist. Obwohl ich weiß, daß ich es vielleicht wieder wegkriegen kann, fühle ich mich dadurch oft wie ein Stück Dreck, das nur wert ist, weggeworfen zu werden. Ich wage es nicht, jemanden damit zu belästigen, sondern versuche, mich selbst da durchzukämpfen, was mir aber nicht so recht gelingt.«

FRAGE: »War denn dein erstes sexuelles Erlebnis in irgendeiner Weise schockierend für dich?«

ANTWORT: »Nein. Ich war zwar sehr gehemmt und hatte unheimliche Angst vor der Sexualität, als ich mit siebzehn meinen ersten Freund kennenlernte, weil ich gar nicht wußte, was da auf mich zukommt, aber der hat das richtig Klasse gemacht. Er fing ganz vorsichtig an, ging langsam immer wieder ein Stückchen weiter, nach drei Monaten haben wir das erste Mal miteinander geschlafen.«

Frage: »War es schön?«

Antwort: »Unheimlich schön. Nach ein paar Wochen erlebte ich meinen ersten Orgasmus beim Koitus. Wir waren insgesamt drei Jahre zusammen. In dieser Zeit gab es nur zwischendurch mal zwei, drei Monate, in denen ich nicht zum Höhepunkt kam. Kann sein, daß damals der Streß eine Rolle spielte, weil ich zu der Zeit gerade mein Abitur machte.«

Frage: »Habt ihr über deine Schwierigkeiten in dieser Zeit gesprochen?«

Antwort: »Ja. Mein Freund war traurig darüber. Er hatte das Gefühl, daß er etwas falsch macht. Ich hatte das Gefühl, daß ich etwas falsch mache. Die Gespräche haben aber bewirkt, daß keiner von uns hinterher ein schlechtes Gewissen hatte. Und dann ging es von selbst wieder vorüber.«

Frage: »Warum seid ihr auseinandergegangen?«

Antwort: »Ich habe durch das Studium neue Leute kennengelernt und meine politischen Ansichten geändert. Mein Freund ist durch eine neue Arbeitssituation auch mit neuen Menschen zusammengekommen, und wir haben uns plötzlich furchtbar in die Wolle gekriegt. Das war der Grund.«

Frage: »Hattest du damals schon sexuelle Phantasien?«

Antwort: »Nein, im Zusammenhang mit diesem Freund nicht.«

Frage: »Hast du zur Zeit einen festen Partner?«

Antwort: »Nein, es gibt zur Zeit vier Männer in meinem Leben, mit denen ich abwechselnd zusammen bin.«

Frage: »Was sind das für Beziehungen zu den Männern, mit denen du jetzt zusammen bist?«

Antwort: »Es ist so, daß es mir Spaß macht, mal mit denen zu schlafen, oder mal ins Kino zu gehen, oder miteinander spazierenzugehen. Aber es ist eben keine Liebe bis zum Wahnsinn. Ich kann bei denen nicht sicher sein, daß die mich wirklich in allen Situationen akzeptieren.«

Frage: »Und sexuell?«

Antwort: »Ein Orgasmus ist im Moment nicht drin. Ganz kurz davor, in dem Augenblick, in dem man sich entscheiden kann, ob man nun einen Höhepunkt haben will oder nicht, kommen mir Bilder in den Kopf geschossen von kleinen grünen Elephanten, die in einem Keller eingesperrt sind. Dann ist jede Erregung schlagartig weg. Mein Körper verkrampft sich, aus, vorbei.«

FRAGE: »Kannst du dir das erklären?«

ANTWORT: »Ich habe vermutlich Angst, die Männer könnten in diesem Moment zuviel Macht über mich bekommen. Sie sind wesentlich älter als mein erster Freund. Ich fühle mich denen eigentlich ständig unterlegen. Vielleicht will ich mich denen nicht völlig ausliefern. Die haben zwar Macht über mich, aber ein Stück davon will ich behalten.«

FRAGE: »Welche Phantasien hast du während der Selbstbefriedigung? Kommen da auch die kleinen grünen Elefanten?«

ANTWORT: »Beim Onanieren habe ich die Vorstellung, daß mich mehrere Männer festhalten, mich schlagen, mich erniedrigen und mich verhöhnen. Sie treten mich, werfen mich auf die Erde oder in eine Ecke, und es tut mir weh. In Wirklichkeit möchte ich so etwas eigentlich doch nicht erleben.«

FRAGE: »Bist du mal vergewaltigt worden?«

ANTWORT: »Ja. Das ist ungefähr drei Jahre her. Da habe ich in einem Studentenwohnheim gewohnt. Die Türen konnte man von außen öffnen, wenn sie nicht von innen abgesperrt waren. Anfangs habe ich sie nie abgeschlossen. Eines Tages kam mittags ein Mann in mein Zimmer, ein Farbiger, unheimlich groß und kräftig. Er fragte mich, ob er hier bei mir warten könne, bis eine Frau, mit der er verabredet sei, nach Hause kommen würde. Ich hatte nichts dagegen. Ich habe sogar noch Tee gekocht. Was mich hätte stutzig machen müssen, war, daß er sofort versuchte, mich zu küssen, obwohl wir uns noch keine zweieinhalb Sekunden kannten. In meiner Naivität dachte ich, es sei am besten, darauf nicht weiter einzugehen. Ich sagte ihm, er solle sich hinsetzen und fertig. Das hat er zuerst auch gemacht. Wir haben uns ein bißchen unterhalten. Plötzlich stand er auf und sperrte die Tür von innen ab. Da wurde mir ganz komisch, aber da war es auch schon zu spät. Unglücklicherweise lag auf meinem Tisch ein großes Brotmesser, mein eigenes, ich wußte, daß es wahnsinnig scharf ist, das hat er dann genommen. Es ging alles unheimlich schnell, er zog mich aus und hielt mir dabei immer das Messer vor den Hals. Er schmiß mich aufs Bett, warf sich über mich, das Messer immer noch vor meinem Hals, und führte sein Glied ein. Ich habe während der ganzen Zeit leise vor mich hingeheult, habe ganz schlaff dagelegen und ihn machen lassen, weil ich eine wahnsinnige Angst hatte, daß er mich noch umbringt. Zwischendurch habe ich ihn gefragt, ob er gehen würde, wenn er fertig sei. Er sagte, er würde mir nichts weiter tun. Na ja, irgendwann war er dann fertig. Nachdem er sich ausgiebig gewaschen hatte und noch den Tee zu Ende getrunken hatte, legte er das Messer wieder auf den Tisch und ging.«

FRAGE: »Hast du ihn angezeigt?«

ANTWORT: »Ich habe damals gedacht, ich sei selbst schuld, weil ich mich so naiv verhalten hatte. Heute könnte mir das nicht mehr passieren. Ich würde davonlaufen wie der Teufel – schon im ersten Moment. Ich bin dann auch, nachdem er weg war, irgendwann auf den Flur gerannt, um zu meinem Freund zu fahren. Mitbewohner haben mein verheultes Gesicht gesehen und mich erst einmal mit in ihr Zimmer genommen, um mich zu trösten und zu beruhigen. Ich blieb den Nachmittag mit denen zusammen. Die Anzeige hätte ich gleich erstatten müssen, vor allem, ohne mich vorher zu waschen. Ich habe ja sämtliche Spuren sofort beseitigt. Meine ganzen Sachen, die irgendwie mit ihm in Berührung gekommen waren, habe ich angeekelt weggeworfen, nicht mal mehr in die Waschmaschine gesteckt. Nur weg damit.«

FRAGE: »Du hast also in etwa das erlebt, was du phantasierst?«

ANTWORT: »Das ist ja das Verrückte. Seit meinem achten Lebensjahr habe ich solche Phantasien, daß mir etwas angetan wird, daß ich geschlagen oder bedroht werde, und ich fand es immer erregend. Aber in dem Moment, in dem es wirklich passiert ist, da habe ich nicht einmal mehr daran gedacht, daß ich es sonst schön finde, sondern ich hatte nur noch Angst, richtige Todesangst.«

FRAGE: »Bist du als Kind geschlagen worden?«

ANTWORT: »Ja. Meine Mutter hat mir erzählt, daß ich als kleines Kind ziemlich regelmäßig Schläge bekam, weil ich in die Hose gemacht hatte oder wegen anderer Lappalien. Mein Vater hat mich nach Aussagen meiner Mutter nie angerührt. An ihn erinnere ich mich kaum. Er starb, als ich zwölf Jahre alt war. Ich wunderte mich damals, daß mir sein Tod so viel ausgemacht hat, weil ich eigentlich wenig von ihm mitgekriegt habe.«

FRAGE: »Welche deiner Männerbeziehungen ist dir im Moment die wichtigste?«

ANTWORT: »Die Beziehung zu einem verheirateten Mann, den ich seit ungefähr einem Jahr kenne. Ich finde es so angenehm, daß er verheiratet ist, weil er keinerlei Ansprüche an mich stellt. Ich mach', was ich will, und hab', wenn es mir einfällt, auch andere Beziehungen, und wenn nicht, dann nur ihn und fertig.«

FRAGE: »Was möchtest du gerne an dir selbst noch ändern?«

ANTWORT: »Daß ich nur dann mit einem Mann schlafe, wenn ich tatsächlich Lust habe. Und nur mit dem Mann, auf den ich auch tatsächlich Lust habe, nicht mit einem, der zufällig zur Verfügung steht.«

Das Gespräch mit Barbara fand ich deshalb so wichtig, weil es belegt, daß eine reale Vergewaltigung nichts zu tun hat mit Vergewaltigungsphantasien. Im Gegensatz zur Wirklichkeit ist die Phantasie nicht wirklich brutal und macht vor allem nicht hilflos. »Wer sich vorstellt, Opfer zu sein«, sagt die Kölner Psychoanalytikerin Margarete Mitscherlich, »ist dennoch aktiver Schöpfer und Beherrscher der Situation, die er gerade phantasiert.«

Wenn diese Phantasien jedoch zur Voraussetzung für das Erleben von Lust werden, können sie auch das Gefühl erwecken, Sklave dieser Phantasien zu sein. Margarete Mitscherlich: »Manche Frauen haben dann zwar mit Hilfe ihrer Phantasien die Herrschaft über ihre sexuelle Lust zurückgewonnen, aber sie erleben dennoch, daß sie sich mit ihren Vergewaltigungsphantasien aus einer erniedrigenden Situation nur sehr teilweise befreit haben.«

Keinesfalls neigen Frauen mit masochistischen Phantasien auch in der Wirklichkeit zu masochistischen Verhaltensweisen. Es kann sogar sein, daß solche Frauen – so wie Barbara – in der Realität eher autonome Verhaltensweisen entwickeln oder zumindest anstreben. Barbara entschloß sich nach diesem Gespräch, therapeutische Hilfe in Anspruch zu nehmen, um ihr inneres Gleichgewicht wiederzufinden.

Drei Viertel aller Männer mit Problemen würden sich von einem ausgebildeten Sexualtherapeuten behandeln und beraten lassen. Bei den Frauen sind es knapp die Hälfte. Dieses Ergebnis aus der SEAT-Umfrage beweist, daß die wenigen Fachkräfte, die es auf diesem Gebiet gibt, einer ständig wachsenden Zahl von Menschen gegenüberstehen, die bereit sind, über ihr Intimleben zu sprechen und sich helfen zu lassen.

Und die Schwierigkeiten werden nicht weniger werden: In einer Gesellschaft, in der kaum ein Auto, ein Stück Seife, eine Sektmarke oder ein Eis am Stiel verkauft wird, ohne daß indirekt zum Geschlechtsverkehr oder zu anderen sexuellen Handlungen aufgefordert wird (»Nogger dir einen!« – »Was sich schiebt, das schleckt sich«), stehen sich die ständig angeheizten Wünsche und deren Verwirklichung im Wege wie die berühmten beiden Ziegenböcke, die auf der schmalen Brücke nicht aneinander vorbeikommen.

8. Kapitel

ÜBER DIE TREUE

»Plötzlich, da kommt es mir,
Treuloser Knabe,
Daß ich die Nacht von dir
Geträumet habe.
Träne auf Träne dann
stürzet hernieder;
So kommt der Tag heran –
O ging er wieder!
Eduard Mörike, 1864, »Das verlassene Mägdlein«

Wer in den unruhigen sechziger Jahren nicht fremdging, galt als Spießer. Wer in den aufgeklärten siebziger Jahren einen Seitensprung dramatisierte, machte sich lächerlich. Wer jetzt, zu Beginn der achtziger Jahre, in der Treue – auch in der sexuellen Treue – mehr als nur einen leeren Wahn entdeckt, einen Wert möglicherweise, von dem sich die Menschen zu schnell losgesagt haben, predigt der nicht den Rückfall in eine Epoche der Unterdrückung?

»Wo die Treue als moralischer Zwang von außen auftaucht, wo sie gebietet und verbietet, ist sie gegen die Menschen gerichtet«, sagt die in Gießen lebende Psychoanalytikerin Marina Moeller-Gambaroff, »aber der Wunsch nach Treue kann auch allmählich von innen her entstehen, kann der Selbstfindung und damit der Entstehung des Wir dienen.«

Eine der ergreifendsten Liebesgeschichten der Welt erzählt von einem alten Mann und einer alten Frau: Philemon und Baucis, gemeinsam grau geworden und gelassenen Sinnes arm geblieben. Die Sage berichtet, daß die beiden Alten in ihrer Hütte die Götter Zeus und Hermes bewirteten, die unerkannt an ihre Tür geklopft hatten und andernorts abgewiesen worden waren. Zum Dank stellte der Göttervater den beiden einen Wunsch frei. Sie baten darum, in derselben Stunde sterben zu dürfen, damit keiner am Grab des anderen stehen müsse. Als ihr Leben zu Ende war, verwandelte der Gott sie in eine Eiche und eine Linde. So blieben sie zusammen.

In einer Zeit der Austausch-Ehen und Wegwerf-Beziehungen weckt der Mythos von den beiden Alten eine Sehnsucht, die über dem Wunsch nach ständiger erotischer Spannung und uneingeschränkter sexueller Entfaltung fast vergessen wurde: die Sehnsucht nach Dauer und Beständigkeit. Lohnt es sich vielleicht gerade jetzt, da die Treue nicht mehr per Gesetz oder gesellschaftlichen Druck erzwungen werden kann, sich um die Treue zu bemühen? Nicht um die alte Moral, sondern um eine in ihr steckende neue Qualität?

Das klingt nach Utopie, nach einer Idealvorstellung von einem Leben zu zweit, dem die unzulängliche menschliche Natur hoffnungslos hinterherhinkt. Im Alltag gibt es keine Dauer ohne Monotonie, keine Beständigkeit ohne Abstumpfung. Wer das nicht wahrhaben will und die Verliebtheit des Anfangs über die Jahre hinwegretten möchte, übernimmt sich.

Andererseits: Haben die Partnertausch-Fans, die Offene-Ehe-Propagandisten, die Bloß-keinen-Besitzanspruch-Paare die menschliche Natur richtiger eingeschätzt? Haben sie nicht auch an eine Utopie geglaubt? Auf dem Prüfstand der Praxis sind nahezu alle einschlägigen Experimente gescheitert. Weil ein Ideal entworfen worden war, dem die Menschen genausowenig entsprachen.

»Untreue als Prinzip läßt sich ebensowenig verwirklichen wie Treue, obwohl sich beides leben läßt«, sagt Marina Moeller-Gambaroff, »das dann allerdings nur mit einem ungeheuren Verleugnungsaufwand.« Wer von sich behaupte, vollkommen treu zu sein in Tat und Phantasie, falle einem Selbstbetrug zum Opfer; wer von sich behaupte, mit der Untreue des Partners oder der eigenen ohne größere Schwierigkeiten umgehen zu können, ebenfalls.

Renate Zimmer, 27, Hauptschullehrerin in Bremen, versuchte Mitte der siebziger Jahre gemeinsam mit anderen die alten Formen des Zusammenlebens durch neue zu ersetzen: Aus zwei Paaren sollte eine Ehe zu viert werden. Die Inselsituation des studentischen Milieus, in dem die Beteiligten zu Hause waren, schirmte das Experiment nach außen ab und stützte es von innen. »Wir waren euphorisch«, erinnert sich Renate, »wir glaubten doch damals alle, wir seien die neuen Menschen.«

Die Vorgeschichte: Renate, ohne Vater aufgewachsen, von einem »richtigen Familienleben« träumend, verlobte sich mit achtzehn, wurde mit neunzehn schwanger und heiratete mit zwanzig. Da sie und ihr Mann studierten – er Jura, sie Pädagogik –, zogen sie in ein Studentenwohnheim für Ehepaare.

Dort fühlte sich Renate zunächst »wie vom Leben weggesperrt, nur Verheiratete, lauter Abziehbilder meiner eigenen Unzufriedenheit«. An der Uni hatte sie inzwischen mitbekommen, wie frei und unbeschwert es sich leben ließ, wenn man nicht festsaß wie sie, eingeklemmt zwischen Kind, Kochnische und Klausuren.

Allmählich wurde der Kontakt zu den anderen Studenten-Ehepaaren besser. Die fühlten sich genauso eingeengt, und es tat gut, darüber zu reden. Unabhängig voneinander verliebten sich Renate und ihr Mann – sozusagen über Kreuz – in ein anderes Paar. Zuerst gestand Renate ihrem Mann, daß sie ein Verhältnis hatte, und war erleichtert, als sie keine Vorwürfe zu hören bekam, sondern ebenfalls eine Beichte. Nach einer Aussprache beschlossen alle vier, ihr Leben künftig auf der Basis von Offenheit und Gleichberechtigung gemeinsam zu gestalten. Die alten Bindungen sollten bestehenbleiben, die neuen hinzukommen. So hatte jeder Mann zwei Frauen und jede Frau zwei Männer.

Viele Wunschträume handeln davon, sich nicht entscheiden zu müssen zwischen zwei Personen, die man liebt. Eine der schärfsten Kritikerinnen der Institution Ehe und der Monogamie (»raffinierte Form der Menschenfresserei«), die dänische Autorin Suzanne Brøgger, sagt: »Zwischen Menschen zu wählen, ist die schlimmste Wahl eines Menschen in seinem ganzen Leben, und wenn er einen Menschen gewählt hat, hat er meist alle anderen verraten. Dies nennt man Liebe.«

Die experimentierfreudigen Bremer Studenten mußten jedoch feststellen, daß ihr Leben zu viert sie ständig vor Entscheidungen stellte: Wer schläft mit wem? Wer schüttet wem sein Herz aus? Wer näht wem einen Knopf an? – Kleinigkeiten, Kinkerlitzchen, aber bald wurden sie wichtig, bedeutungsschwer, beweiskräftig. Die Euphorie des Anfangs verwandelte sich in Unsicherheit, die Unsicherheit in Mißtrauen. »Wir erkannten«, sagt Renate, »daß die ursprünglichen Beziehungen wesentlich stärker waren, daß sich da viel mehr angehäuft hatte an gemeinsamer Erfahrung und auch an gegenseitiger Abhängigkeit. Je weniger verläßlich uns die neuen Bindungen erschienen, desto mehr krochen wir in die alten zurück.«

Zuletzt fühlte sich jeder von jedem bespitzelt, betrogen und im

Stich gelassen. Die Vierergemeinschaft fiel auseinander, die alten Zweiergemeinschaften blieben übrig.

Renate: »Das war eine bittere Enttäuschung für jeden von uns. Es bedeutete den grundsätzlichen Verzicht auf alles, was wir uns so idealistisch ausgemalt hatten. Aber wir konnten so nicht mehr leben. Wir hatten angefangen, uns zu hassen.«

Von dem anderen Paar weiß Renate nur, daß es sich später getrennt hat. Sie selbst lebt auch nicht mehr mit ihrem Mann zusammen. Aber es dauerte ebenfalls noch eine Weile, bis ihre Ehe endgültig in die Brüche ging. Nach Abschluß des Studiums zogen Renate und ihr Mann aus dem Studentenwohnheim in eine eigene Wohnung. Renates Mann begann seine Referendarzeit bei Gericht, während sie als Lehrerin zunächst keine Stelle fand. Sie meldete sich arbeitslos. Über diese Zeit sagt sie heute: »Da fühlt man sich sehr wenig bestätigt, hat nichts zu tun und allmählich wird einem alles egal. Ich hatte zwar das Kind, meine Tochter, aber sie wurde zunehmend selbständiger, brauchte mich nicht mehr so wie früher.«

Renate stürzte sich in sexuelle Abenteuer, reihte eine Affäre an die andere, fand das Leben nur erträglich, wenn sie verliebt war. Ihr Mann wußte davon und ließ sie gewähren. »Er gab mir Narrenfreiheit«, sagt Renate, »er dachte wohl: Das braucht sie jetzt; wenn ich sie hindere, läuft sie mir ganz davon.« Zu einer Aussprache kam es nie.

Was Renate in die außerehelichen Betten trieb, ist leicht erklärbar: Das Gefühl, ein Niemand zu sein, sollte verdrängt werden durch das Gefühl, begehrt zu sein. Sie hatte eine Glücksdroge entdeckt, die rauschhafte Zustände hervorrief, und ihr die Wirklichkeit wohltuend vom Leib hielt. Da die Wirkung von Mal zu Mal nachließ, wurden die Abstände dazwischen immer kürzer.

Die Verliebtheit als Droge führt zum Drogenmißbrauch. »Die Vielzahl der Beziehungen macht deutlich«, schreibt der Hamburger Sexualwissenschaftler Gunter Schmidt über die moderne Sucht, ständig verliebt zu sein, »daß man selber und der Geliebte als Person gar nicht gemeint sind: Gemeint ist der Zustand der Verliebtheit.« Um ihn zu erreichen, werde der neue Partner benutzt.

Schmidt glaubt, daß die modernen Menschen deshalb so anfällig sind gegenüber jeder erotischen Versuchung, weil es »viel schwieriger geworden ist, sich etwas wert zu fühlen ... Ohnmacht,

Abhängigkeit, innere Leere und die eigene Bedeutungslosigkeit werden radikal und gnadenlos erlebbar«. Sexualität und das Anfangsstadium einer Liebe seien oft eine der wenigen Möglichkeiten, die eigene Wichtigkeit zu fühlen, wenn auch nur kurze Zeit.

Renate Zimmer ist inzwischen davon überzeugt, daß ihr Mann mehr litt, als er zugab, und daß es falsch von ihm war, ihr nie zu zeigen, wie sehr ihn ihr Verhalten verletzte. Er wich dem Konflikt aus wie sie. »Du mußt wissen, was du tust«, sagte er, wenn sie wieder einmal nachts nicht nach Hause gekommen war. Zuletzt wollte sie nur noch weg von ihm, weil sie ihre Schuldgefühle nicht mehr ertragen konnte.

Schuld, die man nicht eingestehen darf, wird man nicht los. Wenn der betrogene Partner das Schuldeingeständnis verhindert, weil er mit dem, was er weiß oder ahnt, nicht konfrontiert werden will, führt er in vielen Fällen die Trennung erst recht herbei. Der schuldige Teil macht dann »reinen Tisch«, denn er sehnt sich nach dem erlösenden Schlußstrich.

Von vorn anfangen, aus Erfahrungen lernen – in ihrer Ehe schaffte es Renate nicht mehr. »Wenn eine Karre ganz tief im Dreck steckt«, sagt sie, »weiß man, welche ungeheure Anstrengung es wäre, sie herauszuziehen. Das nimmt einem die Kraft.« Ihre wichtigste Erkenntnis für die Zukunft: »Ich muß meine eigenen Grenzen respektieren. Ich darf seelisch nicht über meine Verhältnisse leben, das strapaziert mich zu sehr.«

Will sie also künftig treu sein? Sie zögert, blickt auf ihren neuen Freund, mit dem nun alles besser werden soll. Er hat eine gescheiterte Ehe hinter sich wie sie, bringt ein Kind mit wie sie und vertritt in diesem Punkt die gleiche Auffassung wie sie: »Eine gute Beziehung kann auch etwas verkraften. Wenn eine Liebe an einem einmaligen Seitensprung scheitert, war es keine, zumindest hat man sich dann etwas vorgemacht.«

Die Psychoanalytikerin Moeller-Gambaroff vertritt den gleichen Standpunkt. »Eifersucht«, sagt sie, »ist normal, denn Untreue bedeutet für den betrogenen Partner immer – gelinde gesagt – eine Irritation seines Selbstwertgefühls, vielleicht sogar eine große seelische Erschütterung. Man muß aber unterscheiden zwischen pathologischer Eifersucht und einer dem Vorfall angemessenen, nachfühlbaren Eifersucht. Wenn ein Mann oder eine Frau das Gefühl hat, durch einen Seitensprung total vernichtet zu werden, dann stimmt etwas nicht. Dann kann die Beziehung auf noch so vielen stabilen Füßen stehen – irgendwo ist ein tönerner Fuß dazwischen, der das Ganze zerbrechlich macht.«

Wenn Frauen zu sehr in ihrer traditionellen Rolle aufgehen, wächst sich der Seitensprung des Mannes zu einer Bedrohung ihrer Existenz aus. Da ihre Welt aus ihrem Mann besteht, ist es nur logisch, daß »die Welt zusammenbricht«, wenn der Mann sich – egal für wie lange – einer anderen Frau zuwendet. Dann erleben diese Frauen, daß sich ihr Glück aus fremder Quelle speiste, daß sie ihren Wert nicht aus sich selbst schöpften, daß ihr Leben keine eigene Mitte hatte. Die überkommene Ideologie machte den Frauen weis (und es sind nicht wenige, die immer noch darauf hereinfallen): Der glücklichste Tag einer Frau ist ihr Hochzeitstag. Danach kann es eigentlich immer nur noch schöner werden. Wenn sie sich darauf verläßt, wird es immer nur noch schlimmer. Dann muß sie in der Regel sehr spät und sehr mühsam das nachholen, wozu sie nicht erzogen wurde: Verantwortung für sich selbst und für ihr Leben zu übernehmen.

In einer Fernsehsendung über das sechste Gebot, ausgestrahlt Ende 1979, wurde ein Bräutigam kurz nach seinem Ja-Wort über seine Einstellung zur Ehe befragt. Bei einer Heirat, sagte er, müsse in jedem Fall die Möglichkeit einer Trennung miteinbezogen werden. Kein Mensch könne sich auf zwanzig oder gar dreißig Jahre festlegen. Seine Braut trug Kranz und Schleier, er einen Frack. Geheiratet wurde sehr romantisch in einer kleinen evangelischen Dorfkirche. Andächtig hatten die Hochzeitsgäste den Worten des Pfarrers gelauscht: »Bis daß der Tod Euch scheidet ...«

Es war keines jener Studentenpärchen, die in Jeans und Parka mal eben zum Standesamt eilen, um anschließend an der Uni in verschiedenen Vorlesungen unterzutauchen, sondern ein traditionsbewußtes, großbürgerliches Paar, das einen Bund auf Zeit geschlossen hatte. »Die Menschen sind nüchterner und realistischer geworden«, erkannte der Philosoph Erich Fromm, »viele verwechseln sexuelle Anziehung nicht mehr mit Liebe, noch halten sie eine freundschaftliche, aber distanzierte Teambeziehung für ein Äquivalent von Liebe. Diese neue Einstellung hat zu größerer Ehrlichkeit – und zu häufigerem Partnerwechsel geführt; sie hat keine größere Häufigkeit des Liebens, weder mit den neuen noch mit den alten Partnern bewirkt.«

Laut Fromm hat unsere Haben-Gesellschaft aus der Ehe eine »Eigentümergemeinschaft« gemacht und aus der Liebe »das gut geölte Verhältnis zwischen zwei Menschen, die sich ihr Leben lang fremd bleiben.« Liebe kann man nicht »haben«, sagt Fromm, sie muß aus einem sich ständig erneuernden Prozeß, der zwischen zwei Menschen stattfindet, immer wieder neu hervorgehen. Dieser Prozeß ist deshalb so schwer zu leben, weil er den Menschen die Konfrontation nach zwei Seiten abverlangt: die mit dem Partner und die mit sich selbst. Und es ist meist viel einfacher, mit einer großen Lüge zu leben, als dieses Leben durch eine kleine Wahrheit in Frage zu stellen.

Beim Thema Treue kommt Bewegung in jede Gesprächsrunde. Selbst wenn jemand beteuert, dies sei für ihn überhaupt kein Thema, wird er dabei meist sehr heftig. Einige klammern sich – in Treue fest – an die überlieferte Sexualmoral nach der Devise: »Wenn ich ihm oder ihr nicht mehr genüge, das wäre das Ende, dann stimmt die Beziehung sowieso nicht mehr.« Andere vertreten ebenso kompromißlos genau das Gegenteil: »Treu sein? Nein danke. Das schränkt doch ein. Warum etwas versprechen, was sowieso keiner halten kann?« Eine dritte Gruppe versucht, erlaubte Untreue von unerlaubter zu unterscheiden: »Wenn es sich mal aus der Situation heraus ergibt«, »wenn es rein sexuell ist«, »wenn die feste Partnerschaft nicht darunter leidet«.

Die Vertreter des ersten Standpunktes sind zu sehr auf einen Menschen fixiert, haben oft auch Angst vor Selbständigkeit und überfordern ihre Partnerschaft; die Anhänger der zweiten Meinung könnte man Bindungsflüchtlinge nennen, Menschen ohne seelisches Zuhause; die dritte Gruppe klammert den Konfliktfall aus, den Fall nämlich, daß ein bereits gebundener Mann oder eine gebundene Frau einen Menschen kennenlernt, der ihm oder ihr wirklich etwas bedeutet, der mehr Gefühl auslöst, als für eine gemeinsame Nacht nötig ist.

»Wenn die Krise da ist, muß sie angenommen und ausgestanden werden«, empfiehlt die Psychoanalytikerin Moeller-Gambaroff, »auf keinen Fall ein Tabu daraus machen nach dem Motto: wegsperren und nicht daran rühren. Ein solches Paar hat zuletzt alle Konflikte im Schrank und redet wirklich nur noch über die Brötchen am Frühstückstisch.«

Die lebendigsten Partnerschaften sind ihrer Meinung nach die,

die fast auseinandergegangen wären, bei denen sich aber niemand um die Frage herumgedrückt hat: Warum konnte es passieren, und was hat es mit uns beiden zu tun?

Die Antwort ist sicher nicht sofort zu finden, wenn das Verhängnis hereinbricht, das für den einen der Beteiligten das höchste Glück, für den anderen das tiefste Unglück bedeuten kann. »Ich werde den Tag nie vergessen«, erzählt Helmut Hagen, 36, Bankkaufmann in Frankfurt, »an dem Sibylle nachts um zwei verliebt nach Hause kam. Sie wirbelte herein, strahlend, überglücklich. Sie hätte sich gar nicht verstellen können, und sie sagte es mir auch sofort.«

Helmut und Sibylle waren zu der Zeit fünf Jahre verheiratet und hatten schon vor der Hochzeit für den »Ernstfall« beschlossen: Jeder handelt so, wie es seinen Gefühlen entspricht. »Reden ist leicht«, erkannte Helmut jetzt, »in mir brach das vorige Jahrhundert durch: Ich hätte diesen Mann am liebsten zum Duell gefordert.«

Statt dessen fand er sich in einer Situation wieder, die ihm zunächst absurd vorkam: Er war der betrogene Ehemann und gleichzeitig Sibylles Vertrauter. In nächtelangen Gesprächen versuchte sie, ihm ihre Gefühlsverwirrung zu erklären. Sie beschwichtigte ihn nicht, indem sie ihre Zuneigung zu dem anderen Mann als vorübergehende Krankheit abtat, sondern gab ihm – manchmal weinend – zu verstehen, daß sie selbst im Moment keine Lösung wußte.

Helmut: »Ich fühlte mich ohnmächtig, an den Rand gedrängt; ich dachte mir, warum gerade der, ich bin doch viel schöner als der; aber aus unserer Ehe war natürlich Alltag geworden, diese elementare, totale, verrückte Verliebtheit konnte ich ihr nicht bieten; dagegen kam ich nicht an. Aber ich war ihr nie gleichgültig. Etwas von meiner Ohnmacht teilte Sibylle mit mir. Das machte sie mir klar.«

Der Mann, in den Sibylle sich verliebt hatte, war ein Kollege von ihr, Redakteur bei einer kleinen Fernsehzeitschrift, die damals gerade neu gegründet worden war. Das Redaktionsteam war klein, verstand sich gut untereinander und arbeitete hart, manchmal zehn bis zwölf Stunden pro Tag.

Helmut fand den Journalismus faszinierend und seinen eigenen Beruf im Vergleich dazu so »beamtisch«, daß er froh war, wenn er nicht danach gefragt wurde. Er brachte Sibylle täglich zur Redaktion und holte sie abends ab. Wenn sie noch nicht fertig war, was oft vorkam, setzte er sich dazu, schnupperte Atmosphäre, bot seine Dienste an, nur um dabeisein zu können.

Heute ist ihm klar, daß er sich unter dem Vorwand der Fürsorge zu sehr in Sibylles Leben gedrängt hatte und daß ihre Verliebtheit eine Befreiungstat war. Ihre Hinwendung zu dem anderen Mann bewirkte jedenfalls, daß Helmut auf sich selbst zurückgeworfen wurde. Er stürzte sich wie früher in die Musik und tat, was er lange nicht mehr getan hatte: Er meldete sich als Chorist bei der Oper und wurde auch gleich für die nächste Aufführung genommen. Zunächst lenkten ihn die Proben ab, allmählich machten sie ihm auch wieder Freude.

»Treue und Untreue«, sagt die Psychoanalytikerin Moeller-Gambaroff, »haben oft wenig mit Moral zu tun, aber viel mit unbewußten Ängsten.«

Es kann zum Beispiel sein, daß zwei Menschen, die sich lieben, den Wunsch nach totaler Ergänzung haben, nach einer sehr innigen, unauflöslichen Beziehung. Das ist ein hoher Anspruch, der Angst macht. Einer der Partner wehrt diese Angst durch Übertreue ab: Er klammert, verschlingt den anderen förmlich, läßt ihn nicht aus den Augen. Der andere reagiert darauf mit Untreue: Er flüchtet sich in sexuelle Eskapaden, weil er sich vergewissern muß, daß es ihn überhaupt noch gibt, daß er nicht »aufgefressen« wird.

»Untreue«, beobachtete Marina Moeller-Gambaroff, »ist manchmal der Versuch, eine allzu große Nähe wieder erträglich zu machen.«

Sibylles Verliebtheit dauerte drei Monate. Dann begann sie, an dem neuen Mann Züge zu entdecken, die ihr nicht gefielen. Zum Beispiel, daß er, der ebenfalls verheiratet war, seine Frau belog. Die hatte ihren Beruf aufgegeben und saß mit drei kleinen Kindern zu Hause. »Es gab kein dramatisches Ende«, sagt Sibylle, »es wurde einfach schwächer.« Als die Urlaubszeit kam, fuhr sie mit ihrem Mann nach Korsika. Beide erinnern sich, daß es »sehr schöne Ferien« wurden. Sibylle: »Ich schrieb dem andern noch eine Ansichtskarte, aber ich hatte keine Sehnsucht mehr nach ihm.«

Nicht jede Ehe kann durch Offenheit gerettet werden. Aber viele Beziehungen würden eine, vielleicht sogar mehrere solcher Episoden durchaus verkraften, wenn nicht Unehrlichkeit, Rücksichtslosigkeit und immer wieder gebrochene Versprechen die Vertrauensbasis zerstört hätten. Die klassische Ehebruchsgeschichte, wie sie in ihrem typischen Ablauf millionenfach passiert und zuletzt jede Ehe kaputtmacht, ob sie nun geschieden wird oder nicht, beginnt mit der Floskel: »Was unterstellst du mir da eigentlich? Mach dich doch nicht lächerlich.«

Karen Burgdorf, 35, und ihr Mann Jan, 36, Diplomvolkswirt, heirateten vor dreizehn Jahren. Sie haben zwei Kinder, einen Jungen und ein Mädchen, zwölf und acht. Als sich Karen vor einem Dreivierteljahr von ihrem Mann trennte – er nahm daraufhin einen Posten im Ausland an – war es, als ginge ein oft geprobtes Stück über die Bühne. Sein Text: »Ich liebe dich noch immer. Das kannst du mir doch nicht antun. Ich werde mich bessern.« Ihr Text: »Das höre ich jedesmal von dir. Darauf falle ich nicht mehr herein.« Und im Gegensatz zu früheren Aufführungen fiel diesmal der Vorhang endgültig.

»Ich hatte zur Zeit der Trennung eine gute Freundin«, erzählt Karen, »die sagte: Und wenn ich dich festbinde, du wirst ihm die Tür nicht wieder öffnen. Ich werde dir Mund und Ohren zustopfen. Ich werde dir hundert Packungen Kleenex-Tücher kaufen, damit du deine Tränen trocknen kannst. Aber du wirst ihm nicht noch einmal die Tür aufmachen. Nun nicht mehr.«

Im Vorstadium der Krise hatte Karen nichts als eine wachsende Unruhe ihres Mannes gespürt. Er arbeitete sehr viel, rief aus dem Büro an und sagte: »Es wird später, ich komm' so gegen zehn.« Meist wurde es dann zwölf, bis er wirklich kam. Karen machte die banale Erfahrung jeder Ehefrau, die durch ein Kind ans Haus gefesselt ist: Ihr karrierebewußter Mann war mindestens so gern im Büro oder unterwegs wie daheim.

In dieser Phase beschloß sie, wieder etwas für sich selbst zu tun. Sie hatte Musik studiert und wollte nun mit Psychologie beginnen, um Musiktherapeutin zu werden. Als sie ihren Plan mit Jan besprach, kam er mit einem Gegenvorschlag: »Laß uns doch ein zweites Kind kriegen.« Sie war sich zuerst nicht sicher, dann fand sie die Idee auch gut. Ihr Leben kreiste wieder um Mann und Kinder – ein zufriedenes Leben.

Aber die Stunden, die sie abends auf ihn wartete, wurden immer länger. Manchmal rief er überhaupt nicht an, kam morgens um vier, redete von Kneipe (»Wir haben uns festgetrunken«), roch aber weder nach Rauch noch nach Alkohol. Unvermeidlich kam die erste Nacht, in der er ganz wegblieb. Karen stand in der Küche und machte die Tochter gerade für die Schule fertig, als er die Tür aufsperrte.

In dieser Situation gelingt den meisten Leuten nur die Standard-Szene. Sie: »Pack deine Sachen und verschwinde, du brauchst überhaupt nicht mehr nach Hause zu kommen!« Er: »Du mußt mal in die Psychiatrie, du leidest ja unter Verfolgungswahn.«

Rückblickend gibt Karen zu, daß sie ihm zwar nicht glaubte, daß sie aber jede Chance wahrnahm, um ihren Verdacht wieder wegzustecken. Wenn er zum Beispiel nachweislich nicht im Büro war, wo sie ein paarmal angerufen hatte, klammerte sie sich an seine Geschichte von der »blöden Sekretärin«, die nicht mitgekriegt hatte, wie er zum Chef gerufen worden war. »Glaubst du ihr oder mir?« fragte er empört.

Karen war überzeugt: »Wenn ich es weiß, wenn ich mir nichts mehr vormachen kann, ist meine Ehe zu Ende.« Davor hatte sie Angst.

Sein Geständnis, zu dem er sich endlich doch durchrang, bedeutete jedoch nicht das Ende der Ehe, sondern den Beginn von drei zermürbenden Jahren, in denen sich der Grundkonflikt ständig wiederholte. Sie forderte: »Entweder ich oder alle anderen«, und er versprach zähneknirschend, was er nicht halten konnte und nicht halten wollte: »Gut, es kommt nicht wieder vor.« Betrug, Trennung, Versöhnung, neuer Betrug – das war der Kreis, der sich unter Tränen immer wieder schloß.

Einmal fuhr er vier Wochen lang – angeblich allein – in Urlaub, ohne ein Lebenszeichen von sich zu geben, kein Anruf, keine Postkarte. In dieser Zeit ging Karen auch fremd. Als sie es ihrem Mann – mit dem Gefühl, im Recht zu sein – bei seiner Rückkehr sagte, brach er zusammen. Schluchzend beschwor er sie, so etwas nie wieder zu tun. »Zum erstenmal spürte ich«, sagt Karen, »daß er auch Angst hatte, mich zu verlieren; aber den Verzicht auf seine kleinen Freiheiten schaffte er einfach nicht.«

Sie würde heute, resümiert Karen Burgdorf, einen Mann nie mehr nur wegen eines »sogenannten Seitensprungs« verlassen. Erstens wisse sie inzwischen genau, wie schnell so etwas passieren könne – »ein bißchen Alkohol und so« –, zweitens, was es bedeute, eine Geliebte zu sein: »Das ist keine wirkliche Konkurrenz. In ganz seltenen Fällen vielleicht mal. Eine langjährige gute Beziehung hat ja ein ganz anderes Gewicht. Was an der anderen Person so neu und attraktiv ist, nutzt sich sehr schnell ab. Das habe ich buchstäblich am eigenen Leibe erfahren.«

Könnte es demnach doch noch einen Neubeginn für sie und für ihren Mann geben? »Nein«, sagt sie, »er ist mir eben auch auf eine andere Weise untreu geworden. Er hat mich zum Beispiel, wenn er mit mir verabredet war, vergessen, einfach vergessen. Und er hat mir nie das Gefühl gegeben: Woher ich jetzt auch komme, aus welchem Bett auch immer, wenn ich zu dir komme, meine ich wirklich dich.«

Was sie ihm auch nicht verzeihen kann, ist seine Unaufrichtigkeit: daß er sie nicht einbezog, sondern so lange alleinließ mit ihren Vermutungen und Zweifeln, so daß sie schließlich an sich selbst irre wurde.

»Offenheit ist wichtig«, bestätigt die Therapeutin Marina Moeller-Gambaroff, »wenn sie nicht zum falschen Zeitpunkt kommt, und wenn sich nicht eine geradezu sadistische Racheabsicht dahinter verbirgt. Eine Frau, die sich trällernd zurechtmacht, zum erstenmal seit Tagen wieder hübsch aussieht und sich von ihrem betreten dreinsehenden Mann mit Kußhändchen verabschiedet – ›Tschüs, mein Lieber, ich geh jetzt zu Rolf‹ –, die ist natürlich auch offen, aber lieblos dazu.«

Diese Art von Offenheit, die nur verletzt, statt nach Lösungen zu suchen, kam zur Zeit der Studentenrevolte in Mode. Sie war die Übertreibung des Versuchs, eine zu strenge Erziehung und die als verlogen erkannte Moral der Eltern durch ein entgegengesetztes Leben zu sprengen. Aber die große Freiheit war oft nur ein Vorwand für großen Egoismus.

»Wir stellten viel zu hohe Ansprüche an uns«, erinnert sich ein ehemaliger Rebell, »theoretisch fanden wir Besitzansprüche idiotisch, praktisch ohrfeigten wir unsere Freundinnen, wenn sie das lebten, was wir predigten. Wir waren fundamental eifersüchtig und benahmen uns danach.«

Bei Wilhelm Reich, dem Sex-Guru der Apo-Zeit, las die Studentengeneration den Satz: »Die Grundschwierigkeit jeder sexuellen Dauerbeziehung ist der Konflikt aus der zeitweiligen oder endgültigen Abstumpfung des sinnlichen Verlangens einerseits und der mit der Dauer wachsenden zärtlichen Bindung an den Partner andererseits.« Darin erkannten Männer und Frauen ihre eigenen Erfahrungen wieder, und dieser Satz ist zweifellos wahr.

Wahr ist aber auch, daß eine erfüllte Sexualität in den meisten Fällen Vertrautheit voraussetzt. Was sie sexuell mögen, lernen zwei Leute miteinander. Dem fremden Bettpartner gibt man selten schon in der ersten Nacht die Gebrauchsanweisung durch.

Aus der Praxis der Sexualtherapeuten ist bekannt, daß Klienten, die zwanghaft fremdgehen, nur selten aus einem wirklich sexuellen Erlebnishunger heraus handeln. Marina Moeller-Gambaroff erinnert sich an eine Patientin, die ihren Mann ständig betrog, aber nur mit ihm, nie mit einem ihrer anderen Bettpartner zum Höhepunkt kam. Nach vielen Sitzungen stellte sich heraus, daß diese Frau ihren Vater idealisiert hatte und ständig auf der Suche nach einem Traummann war, der ihrem Vaterbild entsprach. Ihr eigener Mann, den sie auch im Alltag erlebte, hielt ihren übersteigerten Ansprüchen nicht stand. Hatte sie jedoch ihren Traummann – oder jemanden, den sie dafür hielt –, trat das Inzestverbot in Kraft: Sie durfte nicht, was sie tat. Ihr Unterbewußtsein strafte sie dafür, indem es ihr den Orgasmus verweigerte.

Im Lauf der Behandlung wurde der Patientin das Motiv klar, das hinter ihrer Sucht nach immer neuen Männern steckte. Sie lernte, die Welt mit realistischeren Augen zu sehen, und begriff, daß der Alltag keinen Märchenprinzen bereithält. Nur in der Phase der Verliebtheit wird aus dem Frosch ein Königssohn, denn die Verliebtheit kennt keinen Alltag.

Verliebte gehen nicht fremd. Liebende sind nachdenklich geworden und fragen sich, was es ihnen eigentlich bringt, wenn sie es tun. Nach der wichtigen und notwendigen Auflehnung gegen sexuelle Freiheitsberaubung, Doppelmoral und Spießertum ist die Treue wieder ein Thema.

Daß kurz nach der Jahrhundertwende schon einmal sehr heftig darüber diskutiert wurde, belegt ein »Brevier für Weltleute« aus dem Jahr 1911. »Das Unsinnige der modernen Lebensreformer«, notiert der Autor, sei, »daß sie der bloßen Sinnlichkeit und Genußsucht gestatten wollen, was nur der Leidenschaft gebührt. Wie entsetzlich gemein und monoton wäre es, wenn Hans und Grete offiziell zur Polygamie berechtigt wären und in der Volksschule lernen würden, wie man sich gegen ihre Folgen schützt.«

Heute hindert Hans und Grete niemand mehr daran, und die Pille gibt es auch. Aber sie leben in einer Gesellschaft, die auf den Abbau von Beziehungen hinzielt, auf den Abbau von Intimität, auf

Flüchtigkeit, auf Fremdheit, auf Trennung. In einer solchen Zeit ist nicht der Ehebruch rebellisch, sondern sein Gegenteil: »Wir-Arbeit zu verrichten«, wie Marina Moeller-Gambaroff es nennt; Liebe zu bewahren, wenn das »Glücksversprechen der Verliebtheit gebrochen ist«, wie Gunter Schmidt es formuliert.

Die Treue wird niemals mehr das sein, was sie einmal war: ein durch göttliche Gebote und irdische Strafgesetze der menschlichen Natur abgepreßter Verzicht. Ihr neuer Wert wächst ihr zu durch die Freiheit, mit der sich Menschen für sie entscheiden. Viele werden das nicht wollen, viele werden es nicht können. Aber es ist möglich.

DIE SEAT-FORSCHUNG: MOTIVE, ZIELE UND METHODIK

Jeder Leser fragt sich mit Recht nach dem Wozu und Warum der Veröffentlichung einer wissenschaftlichen Befragung zum Thema Sexualität. Bei zwanzig bis dreißig Artikeln, Serien und Reports pro Jahr in der bundesdeutschen Presse und auf dem Buchmarkt dürften die Beweggründe sehr verschieden sein. Das Gros der Zeitungen und Zeitschriften bedient den Leser mit prickelnden Sensationsberichten und nutzlosen Allerweltsratschlägen (»Was tun, wenn Ihr Mann impotent ist?«), für deren »Wissenschaftlichkeit« meist der Name eines Doktors, Psychologen oder gar Professors bürgt. Nicht selten wird in aller Eile ein Meinungsforschungsinstitut beauftragt, das möglichst schnell möglichst viele Daten über das sexuelle Verhalten der Bundesbürger liefern soll. Was dabei herauskommt, hat meist wenig zu tun mit dem wirklichen Sexualleben der Mehrheit, prägt aber dennoch das öffentliche Bewußtsein. Der normale Bürger gerät in einen Sog von Zahlen über Häufigkeiten, Dauer, verschiedene Praktiken, außereheliche Beziehungen, Sex im Büro und Sex im Urlaub, in dem er selbst untergeht – er findet sich darin nicht wieder.

Im Winter 1976 hatten wir – junge Wissenschaftler und Studenten der verschiedensten Fachbereiche – ein kleines Kommunikationszentrum in Hamburg eingerichtet. Wildfremde Menschen kamen mit ihren persönlichen Schwierigkeiten zu uns, viele aus dem Wunsch heraus, überhaupt mal mit jemandem über ihre Probleme zu sprechen, andere hatten bei ihrer Suche nach Hilfe bereits enttäuschende Erfahrungen gesammelt. Fast immer hörten wir von der Bereitschaft, zum Therapeuten gehen zu wollen, und von der Unmöglichkeit, einen zu finden. Ehemalige Patienten einer Sexualklinik klagten aber auch über die »Wissenschaftsmaschinerie«, zu der sie kein Vertrauen hatten fassen können.

Unser Fazit: Einerseits gab es ein Bedürfnis nach Hilfe, andererseits eine Flut von falschen und halbwahren Informationen; einerseits registrierten wir ein breites Spektrum vorhandener sexueller Schwierigkeiten, andererseits den Mangel an verständlich geschriebener, wirklicher Aufklärung. Viele Wissenschaftler veröffentlichen ihre Erkenntnisse nur in Fachzeitschriften, mit denen der

Laie nichts anfangen kann. Den Experten genügt es oft, wenn sie ihr Wissen untereinander auf Kongressen austauschen, während die Mehrheit der Bürger sozusagen im Regen stehenbleibt, angewiesen auf die nächste Gallup-Umfrage, der sie entnehmen können, wie oft es der weiße Amerikaner im Vergleich zum schwarzen US-Bürger »bringt«, oder der Italiener, Franzose, Spanier im Vergleich zum Deutschen. Hinzu kommt, daß auch der Bereich der Sexualwissenschaften – wie jeder andere Hochschulbereich – nicht frei ist von Rivalitäten. Auch kann von einer einheitlichen Zielsetzung nicht die Rede sein.

Uns scheint, daß einige der etablierten Sexualwissenschaftler zu sehr in ihre Spezialgebiete vertieft sind. Der Blick für die allgemeine, weitverbreitete Not geht dabei oft verloren. Vielleicht prangern sie auch den in manchen Presseorganen kultivierten Häufigkeits- und Vergleichszirkus nicht entschieden genug an. Ich will an dieser Stelle nur ein Beispiel nennen, wie wir – die Forschungsgruppe SEAT – vorgegangen sind: Eine der Fragen an die Frauen beschäftigte sich mit der Häufigkeit des Mundverkehrs (Fellatio). Das Ergebnis besagte, daß mehr als 50 Prozent der Frauen Fellatio praktizieren. Diese Zahl deckt sich mit den Ergebnissen aus anderen Untersuchungen. Manche Erhebungen sprechen sogar von 70 Prozent Frauen, die diese Technik ausüben. Aus solch einer Zahl wird dann von den Massenmedien oder von dem einzelnen Leser dieser Medien als Konsequenz abgeleitet, die Praktik sei jetzt »normal«, werde von »den Frauen« mit Freude praktiziert, und die Frauen, die sich ablehnend verhalten, sollten sich an der Mehrheit ein Beispiel nehmen. In Wirklichkeit sieht die Situation völlig anders aus, wenn differenziert gefragt wird. Die SEAT-Frage zielte nicht auf die Häufigkeit ab, sondern erkundigte sich in einem Fragenkomplex nach der Empfindung beim Mundverkehr (angenehm/ unangenehm), nach eventuellen Bedürfniskonflikten, nach der Bereitschaft, mit dem Partner darüber zu sprechen, usw. So gab es in der Endauswertung nur noch knapp 20 Prozent Frauen, die Fellatio mit Freude machen. Hieraus lassen sich auch viele Forderungen und Hypothesen ableiten, aber bestimmt nicht die bereits erwähnten.

1977 gründeten wir die Forschungsgruppe SEAT (die Buchstaben stehen für Sexual Education and Therapy = Sexualerziehung und Therapie), die sich das Ziel setzte, die Bürger über den gesamten Themenbereich sexueller Schwierigkeiten aufzuklären und zu informieren.

Sexualität und die Unterdrückung von Sexualität sind immer Teil eines politischen Systems. Als Beispiele seien nur die vor zweitausend Jahren bestehende jüdische Kultur genannt und die viktorianische Epoche, die um die Jahrhundertwende zu Ende ging. Die jeweils herrschenden Sittengesetze waren notwendig, um die Gesellschaftsordnung und die sie stützenden Strukturen aufrechtzuerhalten. Ähnliches gilt für unsere Demokratie. Die verbrieften Sittengesetze (Sexualstrafrecht) und die unverbrieften (Moral, Normen) haben ihre Berechtigung vom Stand der naturwissenschaftlichen Erkenntnis her fast alle verloren, für Interessenmechanismen in unserer Gesellschaft aber sind sie noch notwendig.

Der Erfolg unserer Wirtschaft wird am Wachstum gemessen. Sinkt die jährliche Wachstumsrate, so sprechen wir von einer Krise der Leistungsgesellschaft. Die Leistung muß erbracht werden, wobei Quantität oft auf Kosten von Qualität den Vorrang hat. So kommt es zur massenhaften Herstellung von Autos, Möbeln und anderen Gebrauchsgütern, die nach fünf oder zehn Jahren Schrott sind. Die durchaus herstellbare Qualität kommt zu kurz.

Dieser wirtschaftliche Prozeß spiegelt sich in der Sexualität wider. Der Erfolg wird an der Häufigkeit des Geschlechtsverkehrs, an der Größe des Penis, an der Vielzahl wechselnder Beziehungen und Techniken abgelesen – die Qualität kommt auch hier zu kurz. Der Leistungsgedanke aus dem Arbeitsleben wird auf die Sexualität übertragen. Zu dem Leistungsgedanken kommen Versagensängste, deren Ursache oft auch in einer unbefriedigenden Arbeitssituation zu finden ist.

Es gibt in der Bundesrepublik nur wenige Sexualwissenschaftler, die hier kritisch und aufklärerisch eingreifen, die bereit sind, die Ursachen sexueller Störungen bis zu ihren Wurzeln zurückzuverfolgen und das System in Frage zu stellen, das den Nährboden dafür abgibt. Das wäre politische Arbeit, die sich nicht scheute, eingefahrene und mächtige Strukturen anzugreifen. Aber die Sexualwissenschaft ist weitgehend von der öffentlichen Hand abhängig sowie von der in der Regel konservativen Ärzteschaft.

Aus dieser Situation heraus begannen wir 1976 mit den Vorstudien zu unserer Untersuchung. Zwei Interessen standen im Vordergrund:

- Unser wissenschaftliches Interesse: Eine auf die Gesamtbevölkerung übertragbare Untersuchung über sexuelle Schwierigkeiten lag nicht vor. Entweder wurden Untersuchungen aus den USA herangezogen, deren Ergebnisse aber nicht einfach auf die Bundesrepublik übertragen werden können. Oder aber es handelte sich um unzulängliche, schlampig recherchierte Daten, die für nicht-wissenschaftliche Projekte erstellt worden waren.

Unser aufklärerisches Interesse: Menschen mit sexuellen Schwierigkeiten werden noch erstaunlich oft als »krank« empfunden (in der Tat sind die sexualwissenschaftlichen Abteilungen zumeist der Psychiatrie angeschlossen, die sich ja mit Kranken befaßt). An Stammtischen, in Gesprächen, in Witzen oder auch im Bewußtsein des Einzelnen heißt es: »Die haben ja was im Hirn«, »das sind Hirnirre«. Diese Auffassung stammt aus dem vorigen Jahrhundert, und sie ist leider über die Großeltern und Eltern weitergegeben worden auch an die heutige Generation als »wissenschaftliche Erkenntnis«. Überhaupt sind Eltern in der Regel als Aufklärungspersonen sehr ungeeignet, weil sie die eigene, meist auch kaputte Sexualität und Entwicklung subjektiv als gut und richtig empfinden und entsprechend darstellen. Die vorhandenen Schwierigkeiten werden verdrängt, eigene Bedürfnisse und die Bedürfnisse des Partners nicht wahrgenommen und deshalb so gut wie nie thematisiert.

Nach rund 300 ausführlichen Explorationen und Interviews stellten wir 1977 einen vorläufigen Fragenkatalog zusammen, aus dem sich der spätere Fragebogen entwickeln sollte. Für das Verständnis des Projekts ist es sicherlich wichtig, unsere Vorstellung von Sexualität und von sexuellen Schwierigkeiten zu kennen.

Ein Augenaufschlag, ein Blick, eine Berührung, ein bestimmter Geruch – all dies kann Ausdruck von Sexualität sein. Insofern fassen wir den Begriff Sexualität sehr weit. Für unsere wissenschaftliche Arbeit gingen wir jedoch davon aus, daß Sexualität immer mit der Möglichkeit sexueller Erregung verbunden sein muß. Ein Mann, dem die Prostata entfernt wurde, hat keine Möglichkeit mehr, erregt zu werden, da der für die Erregung notwendige Reflexbogen nicht mehr funktionieren kann. Greift nun beispielsweise ein solcher Mann einer Frau unter den Rock, eine Handlung, die sonst als sexuelle interpretiert wird, mag ihm dies zwar eine bestimmte psychische Befriedigung geben, da aber keine Möglichkeit der Erregung mehr vorhanden ist und damit auch die der Entspannung wegfällt, würden wir hier nicht von Sexualität sprechen. Anders beim Mann mit psychisch bedingter Impotenz. Durch irgendein seelisches Hemmnis (Streß, Ärger, Angst) ist er zur Zeit nicht in der Lage, erregt zu werden. Wenn das die Erregung verhindernde Angstpotential wegfällt, kann er jedoch – rein theoretisch – jederzeit wieder erregt werden. Um falschen Interpretationen vorzubeugen: Wir sind auch der Meinung, daß sich ein Großteil der Sexualität »im Kopf abspielt«. Daraus aber zu schließen, sie könne sich ganz im Kopf abspielen, in Phantasien und Träumen, ist unserer Meinung nach falsch.

Unter sexuellen Schwierigkeiten verstehen wir nicht nur die klassischen, auf das Geschlecht bezogenen genitalen Störungen, sondern jeglichen Bedürfniskonflikt zwischen den Partnern bezüglich Zärtlichkeiten, Kommunikation, Praktiken, dem Wunsch nach Sauberkeit, der Ablehnung intimer Gerüche. Die Unzufriedenheit kann sowohl vom Mann ausgehen als auch von der Frau, oder von beiden. Ein Beispiel, um ganz klar zu machen, was wir meinen: Man stelle sich zwei Paare vor; bei dem einen Paar wird ein gewisses Maß an Zärtlichkeiten ausgetauscht und als Praktik nur der Geschlechtsverkehr in der »Missionarsstellung« (Frau unten, Mann oben) ausgeübt. Empfinden beide dies als angenehm und liegt weder bei ihm noch bei ihr der Wunsch vor, etwas Neues auszuprobieren oder andere Stellungen einzunehmen, so würden wir durchaus von einer befriedigenden Sexualität sprechen. Das andere Paar betreibt zwar fast jede Praktik, die Frau hat aber den Wunsch nach mehr Zärtlichkeiten und nach mehr Kommunikation. In dieser Beziehung sind, trotz des Variantenreichtums, nach unserer Definition sexuelle Schwierigkeiten vorhanden.

Nach Auswertung der Interviews wurde ein schon graphisch aufbereiteter Fragebogen nochmals rund hundert willkürlich ausgewählten Personen vorgelegt. Wir sprachen Männer und Frauen im Alter von 17 bis 66 Jahren (Durchschnittsalter 28 Jahre) in den Hamburger Öffentlichen Bürgerhallen, in der Markthalle, auf dem Jungfernstieg, am Mönckebergbrunnen, an der Alster und im Stadtpark an und fragten sie, ob sie Zeit hätten, bei einem Projekt mitzuhelfen. Eventuell wurden sie zum Kaffee eingeladen; sie bekamen den Probefragebogen in die Hand, die Ziele des Forschungsprojekts wurden erläutert. Der Interviewer nannte jede

Frage, erkundigte sich nach der Verständlichkeit und auch nach der persönlichen Meinung des Befragten über die Notwendigkeit der betreffenden Frage. In einigen Arbeitergegenden und in Vororten gingen die Interviewer von Tür zu Tür. Freunde und Bekannte wurden in den Test ebenfalls miteinbezogen. Es kam uns dabei auf die Klärung folgender Punkte an:

- Ist die Frage verständlich formuliert?
- Sind Fremdwörter enthalten, die übersetzt werden müssen?
- Wird die Frage als zu »anstößig« empfunden?
- Sind die Antwortmöglichkeiten ausreichend?
- Sind suggestive Elemente in der Frage enthalten?
- Welche Frage fehlt?
- Welche Frage ist überflüssig?
- Welche Reihenfolge der Fragen ist am besten?
- Ist das Anschreiben auf der ersten Seite des Fragebogens verständlich und ansprechend?

Bei der Überprüfung des Fragebogens durch diese Einzelbefragungen haben wir sehr viel gelernt. Zum Beispiel kann man nicht einfach nach *dem* Geschlechtsverkehr fragen. Nach unserer Voruntersuchung verstehen Männer jede Penetration als Geschlechtsverkehr, Frauen jedoch nicht *jedes* Eindringen des männlichen Gliedes, sondern eher »das geschlechtliche Beisammensein bis zur eigenen Befriedigung« oder »bis zum Einschlafen des Partners«. Eine Frage nach Oral- oder Analverkehr wird sehr oft falsch verstanden. Eine Frau versteht beispielsweise das Küssen eines männlichen Gliedes als Oralverkehr, ihr Mann hingegen erst das Einführen in den Mund und das Saugen daran; wieder ein anderer Mann bezeichnet es nur als Oralverkehr, wenn er dabei zum Orgasmus kommt. Analverkehr wird von Befragten mit geringerem Bildungsniveau oft als »Geschlechtsverkehr von hinten« verstanden. Personen mit Abitur wiederum unterscheiden zwischen dem Einführen des Penis in den After (Pedikation) und dem Einführen des Penis bis zum Samenerguß in den After (Analkoitus). Penis hat sich als Bezeichnung für das männliche Geschlechtsteil eingebürgert, bei Vagina und Vulva wird es schon schwieriger: »Schamhaar«, »lateinischer Ausdruck für Kitzler«, »irgendeine Entzündung da unten« kommen als Erklärungen vor.

Einige Fragenkomplexe haben wir aus dem späteren Fragebogen völlig herausgenommen. Entweder, weil die betreffende Praktik zu selten vorkam (Schenkelverkehr, Brustverkehr), oder weil sie für unsere Thematik auch nicht so interessant war; oder aber weil die Fragen als dermaßen »hart«, »obszön« und »eklig« empfunden wurden, daß die Beantwortung verweigert wurde und somit die Beantwortung des gesamten Fragebogens gefährdet gewesen wäre. Zum Beispiel alle Fragen, die mit der Menstruation zusammenhingen (Geschlechtsverkehr während der Menstruation); auch die Selbstbefriedigung in Gegenwart des Partner erwies sich als tabu. Es blieben 120 Fragen für Männer und 127 Fragen für Frauen – bei den Männern wurden fünf sexuelle Störungen abgefragt, bei den Frauen acht (teilweise sogar mehrfach), die Frage nach dem Vortäuschen des Höhepunkts fiel bei den Männern weg.

Im Dezember 1978 wurde der überarbeitete Fragebogen unter Mitwirkung eines Marktforschungsinstituts an einen repräsentativen Querschnitt der Bevölkerung der Bundesrepublik und West-Berlins versandt. Die Vorstudien hatten eine große Resonanz, und bei uns, den Mitgliedern der Forschungsgruppe SEAT, Überraschung und Betroffenheit ausgelöst. Die Vorstudien hatten wir selbst finanziert, waren aber bei einer bundesweiten Ausdehnung auf einen Geldgeber angewiesen. Nach über 200 ausführlichen Bewerbungen bei Stiftungen und Forschungsgemeinschaften öffentlicher und privater Hand, die »Sexualforschung nicht fördern«, weil leider »kein Budget mehr vorhanden ist«, wandten wir uns an den Verlag Gruner + Jahr. Durch das persönliche und journalistische Engagement des damaligen Ressortleiters für Deutschland-Reportagen, Peter Neuhauser, bekamen wir die Materialkosten finanziert.

So konnten im Dezember 1978 insgesamt 5000 Fragebogen an eine nach strengsten wissenschaftlichen Forderungen bezüglich ihrer Repräsentativität ausgesuchte Gruppe in der Bundesrepublik verschickt werden.

Ende Februar 1979 hatten wir eine Gesamtrücklaufquote von über 55 Prozent; das ist für eine derartige Befragung ein enormer Erfolg. Viele Bögen wurden zwar mit Schimpfworten versehen, unvollständig oder absichtlich falsch ausgefüllt, so daß nur noch 29 Prozent für uns auswertbar waren, aber verschiedene angewendete statistische Verfahren und Kontrollen haben uns gezeigt, daß dies keinen Einfluß auf die Repräsentativität der Daten gehabt hat.

Unabhängig davon läßt die sehr hohe Beteiligung darauf

schließen, daß wir mit der Befragung in ein »nicht abgedecktes Bedürfnis« gestoßen sind.

Trotz der Härte (= starke Intimität) des Fragebogens, und dem direkten Hinweis auf den Problemkreis der sexuellen Schwierigkeiten, mit dem die wenigsten Leute zu tun haben wollen, erzielten wir mit Abstand die höchste Rücklaufquote und Resonanz für eine schriftliche Sexualbefragung dieser Art. Folgende Gründe gaben unserer Meinung nach dafür den Ausschlag:

- Das hohe Bedürfnis der Befragten, über sich etwas auszusagen; Antworten zu geben auf ein Thema, das sie persönlich angeht und berührt.
- Die Verständlichkeit des Anschreibens und des Fragebogens.
- Die Verständlichkeit unserer Zielvorstellungen, die wir den Befragten mitteilten.
- Der optisch und grafisch ansprechende Fragebogen plus Anschreiben.
- Die Möglichkeit der Befragten, uns telefonisch zu erreichen, um eventuelle Unklarheiten zu klären, und um uns ihre persönliche Meinung mitteilen zu können. Immerhin haben wir in dieser Zeit mehr als 500 Anrufe erhalten.
  Bei den Anrufen gaben viele an, daß »sie zum Nachdenken über das eigene Intimleben angeregt wurden und gemerkt haben, daß in ihrer Beziehung nicht alles vollkommen ist«. Oft wurde der Fragebogen zum Anlaß, sich mit dem Partner auszusprechen und sich um eine Verbesserung des Sexuallebens zu bemühen.
  Die große Beteiligung läßt darauf schließen, daß es vielen Menschen tatsächlich ein Bedürfnis ist, über das Thema »sexuelle Schwierigkeiten« zu sprechen, nachzudenken und Hilfsmöglichkeiten an die Hand zu bekommen. Mit der SEAT-Untersuchung verbinden wir insofern auch soziales und politisches Engagement, als wir in puncto Hilfestellung und Beratung verändernd wirken möchten.

K. Pacharzina und E. Schorsch haben in zwei voneinander unabhängigen Untersuchungen die große Ausbildungs- und Versorgungsmisere der Sexualmedizin beziehungsweise der therapeutischen Hilfsmöglichkeiten dokumentiert. Obwohl beide Untersuchungen, zumindest teilweise, veröffentlicht worden sind, haben sie kaum eine Veränderung bewirkt. Wir waren der Meinung, daß wir mit unserem repräsentativen Zahlenmaterial über das Vorkommen sexueller Schwierigkeiten und über die Bereitschaft der Bürger, eine beratende oder therapeutische Stelle aufzusuchen, eine positive Veränderung erreichen könnten. So kann aus unserer Untersuchung eine begründete Forderung nach verbesserter Ausbildung und vermehrter Einrichtung sexualtherapeutischer Hilfsmöglichkeiten abgeleitet werden. Eine Veränderung der Situation wird in den nächsten Jahren aber sicherlich kaum eintreten.

Das SEAT-Projekt ist die erste Repräsentativuntersuchung über sexuelle Schwierigkeiten; es gibt bisher keine vergleichbare Untersuchung in der Bundesrepublik. Auch läßt sich die SEAT-Erhebung schlecht mit anderen Sexualuntersuchungen vergleichen. Dies liegt zum einen an der inhaltlichen Zielsetzung, zum anderen an der Methode bisheriger Sexualuntersuchungen. So können wir beispielsweise kaum eines unserer Items[1] mit denen von Alfred Kinsey vergleichen. Er fragt nicht nach sexuellen Schwierigkeiten, und seine Methode der Datengewinnung, beziehungsweise die Verallgemeinerung seiner Ergebnisse ist inzwischen sehr umstritten. Interessierte seien hierzu auf die Methodenkritik von Dembikki und Feyerabend[2] hingewiesen.

Teilweise ist ein Vergleich mit der Untersuchung des DDR-Mediziners Schnabl möglich, der in den Jahren 1966 bis 1968 mehr als 4000 Männer und Frauen um Mitarbeit gebeten hat, von denen fast 2000 Berichte über ihr Intimleben lieferten. Ferner wurden 1500 Explorationen über Männer und Frauen mit funktionellen Störungen für die Auswertung verwendet. Ziel der Schnabl-Studie war es, allgemeine, über den Einzelfall hinausgehende Bedingungen und Zusammenhänge des sexuellen Verhaltens und seiner Störungen aufzudecken und damit der Vorsorge und Therapie zu dienen.

Die Ergebnisse der SEAT-Forschung sollen dem Betroffenen zeigen, daß er mit seinen Problemstrukturen keinen »Außenseiterstatus« hat; im Gegenteil: Man könnte bei sexuellen Schwierigkeiten fast schon von »normal« reden.

[1] Item oder Aufgabe, aus dem englischen übernommene Bezeichnung für Einzelaufgaben (bzw. Fragen) im Rahmen von Experimenten oder von Testverfahren.

[2] Dr. L. Dembicki, Dr. W. Feyerabend: Die Sexualität der Frau, Eine Auseinandersetzung mit Dr. Kinsey, Verlag für Sexualliteratur, Schmiden, 1954

Daß ein dermaßen verändertes Problembewußtsein langfristig gesehen zu einem positiveren, konfliktfreieren Verhältnis zur Sexualität führt, ist zu diesem Zeitpunkt nur zu hoffen.

Auf die Ergebnisse kurz einzugehen, fällt schwer, da eine Fülle von interessanten Fakten vorhanden ist. Dennoch lassen sie sich in drei Schwerpunkte gliedern:

- In fast zwei Dritteln aller Partnerschaften / Beziehungen sind starke Versagensängste und Bedürfniskonflikte vorhanden, die zu manifesten Störungen führen: Zusammenbrechen der Kommunikation, Impotenz, Erektions-, und Ejakulationsschwierigkeiten, Orgasmusschwierigkeiten. Letztere verursachen insbesondere bei Frauen mitunter völliges Desinteresse an der Sexualität.
- Den Faktoren Zärtlichkeit und Kommunikation (über seine Wünsche sprechen) wird von beiden Geschlechtern wesentlich mehr Wert zugesprochen als der genitalen Stimulation oder dem Orgasmus. Unzufriedenheit drückt sich sofort aus, wenn einer dieser Faktoren fehlt, nicht unbedingt aber in Ejakulations- und Orgasmusschwierigkeiten. Ein ausbleibender Orgasmus oder beispielsweise ein verfrühter Samenerguß werden vor allem dann als Konflikt angesehen, wenn die öffentliche Normierung (»du mußt!«) besonders stark durchdrückt; Zufriedenheit im Gefühlsbereich, in Bezug auf Zärtlichkeiten und auf das Miteinanderreden werden als wichtiger betrachtet.
- Die Ergebnisse ausländischer Untersuchungen lassen sich (unabhängig von der Repräsentanz in ihren Ländern) nicht auf die Bundesrepublik übertragen. Auch sollte man bei den in der Bundesrepublik von verschiedenster Seite unternommenen Sexualuntersuchungen sehr vorsichtig sein, was ihren Aussagewert für einen größeren Bevölkerungsdurchschnitt betrifft. Denn, wie schon erwähnt, es kommt nicht auf die Fragen nach Häufigkeit an, sondern auf die Fragen nach der Empfindung dabei.

Wir hoffen, durch unsere Arbeit an dem positiven Verständnis von Sexualität mitgearbeitet zu haben. Seit etwa einem Jahr beschäftigen wir uns mit einem Projekt über die Möglichkeiten einer nichtmedikamentösen Therapie von Menstruationsbeschwerden. Um rein formal besser arbeiten zu können, gründeten wir im Jahr 1980 das Institut für interdisziplinäre Sexualforschung (IFIS), in dem wir als gemeinnützig anerkannt arbeiten.

Wir sind gern bereit, weitere Fragen zum alten oder neuen Projekt schriftlich oder persönlich zu beantworten.

Marcus Wawerzonnek

D-2000 Hamburg 13
Isestraße 121
Telefon 040/ 48 82 11

ERGEBNISSE MÄNNER

1) In welchem Bundesland wohnen Sie?

absolut	relativ (%)	
23	3,9	Schleswig-Holstein
11	1,8	Hamburg
99	16,6	Niedersachsen
7	1,2	Bremen
157	26,4	Nordrhein-Westfalen
53	8,9	Hessen
36	6,1	Rheinland-Pfalz/Saarland
70	11,8	Baden-Württemberg
122	20,5	Bayern
17	2,9	West-Berlin
595	100%	

2) Welche Größe hat Ihr Wohnort?

absolut	relativ (%)	
118	19,8	bis 5000
111	18,7	5000 – 20000
93	15,6	20000 – 50000
82	13,8	50000 – 100000
99	16,6	100000 – 500000
92	15,5	über 500000

3) Welche Schulbildung haben Sie?

absolut	relativ (%)	
3	0,5	Sonderschule mit Abschluß
1	0,2	Sonderschule ohne Abschluß
332	55,8	Volksschule mit Abschluß
16	2,7	Volksschule ohne Abschluß
71	11,9	Realschule mit Abschluß
8	1,3	Realschule ohne Abschluß
35	5,9	Gymnasium mit Abschluß
16	2,7	Gymnasium ohne Abschluß
72	12,1	Hochschule mit Abschluß
41	6,9	Hochschule ohne Abschluß

1) Alter

absolut	relativ (%)	
186	31,3	18 bis 29 Jahre
160	26,9	30 bis 39 Jahre
133	22,4	40 bis 49 Jahre
116	19,5	50 bis 60 Jahre

2) Staatsangehörigkeit

Ausländer wurden aussortiert (5 Fälle)

3) Erlernter Beruf (entfällt)

4) Ausgeübter Beruf

absolut	relativ (%)	
12	2,0	arbeitslos/ohne Beruf
16	2,7	freier Beruf (Arzt, Anwalt usw.)
26	4,4	leit. Angestellter, höh. Beamter
138	23,2	kaufmännischer Beruf
20	3,4	selbständiger Gewerbebetrieb Landwirt
131	22,0	Facharbeiter
148	24,9	Arbeiter
82	13,8	Auszubild., Umschüler, Studenten
22	3,7	Rentner, Frührentner

5) und 6) entfallen

7) Ungefähres Nettoeinkommen pro Monat?

absolut	relativ (%)	
6	1,0	nichts, keine Angabe
46	7,7	bis 500,–
33	5,5	501,– bis 1000,–
142	23,9	1001,– bis 1500,–
162	27,2	1501,– bis 2000,–
84	14,1	2001,– bis 2500,–
50	8,4	2501,– bis 3000,–
29	4,9	3001,– bis 3500,–
29	4,9	3501,– bis 5000,–
14	2,4	über 5000,–

8) Familienstand

absolut	relativ (%)	
3	0,5	verwitwet
4	0,7	verlobt
417	70,1	verheiratet und zusammenlebend
76	12,8	ledig und getrennt lebend
11	1,8	geschieden
29	4,8	ledig und zusammenlebend
55	9,2	verheiratet und getrennt lebend

9) Religion?

absolut	relativ (%)	
284	47,7	evangelisch
223	37,5	katholisch
10	1,7	andere Religion
78	13,1	ohne Konfession (keine Angabe)

10) Trinken Sie Alkohol? (Bier, Wein, Sekt, Cognac, Likör, Schnaps usw.)

absolut	relativ (%)	
150	25,2	täglich
248	41,7	2- bis 3mal pro Woche
91	15,3	2- bis 3mal pro Monat
91	15,3	seltener
15	2,5	nie

11) Nehmen Sie Tabletten gegen Schlaflosigkeit, Schmerzen, Depressionen, Angst usw.?

absolut	relativ (%)	
39	6,6	täglich
18	3,0	2-3mal pro Woche
21	3,5	2-3mal pro Monat
114	19,2	seltener
402	67,6	nie
1	0,2	keine Angabe

12) Nehmen Sie Drogen?

absolut	relativ (%)	
2	0,3	täglich
2	0,3	2-3mal pro Woche
1	0,2	2-3mal pro Monat
16	2,7	seltener
573	96,3	nie
1	0,2	keine Angabe

13) Besteht eine feste Partnerschaft?

absolut	relativ (%)	
541	90,9	Zur Zeit besteht eine feste Partnerschaft
45	7,6	Zur Zeit besteht keine feste Partnerschaft
9	1,5	überhaupt noch keine sexuelle Beziehung bisher

14) Dauer Ihrer jetzigen Partnerschaft?

absolut	relativ (%)	
68	11,4	weniger als 6 Monate
35	5,9	weniger als 2 Jahre
48	8,1	weniger als 4 Jahre
48	8,1	weniger als 6 Jahre
27	4,5	weniger als 8 Jahre
83	13,9	weniger als 12 Jahre
129	21,7	weniger als 20 Jahre
124	20,8	länger als 20 Jahre
33	5,2	keine Angabe, noch keine Beziehung

15) Ist die Beziehung mit Ihrer jetzigen Partnerin Ihre erste sexuelle Beziehung?

absolut	relativ (%)	
168	28,2	ja
421	70,8	nein
6	1,0	keine Angabe

16) Wieviel sexuelle Beziehungen hatten Sie vor Ihrer jetzigen Partnerin?

absolut	relativ (%)	
177	29,8	keine bzw. keine Angabe
44	7,4	eine
47	7,9	2
127	21,3	3 bis 5
87	14,6	6 bis 10
68	11,4	10 bis 20
45	7,6	mehr als 20 Beziehungen

17) Sind diese früheren Beziehungen für Sie in sexueller Hinsicht befriedigend gewesen?

absolut	relativ (%)	
61	10,3	jedesmal
176	29,6	meistens
145	24,4	teils/teils
23	3,9	selten
16	2,7	nie
174	29,2	keine Angabe

18) Waren diese früheren Beziehungen für Ihre Partnerin(nen) in sexueller Hinsicht befriedigend?

absolut	relativ (%)	
33	5,5	jedesmal
150	25,2	meistens
141	23,7	teils/teils
9	1,5	selten
9	1,5	überhaupt nicht
80	13,4	weiß nicht
173	29,1	keine Angabe, keine frühere Beziehung

19) **Haben Sie außerhalb Ihrer Partnerschaft sexuelle Beziehungen?**

absolut	relativ (%)	
88	14,8	ja
493	82,9	nein
14	2,4	keine Angabe

20) **Hatten Sie außerhalb Ihrer Partnerschaft sexuelle Beziehungen?**

absolut	relativ (%)	
196	32,9	ja
386	64,9	nein
13	2,2	keine Angabe

21) **Befriedigt Sie Ihre jetzige Beziehung sexuell?**

absolut	relativ (%)	
209	35,1	sehr
264	44,4	größtenteils
74	12,4	teils/teils
23	3,9	kaum
9	1,5	überhaupt nicht
16	2,7	keine Angabe

22) **Wie oft sehen Sie Ihre jetzige Partnerin?**

absolut	relativ (%)	
450	75,6	täglich
72	12,1	2 bis 4mal pro Woche
40	6,7	am Wochenende
6	1,0	14tägig
8	1,3	monatlich
19	3,2	keine Angabe

23) **Wie alt ist Ihre Partnerin?**

absolut	relativ (%)	
242	40,7	18 bis 29 Jahre
157	26,4	30 bis 39 Jahre
118	19,8	40 bis 49 Jahre
78	13,1	50 Jahre und älter

24) Ist Sexualität wichtig in Ihrem Leben?

absolut	relativ (%)	
450	75,6	ja
126	21,1	teils/teils
13	2,2	nein
6	1,0	keine Angabe

25) Ist Sexualität etwas Schlechtes oder Sündiges für Sie?

absolut	relativ (%)	
3	0,5	ja
10	1,7	teils/teils
580	97,2	nein
2	0,3	keine Angabe

26) Haben Sie schon einen Orgasmus bekommen?

absolut	relativ (%)	
581	97,6	ja
2	0,3	nein
10	1,7	weiß nicht
2	0,3	keine Angabe

27) Befriedigen Sie sich selbst?

absolut	relativ (%)	
15	2,5	täglich
70	11,8	2- bis 3mal pro Woche
69	11,6	2- bis 3mal pro Monat
222	37,3	seltener
219	36,8	nie

28) Haben Sie Angst vor dem Geschlechtsverkehr?

absolut	relativ (%)	
7	1,2	ja
50	8,4	manchmal
(46	7,7	mit Angabe des Grundes)
537	90,3	nein
1	0,2	keine Angabe

29) Haben Sie Freude, Spaß, Vergnügen am Geschlechtsverkehr?

absolut	relativ (%)	
555	93,3	ja
28	4,7	manchmal
2	0,3	nein
10	1,7	keine Angabe

30) Wie oft haben Sie durchschnittlich Geschlechtsverkehr?

absolut	relativ (%)	
22	3,7	gar nicht oder 1mal pro Jahr
6	1,0	bis 10mal pro Jahr
60	10,1	bis 3mal pro Monat
14	2,4	bis 9mal pro Monat
269	45,2	bis 2mal pro Woche
126	21,2	3mal pro Woche
64	10,8	4mal pro Woche
36	6,1	5mal pro Woche
13	2,2	bis 9mal pro Woche
1	0,2	mehr als 9mal pro Woche

31) Glauben Sie, daß von der Größe des Penis der Orgasmus der Frau in irgendeiner Weise abhängt?

absolut	relativ (%)	
124	20,8	ja
467	78,5	nein
4	0,7	keine Angabe

32) Finden Sie, daß Ihr eigener Penis ...

absolut	relativ (%)	
6	1,0	sehr groß ist
62	10,4	groß ist
485	81,5	normal ist
40	6,7	eher zu klein ist
1	0,2	zu klein ist
1	0,2	keine Angabe

33) Wie oft haben Sie durchschnittlich einen Orgasmus?

absolut	relativ (%)	
12	2,0	gar nicht oder 1mal pro Jahr
1	0,2	bis 10mal pro Jahr
52	8,7	bis 3mal pro Monat
18	3,0	bis 9mal pro Monat
242	40,7	bis 2mal pro Woche
139	23,4	3mal pro Woche
64	10,8	4mal pro Woche
36	6,1	5mal pro Woche
31	5,2	bis 9mal pro Woche

34) Ergeben sich für Sie beim Geschlechtsverkehr Konflikte?

absolut	relativ (%)	
16	2,7	ja
131	22,0	manchmal
439	73,8	nein
9	1,5	keine Angabe

35) Sind Sie sexuell auch befriedigt, ohne einen Orgasmus zu bekommen?

absolut	relativ (%)	
33	5,5	immer
51	8,6	oft
118	19,8	manchmal
149	25,0	selten
231	38,8	nie
13	2,2	keine Angabe

36) Befriedigen Sie sich während oder nach dem Geschlechtsverkehr selbst, wenn Sie durch den Geschlechtsverkehr mit Ihrer Partnerin keinen Orgasmus bekamen?

absolut	relativ (%)	
2	0,3	immer
12	2,0	oft
33	5,5	manchmal
67	11,3	selten
466	78,3	nie
15	2,5	keine Angabe

37) Wenn irgendein sexuelles Bedürfnis bei Ihnen nicht erfüllt wird, besprechen Sie, was Sie gerne haben und hätten, mit Ihrer Partnerin?

absolut	relativ (%)	
308	51,8	ja
208	35,0	manchmal
69	11,6	nein
10	1,7	keine Angabe

38) Sagt Ihre Partnerin Ihnen, was sie selbst sexuell gerne mag?

absolut	relativ (%)	
266	44,7	ja
208	35,0	manchmal
110	18,5	nein
11	1,8	keine Angabe

39) Sind Sie in Ihrer Kindheit oder Jugend von einem Mann »sexuell verführt« worden?

absolut	relativ (%)	
49	8,2	ja
541	90,9	nein
5	0,8	keine Angabe

40) Sind Sie in Ihrer Kindheit oder Jugend von einer Frau »sexuell verführt« worden?

absolut	relativ (%)	
81	13,6	ja
541	85,7	nein
4	0,7	keine Angabe

41) Können Sie von Männern sexuell genauso angezogen werden wie von Frauen?

absolut	relativ (%)	
9	1,5	ja
28	4,7	manchmal
556	93,4	nein
2	0,3	keine Angabe

42) Haben Sie vor Ihrem 18. Lebensjahr homosexuelle Kontakte gehabt? (z.B. Doktorspiele, gegenseitiges Streicheln des Geschlechtes, gegenseitiges Masturbieren usw.)

absolut	relativ (%)	
4	0,7	sehr oft
10	1,7	häufig
71	11,9	manchmal
128	21,5	selten
381	64,0	nie
1	0,2	keine Angabe

43) Haben Sie nach Ihrem 18. Lebensjahr homosexuelle Kontakte gehabt? (z.B. gegenseitiges Masturbieren, Zungenkuß, miteinander schlafen usw.)

absolut	relativ (%)	
1	0,2	sehr oft
4	0,7	häufig
10	1,7	manchmal
28	4,7	selten
550	92,4	nie
2	0,3	keine Angabe

44) Würden Sie, wenn es gesetzlich nicht verboten wäre, auch sexuelle Kontakte mit Jungen unter 16 Jahren haben?

absolut	relativ (%)	
4	0,7	ja
16	2,7	vielleicht
575	96,6	nein

45) Würden Sie, wenn es gesetzlich nicht verboten wäre, auch sexuelle Kontakte mit Mädchen unter 16 Jahren haben?

absolut	relativ (%)	
96	16,1	ja
215	36,1	vielleicht
284	47,7	nein

46) Sind irgendwann chirurgische Eingriffe an Ihrem Penis, Hoden oder Unterleib gemacht worden?

absolut	relativ (%)	
542	91,1	kein Eingriff bzw. keine Angabe
22	3,7	Beschneidung
8	1,3	Eingriff an Hoden
1	0,2	Prostata
1	0,2	Eingriff am Penis
8	1,3	Sterilisation
13	2,2	Sonstiges

47) Kennen Sie den äußeren und inneren Aufbau des weiblichen Geschlechtsorgans?

absolut	relativ (%)	
555	93,3	ja
37	6,2	nein
3	0,5	keine Angabe

48) Sind Sie der Meinung, daß es für das sexuelle Empfinden (der Frau) wichtig ist, den Aufbau des Geschlechtsorgans der Frau zu kennen?

absolut	relativ (%)	
468	78,7	ja
124	20,8	nein
3	0,5	keine Angabe

49) Ist Ihnen Ihr eigenes Geschlechtsorgan unangenehm?

absolut	relativ (%)	
5	0,8	ja
16	2,7	manchmal
572	96,1	nein
2	0,3	keine Angabe

50) Stößt das Geschlechtsorgan Ihrer Partnerin Sie ab?

absolut	relativ (%)	
3	0,5	ja
13	2,2	manchmal
574	96,5	nein
5	0,8	keine Angabe

51) Sind Sie der Meinung, daß die sexuelle Erregbarkeit bei Mann oder Frau gleich schnell verläuft?

absolut	relativ (%)	
43	7,2	ja
550	92,4	nein
2	0,3	keine Angabe

52) Sind Sie der Meinung, daß die sexuelle Erregbarkeit (= Empfindung) bei Frau und Mann grundsätzlich ähnlich ist?

absolut	relativ (%)	
342	57,5	ja
249	41,8	nein
4	0,7	keine Angabe

53) Wissen Sie genau, was eine Klitoris (Kitzler) ist, und wo sie bei einer Frau liegt?

absolut	relativ (%)	
575	96,6	ja
17	2,9	nein
3	0,5	keine Angabe

54) Finden Sie einen Orgasmus Ihrer Partnerin für die Partnerin wichtig?

absolut	relativ (%)	
402	67,6	immer
146	24,5	oft
33	5,5	manchmal
3	0,5	selten
1	0,2	nie
10	1,7	keine Angabe

55) Halten Sie einen Orgasmus Ihrer Partnerin für sich selbst für wichtig?

absolut	relativ (%)	
390	65,5	immer
147	24,7	oft
35	5,9	manchmal
10	1,7	selten
3	0,5	nie
10	1,7	keine Angabe

56) Sind Sie bemüht, Ihrer Partnerin einen Orgasmus zu verschaffen?

absolut	relativ (%)	
486	81,7	immer
81	13,6	oft
16	2,7	manchmal
2	0,3	selten
0	0	nie
10	1,7	keine Angabe

57) Haben Sie Angst, Ihre Partnerin könnte durch Sie keinen Orgasmus bekommen?

absolut	relativ (%)	
77	12,9	ja
216	36,3	manchmal
293	49,2	nein
9	1,5	keine Angabe

58) Haben Sie Angst davor, Ihren Orgasmus nicht gleichzeitig mit Ihrer Partnerin zu bekommen?

absolut	relativ (%)	
66	11,1	ja
176	29,6	manchmal
345	58,0	nein
8	1,3	keine Angabe

59) Nimmt Ihre Partnerin Verhütungsmittel? Welche?

absolut	relativ (%)	
277	46,6	keine
261	43,9	Pille
16	2,7	Schaum, Patentex Oval
7	1,2	Sterilisation
1	0,2	Pessar
28	4,7	Spirale
5	0,8	sonstige

60) Benutzen Sie selbst Verhütungsmittel? Welche?

absolut	relativ (%)	
490	82,4	keine
89	15,0	Präservativ
10	1,7	Koitus interruptus (Unterbrechen)
2	0,3	Sterilisation
4	0,7	sonstige

61) Haben Sie Angst vor einer ungewollten Schwangerschaft, wenn Sie mit Ihrer Partnerin sexuell verkehren?

absolut	relativ (%)	
45	7,6	meistens
175	29,4	manchmal
365	61,3	nie
10	1,7	keine Angabe

62) Hatten Sie früher Angst vor einer ungewollten Schwangerschaft?

absolut	relativ (%)	
450	75,6	ja
135	22,7	nein
10	1,7	keine Angabe

63) Haben Sie Ihre Partnerin schon einmal zum Geschlechtsverkehr gezwungen?

absolut	relativ (%)	
47	7,9	ja
538	90,4	nein
10	1,7	keine Angabe

64) Kommt es zwischen Ihnen und Ihrer Partnerin zu Zärtlichkeiten wie Berühren, Streicheln, Umarmen, Küssen usw.?

absolut	relativ (%)	
281	47,2	sehr oft
240	40,3	häufig
55	9,2	manchmal
9	1,5	selten
1	0,2	nie
9	1,5	keine Angabe

65) Halten Sie Zärtlichkeiten für unbedingt notwendig in einer guten Beziehung?

absolut	relativ (%)	
569	95,6	ja
21	3,9	teils/teils
0	0	nein
3	0,5	keine Angabe

66) Kommt es vor, daß Sie Zärtlichkeiten Ihrer Partnerin zurückweisen?

absolut	relativ (%)	
0	0	immer
4	0,7	häufig
76	12,8	manchmal
256	43,0	selten
251	42,2	nie
8	1,3	keine Angabe

67) Hat Ihre Partnerin irgendwann den Wunsch geäußert, mehr Zärtlichkeiten von Ihnen zu bekommen?

absolut	relativ (%)	
12	2,0	sehr oft
30	5,0	häufig
187	31,4	manchmal
190	31,9	selten
167	28,1	nie
9	1,5	keine Angabe

68) Wenn ja, worin würden Sie den Grund sehen?

absolut	relativ (%)	
60	10,1	Ich kann meine Zärtlichkeit ihr gegenüber nicht ausdrücken.
6	1,1	Ich empfinde nichts bei Zärtlichkeiten, sie geben mir nichts.
5	0,9	Ich finde es unmännlich, Zärtlichkeiten zu zeigen und zu geben.
150	25,2	Ich bin häufig zu müde, um Zärtlichkeiten auszutauschen.
2	0,3	Zärtlichkeiten halten mich davon ab, einen Orgasmus zu bekommen.
33	5,5	Ich finde zu häufige Zärtlichkeiten überflüssig.
2	0,3	Ich mag die Haut, den Körpergeruch meiner Partnerin nicht.
44	7,4	Weil ich weiß, daß damit nur Sexualität verbunden ist.
59	9,9	Weil meine Partnerin zu mir auch nur sehr selten zärtlich ist.

69) Sind Sie der Meinung, von Ihrer Partnerin zu selten geküßt zu werden?

absolut	relativ (%)	
141	23,7	ja
441	74,1	nein
13	2,2	keine Angabe

70) Sind Sie der Meinung, von Ihrer Partnerin zu wenig Zärtlichkeiten zu bekommen?

absolut	relativ (%)	
168	28,2	ja
416	69,9	nein
11	1,8	keine Angabe

71) Sind Sie zu Ihrer Partnerin nur dann zärtlich, wenn Sie mit ihr sexuellen Kontakt haben wollen?

absolut	relativ (%)	
61	10,3	ja
523	87,9	nein
11	1,8	keine Angabe

72) Ist Ihre Partnerin nur dann zärtlich, wenn sie mit Ihnen sexuellen Kontakt haben möchte?

absolut	relativ (%)	
41	6,9	ja
538	90,4	nein
16	2,7	keine Angabe

73) Haben Sie Geschlechtsverkehr aus Pflichtgefühl oder Gewohnheit?

absolut	relativ (%)	
15	2,5	immer
23	3,9	häufig
74	12,4	manchmal
122	20,5	selten
349	58,7	nie
12	2,0	keine Angabe

74) Planen Sie den Zeitpunkt des Geschlechtsverkehrs voraus?

absolut	relativ (%)	
9	1,5	immer
32	5,4	häufig
113	19,0	manchmal
163	27,4	selten
267	44,9	nie
11	1,8	keine Angabe

75) Halten Sie Ihre Partnerin für attraktiv?

absolut	relativ (%)	
116	19,5	sehr attraktiv
233	39,2	attraktiv
220	37,0	normal
12	2,0	nicht besonders attraktiv
2	0,3	unattraktiv
12	2,0	keine Angabe

76) Halten Sie sich selbst für gutaussehend?

absolut	relativ (%)	
8	1,3	sehr gutaussehend
116	19,5	gut aussehend
436	73,3	normal
28	4,7	weniger gutaussehend
4	0,7	unattraktiv
3	0,5	keine Angabe

77) Macht es Ihnen Spaß, Ihre Partnerin zu beobachten, wenn sie unbekleidet ist?

absolut	relativ (%)	
532	89,4	ja
53	8,9	nein
10	1,7	keine Angabe

78) Haben Sie Spaß am Entkleiden Ihrer Partnerin?

absolut	relativ (%)	
511	85,9	ja
73	12,3	nein
11	1,8	keine Angabe

79) Macht es Ihnen Spaß, von Ihrer Partnerin entkleidet zu werden?

absolut	relativ (%)	
467	78,5	ja
116	19,5	nein
12	2,0	keine Angabe

80) Waschen Sie sich vor dem Geschlechtsverkehr regelmäßig?

absolut	relativ (%)	
312	52,4	ja
272	45,7	nein
11	1,8	keine Angabe

81) Wäscht Ihre Partnerin sich vor dem Geschlechtsverkehr regelmäßig?

absolut	relativ (%)	
357	60,0	ja
226	38,0	nein
12	2,0	keine Angabe

82) Waschen Sie sich nach dem Geschlechtsverkehr regelmäßig?

absolut	relativ (%)	
370	62,2	ja
214	36,0	nein
11	1,8	keine Angabe

83) Wäscht Ihre Partnerin sich nach dem Geschlechtsverkehr regelmäßig?

absolut	relativ (%)	
388	65,2	ja
195	32,8	nein
12	2,0	keine Angabe

84) Mögen Sie den Körpergeruch Ihrer Partnerin?

absolut	relativ (%)	
546	91,8	ja
37	6,2	nein
12	2,0	keine Angabe

85) Mögen Sie den Intimgeruch Ihrer Partnerin?

absolut	relativ (%)	
494	83,0	ja
89	15,0	nein
12	2,0	keine Angabe

86) Mögen Sie den Körpergeruch Ihrer Partnerin lieber, wenn sie Parfüm benutzt?

absolut	relativ (%)	
218	36,6	ja
364	61,2	nein
13	2,2	keine Angabe

87) Empfinden Sie ein Berühren der Haut Ihrer Partnerin als angenehm?

absolut	relativ (%)	
567	95,3	ja
17	2,9	nein
11	1,8	keine Angabe

88) Haben Sie sexuelle Kontakte, nur wenn es dunkel ist?

absolut	relativ (%)	
34	5,7	immer
208	35,0	häufig
205	34,5	manchmal
136	22,9	selten/nie
12	2,0	keine Angabe

89) Nehmen Sie sich für Ihre Partnerin viel Zeit, um sie zu erregen und ihr einen Orgasmus zu verschaffen?

absolut	relativ (%)	
202	33,9	immer
276	46,4	häufig
84	14,1	manchmal
17	2,9	selten
3	0,5	nie
13	2,2	keine Angabe

90) Ist Ihre Partnerin selbst aktiv bei sexuellen Kontakten und beim Geschlechtsverkehr?

absolut	relativ (%)	
99	16,6	sehr aktiv
257	43,2	aktiv
166	27,9	teils/teils
54	9,1	eher passiv
5	0,8	überhaupt nicht
14	2,4	keine Angabe

91) Bleiben Sie nach dem Geschlechtsverkehr bei Ihrer Partnerin liegen?

absolut	relativ (%)	
256	43,0	immer
199	33,4	häufig
79	13,3	manchmal
41	6,9	selten
6	1,0	nie
14	2,4	keine Angabe

92) Was brauchen Sie, um geschlechtlich erregt zu werden?

1 bedeutet: geht gar nicht ohne
2 bedeutet: geht schlecht ohne
3 bedeutet: spielt keine Rolle
4 bedeutet: hindert eher
5 bedeutet: verhindert

		1	2	3	4	5	Kurztext
A)	absolut	288	184	105	2	2	Körperkontakt
	relativ (%)	48,4	30,9	17,6	0,3	0,3	zur Partnerin
B)	absolut	267	240	71	1	2	Austausch von
	relativ (%)	44,9	40,3	11,9	0,2	0,3	Zärtlichkeiten
C)	absolut	157	210	203	6	4	Küsse mit
	relativ (%)	26,4	35,3	34,1	1,0	0,7	Zungenkontakt
D)	absolut	5	18	430	80	46	Pornographische
	relativ (%)	0,8	3,0	72,3	13,4	7,7	Romane (Literatur)
E)	absolut	5	20	428	79	46	Pornographische
	relativ (%)	0,8	3,4	71,9	13,3	7,7	Hefte mit Bildern
F)	absolut	6	18	434	69	52	Pornographische
	relativ (%)	1,0	3,0	72,9	11,6	8,7	Filme
G)	absolut	14	93	405	37	30	massiert werden
	relativ (%)	2,4	15,6	69,9	6,2	5,0	

		1	2	3	4	5	Kurztext
H)	absolut	1	2	102	51	422	geschlagen
	relativ (%)	0,2	0,3	17,1	8,6	70,9	werden
I)	absolut	0	1	94	46	437	die Partnerin
	relativ (%)	0,0	0,2	15,8	7,7	73,4	schlagen
J)	absolut	9	34	364	37	134	bestimmte
	relativ (%)	1,5	5,7	63,0	6,4	22,5	Kleidungsstücke
K)	absolut	89	229	247	4	9	Streicheln Ihres
	relativ (%)	15,0	38,5	41,5	0,7	1,5	Gliedes
L)	absolut	39	114	366	21	36	Fellatio (Mund-
	relativ (%)	6,6	19,2	61,5	3,5	6,1	kontakt Ihrer Partnerin mit Ihrem Glied)
M)	absolut	49	150	353	13	13	Stöhnen der
	relativ (%)	8,2	25,2	59,3	2,2	2,2	Partnerin
N)	absolut	18	66	466	11	16	gemeinsames
	relativ (%)	3,0	11,1	78,3	1,8	2,7	Baden
O)	absolut	109	253	204	4	9	viel Zeit
	relativ (%)	18,3	42,5	34,3	0,7	1,5	und Ruhe
P)	absolut	15	41	455	44	24	Musik im
	relativ (%)	2,5	6,9	76,5	7,4	4,0	Hintergrund
Q)	absolut	2	2	225	139	212	Fernsehen
	relativ (%)	0,3	0,3	37,8	23,4	35,6	

Fehlende Angaben lagen für alle Antworten zwischen 14 (= 2,4%) und 19 (= 3,2%).

93) **Kommt es vor, bei oder nach dem Geschlechtsverkehr zwischen Ihnen und Ihrer Partnerin dazu:**

a) Sie berühren mit Ihren Händen das weibliche Geschlechtsteil (Vagina) und führen einen Finger in die Vagina ein.

b) Sie berühren mit Ihren Lippen das weibliche Geschlechtsteil (Vagina) und lecken mit der Zunge die Vagina.

c) Sie streicheln mit einer Hand den After Ihrer Partnerin und führen einen Finger ein.

d) Sie küssen mit Ihren Lippen die Aftergegend Ihrer Partnerin und lecken mit der Zunge den After.

e) Sie führen Ihren Penis (aufgerichtetes, steifes Glied) in den After Ihrer Partnerin ein.

Es kommt zu:	a)	b)	c)	d)	e)
absolut	555	405	118	45	37
relativ (%)	93,3	68,1	19,8	7,6	6,2

94) **Welche der in Frage 93 aufgeführten Handlungen ist für Sie angenehm?**

	a)	b)	c)	d)	e)
absolut	506	376	90	35	43
relativ (%)	85,0	63,2	15,1	5,9	7,2

95) **Welche der in Frage 93 aufgeführten Handlungen ist für Sie unangenehm?**

	a)	b)	c)	d)	e)
absolut	12	73	291	433	358
relativ (%)	2,0	12,3	48,9	72,8	60,2

96) **Welche der in Frage 93 aufgeführten Handlungen empfindet – Ihrer Meinung nach – Ihre Partnerin als angenehm?**

	a)	b)	c)	d)	e)
absolut	494	381	86	40	27
relativ (%)	83,0	64,0	14,5	6,7	4,5

97) Welche der in Frage 93 aufgeführten Handlungen empfindet – Ihrer Meinung nach – Ihre Partnerin als unangenehm?

	a)	b)	c)	d)	e)
absolut	17	80	313	383	453
relativ (%)	2,9	13,4	52,6	64,4	76,1

98) Sind von Ihnen solche Kontakte wie in Frage 93 beschrieben, gewünscht worden, von Ihrer Partnerin aber abgelehnt worden?

	a)	b)	c)	d)	e)
absolut	16	35	26	14	62
relativ (%)	2,7	5,9	4,4	2,4	10,4

99) Sind von Ihrer Partnerin solche Kontakte wie in Frage 93 beschrieben, gewünscht worden, aber von Ihnen abgelehnt worden?

	a)	b)	c)	d)	e)
absolut	3	9	4	5	6
relativ (%)	0,5	1,5	0,7	0,8	1,0

100) Sind durch diese unterschiedlichen Auffassungen und sexuellen Bedürfnisse zwischen Ihrer Partnerin und Ihnen Schwierigkeiten (Streits) entstanden?

absolut	relativ (%)	
14	2,3	ja

101) Kommt es vor, daß Sie beim Einführen des Penis (= steifes Glied) in die Scheide Ihrer Partnerin überhaupt keinen Samenerguß bekommen?

absolut	relativ (%)	
11	1,8	immer
8	1,3	häufig
37	6,2	manchmal
234	39,3	selten
291	48,9	nie
14	2,4	keine Angabe

101 a) Wenn ja, empfinden Sie dies als störend?

absolut	relativ (Betroffene=100%)	
118	45,9	ja
139	54,1	nein

101 b) Wie war die Reaktion Ihrer Partnerin?

absolut	relativ (Betroffene=100%)	
49	68,1	positive Reaktion
23	31,9	negative Reaktion

102) Kommt es vor, daß Sie nach der Einführung des Penis in die Scheide Ihrer Partnerin sofort oder nach ein paar Sekunden Ihren Samenerguß haben?

absolut	relativ (%)	
8	1,3	immer
46	7,7	häufig
149	25,0	manchmal
246	41,3	selten
131	22,0	nie
15	2,5	keine Angabe

103) Wenn ja, empfinden Sie dies als störend?

absolut	relativ (Betroffene=100%)	
258	64,9	ja
139	35,1	nein

Wie war die Reaktion Ihrer Partnerin?

absolut	relativ (Betroffene=100%)	
97	55,4	positive Reaktion
78	44,6	negative Reaktion

104) Kommt es vor, daß sich die Scheide Ihrer Partnerin nicht weit genug öffnet, um ein Eindringen Ihres Penis zu ermöglichen?

absolut	relativ (%)	
1	0,2	immer
7	1,2	häufig
48	8,1	manchmal
150	25,2	selten
375	63,0	nie
14	2,4	keine Angabe

105) Kommt es vor, daß die Scheide Ihrer Partnerin nicht feucht genug wird, um ein Eindringen Ihres Gliedes zu ermöglichen?

absolut	relativ (%)	
2	0,3	immer
18	3,0	häufig
95	16,0	manchmal
233	39,2	selten
233	39,2	nie
14	2,4	keine Angabe

106) Kommt es vor, daß Ihr Glied nach Eindringen in die Scheide Ihrer Partnerin von deren Scheidenmuskeln krampfhaft und schmerzhaft festgehalten wird?

absolut	relativ (%)	
0	0,0	immer
1	0,2	häufig
12	2,0	manchmal
53	8,9	selten
515	86,6	nie
14	2,4	keine Angaben

107) Kommt es vor, daß die Scheidenmuskeln Ihrer Partnerin sich so stark zusammenziehen, daß ein Eindringen Ihres Gliedes unmöglich wird?

absolut	relativ (%)	
0	0,0	immer
5	0,8	häufig
9	1,5	manchmal
43	7,2	selten
524	88,1	nie
14	2,4	keine Angabe

108) Konnten Sie bisher noch keinen Geschlechtsverkehr durchführen, weil Ihr Glied noch nie so steif geworden ist, um ein Eindringen in die Scheide Ihrer Partnerin zu ermöglichen?

absolut	relativ (%)	
13	2,2	ja
567	95,3	nein
15	2,5	keine Angabe

109) Konnten Sie früher gelegentlich oder auch häufiger Geschlechtsverkehr durchführen, dann jedoch nicht mehr, da Ihr Glied nicht mehr richtig steif wurde?

absolut	relativ (%)	
97	16,3	ja
482	81,0	nein
16	2,7	keine Angabe

110) Haben Sie bei oder nach dem Geschlechtsverkehr Schmerzen in Unterleib, Penis, Hoden oder in der Aftergegend?

absolut	relativ (%)	
0	0,0	immer
2	0,3	häufig
24	4,0	manchmal
102	17,1	selten
454	76,3	nie
13	2,2	keine Angabe

111) Nehmen Sie sich manchmal fest vor, Ihren Orgasmus (Samenerguß) hinauszuzögern, Sie bekommen ihn dann aber doch sofort oder nach ein paar Sekunden?

absolut	relativ (%)	
319	53,6	ja
264	44,4	nein
12	2,0	keine Angabe

112) Haben Sie festgestellt, daß Sie früher wesentlich mehr Interesse an Sexualität hatten als heute? Wenn ja, woran könnte das liegen?

(Zusatzangaben wurden nach häufigsten Nennungen zusammengefaßt)

absolut	relativ (%)	
440	73,9	nein
81	13,6	Alter
19	3,2	Beruf
17	2,9	Gewöhnung
38	6,2	Familie, Zeit und Ruhe, Sonstiges

113) Haben Sie festgestellt, daß Sie früher wesentlich öfter Geschlechtsverkehr durchführen konnten als heute, das heißt, daß Sie früher potenter waren?
Wenn ja, woran könnte das liegen?

absolut	relativ (%)	
375	63,0	nein
119	20,0	Alter
42	7,1	Beruf
17	2,9	Gewöhnung
42	7,0	sonstiges

114) Wenn Sie keine Lust zum Geschlechtsverkehr haben oder sich nicht gut fühlen, sagen Sie dies dann Ihrer Partnerin?

absolut	relativ (%)	
389	65,4	ja
116	19,5	manchmal
77	12,9	nein
13	2,2	keine Angabe

115) Wie sind Sie mit Ihrem Sexualleben zufrieden?

absolut	relativ (%)	
219	36,8	sehr zufrieden
239	40,2	eher zufrieden
73	12,3	weder zufrieden noch unzufrieden
42	7,1	eher unzufrieden
17	2,9	völlig unzufrieden
5	0,8	keine Angabe

116) Wenn Sie nicht völlig zufrieden mit ihrem Sexualleben sind, was müßte sich ihrer Meinung nach ändern?

absolut	relativ (%)	
37	6,2	Ich müßte meine Hemmungen abbauen
39	6,6	Ich müßte aktiver werden
76	12,8	Meine Partnerin müßte ihre Hemmungen abbauen
145	24,4	Meine Partnerin müßte aktiver sein
46	7,7	Meine Partnerin müßte zärtlicher sein
181	30,4	Wir müßten mehr Zeit und Ruhe haben

(Mehrfachnennungen waren möglich)

117) Sind Sie wegen Unzufriedenheit oder Schwierigkeiten in Ihrem Sexualleben in Beratung bzw. Behandlung gewesen?

absolut	relativ (%)	
24	4,0	bei einem Arzt
11	1,8	bei einem Psychologen
1	0,2	bei einem Geistlichen
22	3,7	bei einem Freund
21	3,5	bei einer Freundin
71	11,9	insgesamt (8 Doppelnennungen)

118) Ist die Beratung/Behandlung erfolgreich gewesen?

absolut	relativ (Betroffene = 100%)	
27	38,0	ja
44	62,0	nein
		unzutreffend: 524 (88,1%)

119) Mußten Sie für die Beratung bezahlen? Wieviel?

absolut	relativ (%)	
9	1,5	ja, davon 2 mit Angabe

120) Würden Sie für eine eventuelle Behandlung/Beratung von sexuellen Schwierigkeiten zu einem speziell ausgebildeten Sexualtherapeuten gehen?
Wenn nein, warum nicht?

absolut	relativ (%)	
443	74,5	ja
152	25,6	nein, davon gaben 89 (=15,0%) einen Grund an

ERGEBNISSE FRAUEN

1) **In welchem Bundesland wohnen Sie?**

absolut	relativ (%)	
20	4,2	Schleswig-Holstein
15	3,1	Hamburg
86	17,9	Niedersachsen
8	1,7	Bremen
128	26,6	Nordrhein-Westfalen
56	11,6	Hessen
28	5,8	Rheinland-Pfalz/Saarland
51	10,6	Baden-Württemberg
69	14,3	Bayern
20	4,2	West-Berlin
481	100%	

2) **Welche Größe hat Ihr Wohnort?**

absolut	relativ (%)	
81	16,8	bis 5000
74	15,4	5000 bis 20000
69	14,3	20000 bis 50000
76	15,8	50000 bis 100000
87	18,1	100000 bis 500000
94	19,5	über 500000

3) **Welche Schulbildung haben Sie?**

absolut	relativ (%)	
1	0,2	Sonderschule mit Abschluß
0	0	Sonderschule ohne Abschluß
242	50,3	Volksschule mit Abschluß
15	3,1	Volksschule ohne Abschluß
97	20,2	Realschule mit Abschluß
9	1,5	Realschule ohne Abschluß
46	9,6	Gymnasium mit Abschluß
17	3,5	Gymnasium ohne Abschluß
41	8,5	Hochschule mit Abschluß
13	2,7	Hochschule ohne Abschluß

1) **Alter**

absolut	relativ (%)	
159	33,1	18 bis 29 Jahre
180	37,4	30 bis 39 Jahre
88	18,3	40 bis 49 Jahre
54	11,2	50 bis 60 Jahre

2) **Staatsangehörigkeit**
Ausländerinnen wurden aussortiert (4 Fälle)

3) **Erlernter Beruf** (entfällt)

4) **Ausgeübter Beruf**

absolut	relativ (%)	
17	3,5	ohne Beruf, arbeitslos
3	0,6	freier Beruf
17	3,5	leit. Angestellte, höh. Beamtin
126	26,2	kaufmännische Berufe, Beamtin
7	1,5	selbständige Gewerbetreibende
23	4,8	Facharbeiterin
19	4,0	Arbeiterin
223	46,4	Hausfrau
41	8,5	in Ausbildung
5	1,0	Rentnerin

5) und **6)** entfallen, **7) Einkommen** ebenso

8) **Familienstand**

absolut	relativ (%)	
11	2,3	verwitwet
12	2,5	verlobt
329	68,4	verheiratet und zusammenlebend
42	8,7	ledig und getrennt lebend
27	5,6	geschieden
30	6,2	ledig und zusammenlebend
30	6,2	verheiratet und getrennt lebend

9) Religion?

absolut	relativ (%)	
250	52,0	evangelisch
188	39,1	katholisch
8	1,7	sonstige Religion
34	7,1	konfessionslos
1	0,2	keine Angabe

10) Trinken Sie Alkohol (Bier, Wein, Sekt, Cognac, Likör, Schnaps usw.)

absolut	relativ (%)	
44	9,1	täglich
139	28,9	2-3mal pro Woche
129	26,8	2-3mal pro Monat
139	28,9	seltener
29	6,0	nie
1	0,2	keine Angabe

11) Nehmen Sie Tabletten gegen Schlaflosigkeit, Schmerzen, Depressionen, Angst usw.?

absolut	relativ (%)	
29	6,0	täglich
19	4,0	2-3mal pro Woche
29	6,0	2-3mal pro Monat
151	31,4	seltener
249	51,8	nie
4	0,8	keine Angabe

12) Nehmen Sie Drogen?

absolut	relativ (%)	
2	0,4	täglich
1	0,2	2-3mal pro Monat
4	0,8	seltener
466	96,9	nie
8	1,7	keine Angabe

13) Besteht eine feste Partnerschaft?

absolut	relativ (%)	
435	90,4	zur Zeit besteht eine feste Partnerschaft
42	8,7	zur Zeit besteht keine feste Partnerschaft
4	0,8	überhaupt noch keine sexuelle Beziehung bis jetzt

14) Dauer Ihrer jetzigen Partnerschaft?

absolut	relativ (%)	
33	6,9	weniger als 6 Monate
33	6,9	weniger als 2 Jahre
39	8,1	weniger als 4 Jahre
39	8,1	weniger als 6 Jahre
41	8,5	weniger als 8 Jahre
69	14,3	weniger als 12 Jahre
127	26,4	weniger als 20 Jahre
68	14,1	länger als 20 Jahre
32	6,6	keine Angabe bzw. noch keine feste Beziehung

15) Ist die Beziehung mit Ihrem jetzigen Partner Ihre erste sexuelle Beziehung?

absolut	relativ (%)	
192	39,9	ja
257	53,4	nein
32	6,7	keine Angabe

16) Wieviele sexuelle Beziehungen hatten Sie vor Ihrem jetzigen Partner?

absolut	relativ (%)	
210	45,7	keine bzw. keine Angabe
56	11,6	eine
49	10,2	zwei
91	18,9	3 bis 5
43	8,9	6 bis 10
13	2,7	11 bis 20
9	1,9	mehr als 20

17) Sind diese sexuellen Beziehungen für Sie in sexueller Hinsicht befriedigend gewesen?

absolut	relativ (Frauen, die vorher Partner hatten = 100%)	
16	5,8	jedesmal
67	24,5	meistens
94	34,3	teils/teils
49	17,9	selten
48	17,5	nie

18) Waren diese früheren Beziehungen für Ihre Partner in sexueller Hinsicht befriedigend?

absolut	relativ (Frauen, die vorher Partner hatten = 100%)	
52	19,0	jedesmal
94	34,4	meistens
36	13,2	teils/teils
3	1,1	selten
4	1,5	nie
84	30,8	weiß nicht

19) Haben sie außerhalb Ihrer Partnerschaft sexuelle Beziehungen?

absolut	relativ (%)	
55	11,4	ja
407	84,6	nein
19	4,0	keine Angabe

20) Hatten Sie außerhalb Ihrer Partnerschaft sexuelle Beziehungen?

absolut	relativ (%)	
108	22,5	ja
357	74,2	nein
16	3,3	keine Angabe

21) Befriedigt Sie Ihre jetzige Beziehung sexuell?

absolut	relativ (%)	
166	34,5	sehr
185	38,5	größtenteils
73	15,2	teils/teils
25	5,2	kaum
2	0,4	überhaupt nicht
30	6,2	keine Angabe

22) Wie oft sehen Sie Ihren jetzigen Partner?

absolut	relativ (%)	
369	76,7	täglich
43	8,9	2- bis 4mal pro Woche
30	6,2	am Wochenende
4	0,8	14tägig
8	1,7	monatlich
27	5,6	keine Angabe

23) Wie alt ist Ihr Partner?

absolut	relativ (%)	
117	24,3	18 bis 29 Jahre
177	36,8	30 bis 39 Jahre
109	22,7	40 bis 49 Jahre
60	12,5	50 Jahre und älter
18	3,7	keine Angabe

24) Ist Sexualität wichtig in Ihrem Leben?

absolut	relativ (%)	
239	49,7	ja
201	41,8	teils/teils
34	7,1	nein
7	1,5	keine Angabe

25) Ist Sexualität für Sie etwas Schlechtes oder Sündiges?

absolut	relativ (%)	
0	0	ja
13	2,7	teils/teils
464	96,5	nein
4	0,8	keine Angabe

26) Haben Sie schon einen Orgasmus bekommen?

absolut	relativ (%)	
441	91,7	ja
14	2,9	nein
21	4,4	weiß nicht
5	1,0	keine Angabe

27) Befriedigen Sie sich selbst?

absolut	relativ (%)	
2	0,4	täglich
28	5,8	2- bis 3mal pro Woche
46	9,6	2- bis 3mal pro Monat
145	30,1	seltener
257	53,4	nie
3	0,6	keine Angabe

28) Haben Sie Angst vor dem Geschlechtsverkehr?

absolut	relativ (%)	
10	2,1	ja
52	10,8	manchmal
415	86,3	nein
4	0,8	keine Angabe

29) Haben Sie Freude, Spaß, Vergnügen am Geschlechtsverkehr?

absolut	relativ (%)	
332	69,0	ja
126	26,2	manchmal
14	2,9	nein
9	0,8	keine Angabe

30) Wie oft haben Sie durchschnittlich Geschlechtsverkehr?

absolut	relativ (%)	
25	5,2	gar nicht oder 1mal pro Jahr
4	0,8	bis 10mal pro Jahr
46	9,6	bis 3mal pro Monat
22	4,6	bis 9mal pro Monat
228	47,4	bis 2mal pro Woche
88	18,3	bis 3mal pro Woche
49	10,2	bis 4mal pro Woche
0	0,0	bis 5mal pro Woche
17	3,5	bis 9mal pro Woche
2	0,4	mehr als 9mal pro Woche

31) Glauben Sie, daß von der Größe des Penis (Glieds) der Orgasmus der Frau in irgendeiner Weise abhängt?

absolut	relativ (%)	
121	25,2	ja
354	73,6	nein
6	1,2	keine Angabe

32) Finden Sie, daß der Penis Ihres Partners …

absolut	relativ (%)	
25	5,2	sehr groß ist
104	21,6	groß ist
326	67,8	normal ist
7	1,5	eher zu klein ist
2	0,4	zu klein ist?
17	3,5	keine Angabe

33) Wie oft haben Sie durchschnittlich einen Orgasmus?

absolut	relativ (%)	
54	11,2	gar nicht oder 1mal pro Jahr
14	2,9	bis 10mal pro Jahr
87	18,1	bis 3mal pro Monat
22	4,6	bis 9mal pro Monat
204	42,2	bis 2mal pro Woche
50	10,4	bis 3mal pro Woche
30	6,2	bis 4mal pro Woche
0	0	bis 5mal pro Woche
17	3,5	bis 9mal pro Woche
3	0,6	mehr als 9mal pro Woche

34) Ergeben sich für Sie beim Geschlechtsverkehr Konflikte?

absolut	relativ (%)	
20	4,2	ja
143	29,7	manchmal
302	62,8	nein
16	3,3	keine Angabe

35) Sind Sie sexuell auch befriedigt ohne Ihren Orgasmus zu bekommen?

absolut	relativ (%)	
48	10,0	immer
129	26,8	oft
160	33,3	manchmal
74	15,4	selten
53	11,0	nie
17	3,5	keine Angabe

36) Befriedigen Sie sich während oder nach dem Geschlechtsverkehr selbst, wenn Sie durch den Geschlechtsverkehr mit Ihrem Partner keinen Orgasmus bekamen?

absolut	relativ (%)	
2	0,4	immer
7	1,5	oft
50	10,4	manchmal
55	11,4	selten
355	73,8	nie
12	2,5	keine Angabe

37) Wenn irgendein sexuelles Bedürfnis bei Ihnen nicht erfüllt wird, besprechen Sie, was Sie gerne haben und hätten mit Ihrem Partner?

absolut	relativ (%)	
243	50,5	ja
160	33,3	manchmal
69	14,3	nein
9	1,9	keine Angabe

38) Sagt Ihnen Ihr Partner, was er selbst sexuell gern mag?

absolut	relativ (%)	
297	61,7	ja
119	24,7	manchmal
53	11,0	nein
12	2,5	keine Angabe

39) Sind Sie in Ihrer Kindheit oder Jugend von einer Frau »sexuell verführt« worden?

absolut	relativ (%)	
14	2,9	ja
454	94,4	nein
13	2,7	keine Angabe

40) Sind Sie in Ihrer Kindheit oder Jugend von einem Mann »sexuell verführt« worden?

absolut	relativ (%)	
66	13,7	ja
409	85,0	nein
6	1,2	keine Angabe

41) Können Sie von Frauen sexuell genauso angezogen werden wie von Männern?

absolut	relativ (%)	
13	2,7	ja
35	7,3	manchmal
428	89,0	nein
5	1,0	keine Angabe

42) Haben Sie vor Ihrem 18. Lebensjahr homosexuelle (= gleichgeschlechtliche) Kontakte gehabt? (z.B. Doktorspiele, gegenseitiges Streicheln des Geschlechts, gegenseitiges Masturbieren usw.)

absolut	relativ (%)	
0	0	sehr oft
6	1,2	häufig
47	9,8	manchmal
82	17,0	selten
341	70,9	nie
5	1,0	keine Angabe

43) Haben Sie nach Ihrem 18. Lebensjahr homosexuelle Kontakte gehabt? (z.B. gegenseitiges Masturbieren, Zungenkuß, miteinander schlafen usw.)

absolut	relativ (%)	
0	0	sehr oft
4	0,8	häufig
8	1,7	manchmal
17	3,5	selten
447	92,9	nie
5	1,0	keine Angabe

44) Würden Sie, wenn es gesetzlich nicht verboten wäre, auch sexuelle Kontakte mit Mädchen unter 16 Jahren haben?

absolut	relativ (%)	
1	0,2	ja
11	2,3	vielleicht
459	95,4	nein
10	2,1	keine Angabe

45) Würden Sie, wenn es gesetzlich nicht verboten wäre, auch sexuelle Kontakte mit Jungen unter 16 Jahren haben?

absolut	relativ (%)	
7	1,5	ja
37	7,7	vielleicht
430	89,4	nein
7	1,5	keine Angabe

46) Sind irgendwann chirurgische Eingriffe an Ihrem Unterleib gemacht worden?

absolut	relativ (%)	
318	66,1	nein
18	3,7	Ausräumung
33	6,9	Totaloperation
13	2,7	Abtreibung
10	2,1	Kaiserschnitt
7	1,5	Gebärmuttersenkung
82	17,0	sonstiges

47) Kennen Sie den äußeren und inneren Aufbau Ihres Geschlechtsorgans?

absolut	relativ (%)	
437	90,9	ja
42	8,7	nein
2	0,4	keine Angabe

48) Glauben Sie, daß es für das sexuelle Empfinden wichtig ist, den äußeren und inneren Aufbau des Geschlechtsorgans einer Frau zu kennen?

absolut	relativ (%)	
307	63,8	ja
169	35,1	nein
5	1,0	keine Angabe

49) Ist Ihnen Ihr eigenes Geschlechtsorgan unangenehm?

absolut	relativ (%)	
6	1,2	ja
26	5,4	manchmal
448	93,1	nein
1	0,2	keine Angabe

50) Stößt das Geschlechtsorgan Ihres Partners Sie ab?

absolut	relativ (%)	
1	0,2	ja
49	10,2	manchmal
423	87,9	nein
8	1,7	keine Angabe

51) Sind Sie der Meinung, daß die sexuelle Erregbarkeit bei Mann und Frau gleich schnell verläuft?

absolut	relativ (%)	
51	10,6	ja
427	88,8	nein
3	0,6	keine Angabe

52) Sind Sie der Meinung, daß die sexuelle Erregbarkeit (Empfindung) bei Mann und Frau grundsätzlich ähnlich ist?

absolut	relativ (%)	
258	53,6	ja
217	45,1	nein
6	1,2	keine Angabe

53) Wissen Sie genau, was eine Klitoris (Kitzler) ist und wo sie bei Ihnen liegt?

absolut	relativ (%)	
464	96,5	ja
14	2,9	nein
3	0,6	keine Angabe

54) Halten Sie einen Orgasmus Ihres Partners für Ihren Partner für wichtig?

absolut	relativ (%)	
346	71,9	immer
108	22,5	oft
16	3,3	manchmal
2	0,4	selten
2	0,4	nie
7	1,5	keine Angabe

55) Halten Sie einen Orgasmus Ihres Partners für sich selbst für wichtig?

absolut	relativ (%)	
239	49,7	immer
130	27,0	oft
59	12,3	manchmal
11	2,3	selten
35	7,3	nie
7	1,5	keine Angabe

56) Sind Sie bemüht, Ihrem Partner einen Orgasmus zu verschaffen?

absolut	relativ (%)	
346	71,9	immer
86	17,9	oft
29	6,0	manchmal
7	1,5	selten
6	1,2	nie
7	1,5	keine Angabe

57) Haben Sie Angst, Ihr Partner könnte durch Sie keinen Orgasmus bekommen?

absolut	relativ (%)	
27	5,6	ja
74	15,4	manchmal
373	77,5	nein
7	1,5	keine Angabe

58) Haben Sie Angst davor, keinen Orgasmus zu bekommen?

absolut	relativ (%)	
42	8,7	ja
101	21,0	manchmal
331	68,8	nein
7	1,5	keine Angabe

59) Haben Sie Angst davor, Ihr Partner könnte merken, daß Sie keinen Orgasmus bekommen?

absolut	relativ (%)	
29	6,0	ja
66	13,7	manchmal
377	78,4	nein
9	1,9	keine Angabe

60) Spielen Sie Ihrem Partner eine Erregung oder einen Orgasmus vor?

absolut	relativ (%)	
16	3,3	ja
122	25,4	manchmal
334	69,4	nein
9	1,9	keine Angabe

61) Haben Sie Angst davor, Ihren Orgasmus nicht gleichzeitig mit Ihrem Partner zu bekommen?

absolut	relativ (%)	
40	8,3	ja
66	13,7	manchmal
365	75,9	nein
10	2,1	keine Angabe

62) Nimmt Ihr Partner Verhütungsmittel? Welche?

absolut	relativ (%)	
388	80,7	keine
73	15,2	Präservativ
12	2,5	Koitus interruptus (Unterbrechen)
2	0,4	Sterilisation
6	1,2	sonstiges

63) Benutzen Sie selbst Verhütungsmittel? Welche?

absolut	relativ (%)	
229	47,6	keine
156	32,4	Pille
13	2,7	Schaum/Patentex Oval
5	1,0	Creme
8	1,7	Sterilisation
9	1,9	Pessar
46	9,6	Spirale
15	3,1	sonstiges

64) Haben Sie Angst vor einer ungewollten Schwangerschaft?

absolut	relativ (%)	
37	7,7	meistens
128	26,6	manchmal
302	62,8	nie
14	2,9	keine Angabe

65) Hatten Sie früher Angst vor einer ungewollten Schwangerschaft?

absolut	relativ (%)	
364	75,7	ja
111	23,1	nein
6	1,2	keine Angabe

66) Sind Sie in Ihrer Kindheit oder Jugend schon einmal vergewaltigt worden?

absolut	relativ (%)	
34	7,1	ja
443	92,1	nein
4	0,8	keine Angabe

67) Hat Ihr Partner Sie schon zum Geschlechtsverkehr gezwungen?

absolut	relativ (%)	
62	12,9	ja
412	85,7	nein
7	1,5	keine Angabe

68) Kommt es zwischen Ihnen und Ihrem Partner zu Zärtlichkeiten wie Berühren, Streicheln, Umarmen, Küssen usw.?

absolut	relativ (%)	
225	46,8	sehr oft
166	34,5	häufig
56	11,6	manchmal
21	4,4	selten
4	0,8	nie
9	1,9	keine Angabe

69) Halten Sie Zärtlichkeiten für unbedingt notwendig in einer guten Beziehung?

absolut	relativ (%)	
451	93,8	ja
26	5,4	teils/teils
1	0,2	nein
3	0,6	keine Angabe

70) Kommt es vor, daß Sie Zärtlichkeiten Ihres Partners zurückweisen?

absolut	relativ (%)	
3	0,6	immer
10	2,1	häufig
122	25,4	manchmal
184	38,3	selten
155	32,2	nie
7	1,5	keine Angabe

71) Sind Sie der Meinung, von Ihrem Partner zu selten geküßt zu werden?

absolut	relativ (%)	
137	28,5	ja
336	69,9	nein
8	1,7	keine Angabe

72) Sind Sie der Meinung, von Ihrem Partner zu wenig Zärtlichkeiten wie Berühren und Streicheln zu bekommen?

absolut	relativ (%)	
129	26,8	ja
343	71,3	nein
9	1,9	keine Angabe

73) Hat Ihr Partner irgendwann den Wunsch geäußert, mehr Zärtlichkeiten von Ihnen zu bekommen?

absolut	relativ (%)	
8	1,7	sehr oft
35	7,3	häufig
109	22,7	manchmal
132	27,4	selten
188	39,1	nie
9	1,9	keine Angabe

74) Wenn ja, worin sehen Sie den Grund?

absolut	relativ (%)	
293	60,9	keine Angabe
37	7,7	Ich kann meine Zärtlichkeit ihm gegenüber nicht ausdrücken.
1	0,2	Ich empfinde nichts bei Zärtlichkeiten, sie geben mir nichts.
116	24,1	Ich bin häufig zu müde, um Zärtlichkeiten auszutauschen.
34	7,0	Weil mein Partner zu mir auch nur sehr selten zärtlich ist.
6	1,2	Ich mag den Körpergeruch meines Partners nicht.
2	0,4	Ich finde die Haut meines Partners nicht schön.
15	3,1	Ich finde zu häufige Zärtlichkeiten überflüssig.
22	4,6	Ich fühle mich überfordert, so viele Zärtlichkeiten zu geben.
46	9,5	Weil ich weiß, daß damit nur Sexualität verbunden ist.

75) Sind Sie zu Ihrem Partner nur dann zärtlich, wenn Sie mit ihm sexuellen Kontakt haben möchten?

absolut	relativ (%)	
17	3,5	ja
454	94,4	nein
10	2,1	keine Angabe

76) Ist Ihr Partner nur dann zärtlich zu Ihnen, wenn er mit Ihnen sexuellen Kontakt haben möchte?

absolut	relativ (%)	
96	20,0	ja
372	77,3	nein
13	2,7	keine Angabe

77) Haben Sie Geschlechtsverkehr aus Gewohnheit oder Pflichtgefühl?

absolut	relativ (%)	
7	1,5	immer
27	5,6	häufig
79	16,4	manchmal
109	22,7	selten
247	51,4	nie
12	2,5	keine Angabe

78) Planen Sie den Zeitpunkt des Geschlechtsverkehrs voraus?

absolut	relativ (%)	
4	0,8	immer
9	1,9	häufig
75	15,6	manchmal
134	27,9	selten
249	51,8	nie
10	2,1	keine Angabe

79) Halten Sie Ihren Partner für gutaussehend?

absolut	relativ (%)	
38	7,9	sehr gut aussehend
212	44,1	gut aussehend
217	45,1	normal
3	0,6	weniger gutaussehend
2	0,4	unattraktiv
9	1,9	keine Angabe

80) Halten Sie sich selbst für attraktiv?

absolut	relativ (%)	
15	3,1	sehr attraktiv
139	28,9	attraktiv
291	60,5	normal
30	6,2	nicht besonders attraktiv
3	0,6	unattraktiv
3	0,6	keine Angabe

81) Macht es Ihnen Spaß, Ihren Partner zu beobachten, wenn er unbekleidet ist?

absolut	relativ (%)	
330	68,6	ja
138	28,7	nein
13	2,7	keine Angabe

82) Haben Sie Spaß am Entkleiden Ihres Partners?

absolut	relativ (%)	
245	50,9	ja
223	46,4	nein
13	2,7	keine Angabe

83) Macht es Ihnen Spaß, von Ihrem Partner entkleidet zu werden?

absolut	relativ (%)	
334	69,4	ja
135	28,1	nein
12	2,5	keine Angabe

84) Haben Sie sexuelle Kontakte nur wenn es dunkel ist?

absolut	relativ (%)	
31	6,4	immer
152	31,6	häufig
169	35,1	manchmal
75	15,6	selten
44	9,1	nie
10	2,1	keine Angabe

85) Waschen Sie sich vor dem Geschlechtsverkehr regelmäßig?

absolut	relativ (%)	
271	56,3	ja
201	41,8	nein
9	1,9	keine Angabe

86) Wäscht Ihr Partner sich vor dem Geschlechtsverkehr regelmäßig?

absolut	relativ (%)	
240	49,9	ja
228	47,4	nein
13	2,7	keine Angabe

87) Waschen Sie sich nach dem Geschlechtsverkehr regelmäßig?

absolut	relativ (%)	
304	63,2	ja
168	34,9	nein
9	1,9	keine Angabe

88) Wäscht Ihr Partner sich nach dem Geschlechtsverkehr regelmäßig?

absolut	relativ (%)	
279	58,0	ja
188	39,1	nein
14	2,9	keine Angabe

89) Mögen Sie den Körpergeruch Ihres Partners?

absolut	relativ (%)	
413	85,9	ja
52	10,8	nein
16	3,3	keine Angabe

90) Mögen Sie den Intimgeruch Ihres Partners?

absolut	relativ (%)	
335	69,6	ja
127	26,4	nein
19	4,0	keine Angabe

91) Mögen Sie den Körpergeruch Ihres Partners lieber, wenn er Parfüm benutzt?

absolut	relativ (%)	
175	36,4	ja
291	60,5	nein
15	3,1	keine Angabe

92) Empfinden Sie ein Berühren der Haut Ihres Partners als angenehm?

absolut	relativ (%)	
454	94,4	ja
15	3,1	nein
12	2,5	keine Angabe

93) Was brauchen Sie, um geschlechtlich erregt zu werden?

1 bedeutet: geht gar nicht ohne
2 bedeutet: geht schlecht ohne
3 bedeutet: spielt keine Rolle
4 bedeutet: hindert eher
5 bedeutet: verhindert

		1	2	3	4	5	Kurztext
A)	absolut	300	130	34	2	1	Körperkontakt
	relativ (%)	62,4	27,0	7,1	0,4	0,2	
B)	absolut	298	144	20	1	2	Austausch von
	relativ (%)	62,0	29,9	4,2	0,2	0,4	Zärtlichkeiten
C)	absolut	141	153	145	15	8	Küssen mit
	relativ (%)	29,3	31,8	30,1	3,1	1,7	Zungenkontakt
D)	absolut	8	6	277	92	75	Pornographische
	relativ (%)	1,7	1,2	57,6	19,1	15,6	Romane (Literatur)
E)	absolut	5	6	269	87	90	Pornographische
	relativ (%)	1,0	1,2	55,9	18,1	18,7	Hefte mit Bildern
F)	absolut	5	6	273	84	88	Pornographische
	relativ (%)	1,0	1,2	56,8	17,5	18,3	Filme
G)	absolut	25	77	272	52	28	massiert werden
	relativ (%)	5,2	16,0	56,5	10,8	5,8	

		1	2	3	4	5	Kurztext
H)	absolut	1	1	45	47	359	geschlagen
	relativ (%)	0,2	0,2	9,4	9,8	74,6	werden
I)	absolut	1	0	44	42	366	Partner zu
	relativ (%)	0,2	0,0	9,1	8,7	76,1	schlagen
J)	absolut	6	11	244	52	141	bestimmte
	relativ (%)	1,2	2,3	50,7	10,8	29,3	Kleidungsstücke
K)	absolut	130	220	89	13	6	Streicheln Ihres
	relativ (%)	27,0	45,7	18,5	2,7	1,2	Geschlechtsteils mit der Hand
L)	absolut	35	98	229	38	49	Küsse auf Ihr
	relativ (%)	7,2	20,4	47,6	7,9	10,2	Geschlechtsteil
M)	absolut	126	218	102	8	6	Berührung
	relativ (%)	26,2	45,3	21,2	1,7	1,2	der Brüste
N)	absolut	22	37	353	23	16	gemeinsames
	relativ (%)	4,6	7,7	73,4	4,8	3,3	Baden
O)	absolut	178	187	87	6	4	viel Zeit und
	relativ (%)	37,0	38,9	18,9	1,2	0,8	Ruhe
P)	absolut	26	57	325	26	25	Musik im
	relativ (%)	5,4	11,9	67,6	5,4	5,2	Hintergrund
Q)	absolut	3	2	144	113	193	Fernsehen
	relativ (%)	0,6	0,4	29,9	23,5	40,1	

Fehlende Angaben lagen zwischen 14 (= 2,9 %) und 32 (= 6,7 %).

94) Kommt es vor, bei oder nach dem Geschlechtsverkehr zwischen Ihnen und Ihrem Partner dazu:

a.) Sie berühren mit Ihren Händen den Penis (männliches Glied) Ihres Partners, umfassen es, streicheln und reiben es.

b.) Sie küssen und lecken den Penis (männliches Glied) Ihres Partners, führen ihn in Ihren Mund ein und saugen an ihm.

c.) Sie streicheln mit einer Hand den After Ihres Partners und führen einen Finger ein.

d.) Sie küssen mit Ihren Lippen die Aftergegend Ihres Partners und lecken mit der Zunge den After.

Es kommt zu:	a)	b)	c)	d)
absolut	443	257	57	11
relativ (%)	92,1	53,4	11,9	2,3

95) Welche der in Frage 94 aufgeführten Handlungen ist für Sie angenehm?

	a)	b)	c)	d)
absolut	420	186	31	8
relativ (%)	87,3	38,7	6,4	1,7

96) Welche der in Frage 94 aufgeführten Handlungen ist für Sie unangenehm?

	a)	b)	c)	d)
absolut	14	151	282	108
relativ (%)	2,9	31,4	58,6	76,7

97) Welche der in Frage 94 aufgeführten Handlungen ist für Ihren Partner angenehm?

	a)	b)	c)	d)
absolut	399	327	77	4
relativ (%)	83,0	68,0	16,0	0,8

98) Welche der in Frage 94 aufgeführten Handlungen ist für Ihren Partner unangenehm?

	a)	b)	c)	d)
absolut	6	37	224	262
relativ (%)	1,2	7,7	46,6	54,5

99) Sind von Ihnen solche Kontakte, wie in Frage 94 beschrieben, gewünscht worden, von Ihrem Partner aber abgelehnt worden?

	a)	b)	c)	d)
absolut	11	9	8	6
relativ (%)	2,3	1,9	1,7	1,2

100) Sind von Ihrem Partner solche Kontakte, wie in Frage 94 beschrieben, gewünscht worden, aber von Ihnen abgelehnt worden?

	a)	b)	c)	d)
absolut	12	69	29	26
relativ (%)	2,5	14	6,0	5,4

101) Sind durch diese unterschiedlichen Auffassungen und sexuellen Bedürfnisse zwischen Ihrem Partner und Ihnen Schwierigkeiten (Streits) entstanden?

absolut	relativ (%)	
13	2,7	ja

102) Haben Sie bisher während Ihres Lebens noch keinen Orgasmus bekommen, weder durch Geschlechtsverkehr noch durch Selbstbefriedigung?

absolut	relativ (%)	
19	4,0	ja
23	4,8	weiß nicht
408	84,8	nein
31	6,4	keine Angabe

103)*Haben Sie früher einmal einen Orgasmus bekommen, jetzt nicht mehr, weder durch Geschlechtsverkehr noch durch Selbstbefriedigung?

absolut	relativ (%)	
13	2,7	ja
363	75,5	nein
105	21,8	keine Angabe

104)* Erreichen Sie durch die verschiedensten Formen der Selbstbefriedigung keinen Orgasmus, aber durch den Geschlechtsverkehr?

absolut	relativ (%)	
80	16,6	ja
282	58,6	nein
119	24,7	keine Angabe

105)* Haben Sie bisher überhaupt noch keinen Orgasmus durch Geschlechtsverkehr bekommen, können ihn aber durch Selbstbefriedigung erreichen?

absolut	relativ (%)	
33	6,9	ja
339	70,5	nein
109	22,7	keine Angabe

106) Wenn Sie Schwierigkeiten mit Ihrem Orgasmus haben, weiß Ihr Partner davon? Wenn ja, wie hat er reagiert?

absolut	relativ (Frauen, die Schwierigkeiten haben = 100%)	
70	51,8	Partner weiß davon
davon:		
46	34,1	positive Reaktion
11	8,1	negative Reaktion
65	48,1	Partner weiß nichts davon
		unzutreffend: 346 (71,9%)

107) Kommt es vor, daß sich Ihre Scheide nicht weit genug öffnet, um ein Eindringen des Penis zu ermöglichen?

absolut	relativ (%)	
2	0,4	immer
11	2,3	häufig
65	13,5	manchmal
141	29,3	selten
251	52,2	nie
11	2,3	keine Angabe

*) Die Fragen 103, 104 und 105 wurden von den Befragten offensichtlich als zu verwirrend empfunden, daher der hohe Prozentsatz derer, die sie nicht beantworteten. Obgleich der Aussagewert dadurch geschmälert wird, wurde der Vollständigkeit halber auf diese Fragen nicht verzichtet. – Anmerkung der Autorin I.K.

108) Kommt es vor, daß Ihre Scheide nicht feucht genug wird, um ein Eindringen des Penis beim Geschlechtsverkehr zu ermöglichen?

absolut	relativ (%)	
4	0,8	immer
33	6,9	häufig
108	22,5	manchmal
187	38,9	selten
136	28,3	nie
13	2,7	keine Angabe

109) Kommt es vor, daß der Penis Ihres Partners nach dem Eindringen in Ihre Scheide von Ihren Scheidenmuskeln krampfhaft und schmerzhaft festgehalten wird?

absolut	relativ (%)	
0	0,0	immer
7	1,5	häufig
9	1,9	manchmal
44	9,1	selten
410	85,2	nie
11	2,3	keine Angabe

110) Kommt es vor, daß sich Ihre Scheidenmuskeln so stark zusammenziehen, daß ein Eindringen des Penis in Ihre Scheide unmöglich wird?

absolut	relativ (%)	
0	0,0	immer
3	0,6	häufig
11	2,3	manchmal
39	8,1	selten
413	85,9	nie
15	3,1	keine Angabe

111) Haben Sie bei oder nach dem Geschlechtsverkehr Schmerzen in der Scheide oder im Unterleib?

absolut	relativ (%)	
2	0,4	immer
14	2,9	häufig
65	13,5	manchmal
175	36,4	selten
212	44,1	nie
13	2,7	keine Angabe

112) Wenn Sie eine oder mehrere der Fragen 107 bis 111 bejaht haben, wie war die Reaktion Ihres Partners?

absolut	relativ (Betroffene = 100%)	
99	79,2	positive Reaktion
26	20,8	negative Reaktion
		keine Angabe/unzutreffend: 356 (74%)

113) Nehmen Sie sich manchmal fest vor, einen Orgasmus bei der Selbstbefriedigung oder beim Geschlechtsverkehr zu bekommen, bekommen ihn dann aber nicht?

absolut	relativ (%)	
135	28,1	ja
319	66,3	nein
27	5,6	keine Angabe

114) Kommt es zwischen Ihnen und Ihrem Partner nur sehr selten oder überhaupt nicht zum Geschlechtsverkehr, da das Glied Ihres Partners nicht richtig steif wird?

absolut	relativ (%)	
12	2,5	ja
447	92,9	nein
22	4,6	keine Angabe

115) Kommt es vor, daß Ihr Partner nach der Einführung des Penis in Ihre Scheide sofort oder nach ein paar Sekunden seinen Samenerguß hat?

absolut	relativ (%)	
5	1,0	immer
39	8,1	häufig
114	23,7	manchmal
196	40,7	selten
115	23,9	nie
12	2,5	keine Angabe

115a) Wenn ja, empfindet Ihr Partner dies als störend?

absolut	relativ (Betroffene = 100%)	
177	56,0	ja
139	44,0	nein

Keine Angabe/unzutreffend: 165 (34,3%)

115b) Wenn ja, empfinden Sie dies als störend?

absolut	relativ (Betroffene = 100%)	
136	42,5	ja
184	57,5	nein

Keine Angabe/unzutreffend: 161 (33,5%)

116) Wenn Sie keine Lust zum Geschlechtsverkehr haben oder sich nicht gut fühlen, sagen Sie dies dann Ihrem Partner?

absolut	relativ (%)	
372	77,3	ja
85	17,7	manchmal
12	2,5	nein
12	2,5	keine Angabe

117) Nimmt sich Ihr Partner viel Zeit, Sie zu erregen und Ihnen einen Orgasmus zu verschaffen?

absolut	relativ (%)	
198	41,2	immer
180	37,4	häufig
61	12,7	manchmal
22	4,6	selten
7	1,5	nie
13	2,7	keine Angabe

118) Sind Sie selbst beim Geschlechtsverkehr aktiv?

absolut	relativ (%)	
172	35,8	immer
200	41,6	häufig
70	14,6	manchmal
30	6,2	selten
9	1,9	keine Angabe

119) Kommt es vor, daß Sie mehrere Orgasmen hintereinander bekommen?

absolut	relativ (%)	
8	1,7	immer
64	13,3	häufig
136	28,3	manchmal
140	29,1	selten
124	25,8	nie
9	1,9	keine Angabe

120) Haben Sie festgestellt, daß Sie früher wesentlich mehr Interesse an Sexualität hatten als heute? Wenn ja, woran könnte das liegen?

absolut	relativ (%)	
333	69,2	nein (oder keine Angabe)
33	6,9	Alter
19	4,0	Beruf, Arbeit
5	1,0	Zeit, Ruhe
21	4,4	Desinteresse, Gewöhnung
70	14,6	sonstiges

121) Haben Sie festgestellt, daß Sie früher wesentlich öfter erregt wurden und wesentlich öfter Orgasmen bekamen? Wenn ja, woran könnte das liegen?

absolut	relativ (%)	
364	75,5	nein (oder keine Angabe)
25	5,2	Alter
14	2,9	Beruf, Arbeit
7	1,5	Zeit, Ruhe
14	2,9	Desinteresse, Gewöhnung
57	11,9	sonstiges

122) Wie sind Sie mit Ihrem Sexualleben zufrieden?

absolut	relativ (%)	
192	39,9	sehr zufrieden
176	36,6	eher zufrieden
61	12,7	weder zufrieden noch unzufrieden
34	7,1	eher unzufrieden
10	2,1	völlig unzufrieden
8	1,7	keine Angabe

123) Wenn Sie nicht völlig zufrieden mit Ihrem Sexualleben sind, was müßte sich Ihrer Meinung nach ändern?

absolut	relativ (%)	
65	13,5	Ich müßte meine Hemmungen abbauen
16	3,3	Partner müßte seine Hemmungen abbauen
72	15,0	Ich müßte aktiver werden
30	6,2	Partner müßte aktiver werden
64	13,3	Partner müßte zärtlicher sein
135	28,1	mehr Zeit und Ruhe

(Mehrfachnennungen waren möglich)

124) Sind Sie wegen Unzufriedenheit oder Schwierigkeiten in Ihrem Sexualleben in Beratung bzw. Behandlung gewesen?

absolut	relativ (%)	
35	7,3	bei einem Arzt
12	2,5	bei einem Psychologen
11	2,3	bei einem Freund
35	7,3	bei einer Freundin
77	16,0	insgesamt (18 Doppelnennungen)

125) War die Beratung erfolgreich?

absolut	relativ (Betroffene = 100%)	
28	36,3	Beratung erfolgreich

126) Mußte für die Beratung/Behandlung bezahlt werden?

absolut	relativ (Betroffene = 100%)	
11	14,3	ja, davon 3mal mit Angabe

127) Würden Sie für eine eventuelle Beratung/Behandlung von sexuellen Schwierigkeiten zu einem speziell ausgebildeten Sexualtherapeuten gehen?
Wenn nein, warum nicht?

absolut	relativ (%)	
218	45,3	ja
215	43,8	nein, davon gaben 93 (= 19,3%) einen Grund an.
52	10,8	keine Angabe

REAKTIONEN AUF DEN FRAGEBOGEN

Ein Drittel der Männer und Frauen, die den Fragebogen der Forschungsgruppe SEAT zugesandt bekommen hatten, nutzten den Raum auf der letzten freien Seite des Bogens für einen Kommentar oder eine persönliche Stellungnahme. Neben Lob, Dank und guten Wünschen für die aufklärerischen Absichten der Aktion wurden Zweifel am Sinn und Zweck einer solchen Untersuchung laut und natürlich auch heftige Ablehnung, die – von Männern wie Frauen – oft in beleidigender Form und auf geradezu hysterische Weise vorgetragen wurde.

Typische Beschimpfungen: »Ihr Schweine! ! !« – »Geht zum Psychiater« – »Für solch eine Schweinerei ist es schade, daß man einen Bleistift verschreibt« – »Geht arbeiten, dann wird das Sexualleben normal und ihr vielleicht auch« – »Unglaublich, mit welchen drekkigen Sachen man heute belästigt wird« – »Mein Intim- und Privatleben geht sie einen Scheißdreck an, wir sind hier nicht in Amerika« – »Am meisten befriedigt es mich, wenn Sie mich am Arsch lekken«.

Einige reagierten auf den Fragebogen wie auf eine gerichtliche Vorladung – »Ich möchte mich in dieser Sache auf keinen Fall äußern«, »verweigere jegliche Aussage« –, andere drohten «gerichtliche Schritte« an. Frauen wurden zum Teil von ihren Männern daran gehindert, den Bogen auszufüllen – »Mein Mann wünscht nicht, daß ich diese Fragen beantworte«, »Mein Mann hat mir den Fragebogen sofort zerrissen und in den Mülleimer gesteckt« –, Männer sorgten sich: »Stellen Sie sich einmal vor, die Partnerin bekommt den ausgefüllten Fragebogen zu Gesicht«. Oder: »Meine Frau könnte denken, ich hätte mich um so was bei Ihnen beworben.«

Erschütternder als alle Beschimpfungen waren aber jene Reaktionen, aus denen Angst und eine tiefe Resignation sprachen: »Ich habe fünf Kinder großgezogen und nie Zeit gehabt, über solche Fragen nachzudenken.« – »Zuviel sexuelle Aufklärung macht die Menschen unzufrieden, krank und fördert die Ehescheidungen.« – »Manchmal sehe ich nur noch den Selbstmord als Ausweg.« Die häufigste Begründung der weiblichen Befragten, die den Bogen nicht ausfüllten, lautete: »Ich bin verwitwet.« Als würde ein Naturgesetz die Frau am Grab des Gatten ihres Geschlechts berauben. Kein einziger Mann nannte diese Begründung.

Männer, auch wenn sie längere Erläuterungen gaben, blieben oft sehr allgemein, erzählten wenig von sich. Frauen schafften es, auf kürzestem Raum ihr Leben auszubreiten und ihre persönlichen Probleme präzise zu schildern.

KOMMENTARE VON MÄNNLICHEN BEFRAGTEN

Was Spaß macht, sollte erlaubt sein, egal, wo, wann, wie und mit wem. Ich fände es ganz natürlich, wenn man zum Beispiel auf einer Parkbank in der Sonne für ein, zwei Stunden mit einem Mädchen mal intim würde bis einschließlich Verkehr. Wenn beide einverstanden sind, warum nicht? Und warum soll das Mädchen nicht vierzehn sein, wenn es will?

*

Ich hatte vor Jahren schon an Scheidung gedacht. Aber da ich mit der Frau ein Kind erzeugt hatte, und ich mir nach dem Krieg eine ganz neue Existenz aufbauen mußte, verzichtete ich darauf. Heute haben wir zwei Töchter im Alter von 27 und 15 Jahren, ein Einfamilienhaus, und ich bin ein kranker Mann. Wenn ich mich heute scheiden ließe, bliebe mir nichts. Mein Leben besteht aus Verzicht. Ich habe schon an Selbstmord gedacht. Das älteste Gewerbe dieser Welt wird von Frauen ausgeübt. Ehefrauen sind manchmal noch schlimmer. Die lassen sich bezahlen, ohne was dafür zu geben.

*

Um mit meinem Sexualleben völlig zufrieden zu sein, müßte meine Partnerin ihre Scheu davor verlieren, meinen Penis in den Mund zu nehmen. Außerdem wünschte ich mir öfters Geschlechtsverkehr.

Ich habe festgestellt, daß mich Pornohefte mit Bildern sexuell sehr erregen. Kürzlich fiel mir ein Homo-Porno in die Hände, der mich noch mehr erregte. Da ich als Vierzehnjähriger von einem Gleichaltrigen zu homosexuellen Handlungen verführt worden bin (gegenseitiges Masturbieren und Lecken am Penis), habe ich manchmal den Wunsch, mit einem anderen Mann sexuelle Kontakte zu haben. Ich habe aber Angst davor, daß meine Partnerin davon erfahren und für mich böse reagieren könnte.

*

Wenn Mann und Frau sich lieben, sollten sie sich auch in sexuellen Fragen verständigen können, und – wenn nötig – aufeinander Rücksicht nehmen. Stimmung, körperliches Wohlbefinden und auch Laune sind nicht jeden Tag gleich.

*

Ich mußte mir in puncto Aufklärung mein sexuelles Leben selbst aufbauen. Ich habe, so glaube ich, noch kein Mädchen enttäuscht. Das begründe ich damit: Ich möchte Liebe haben, doch wichtiger ist, daß man auch Liebe gibt. Frauen brauchen viel Zärtlichkeit, ein ausgedehntes Liebesvorspiel, kein Hauruck-System. Ich kenne verheiratete Arbeitskollegen, die sich noch nie das weibliche Geschlechtsteil angesehen haben. Aber dummes Zeug können sie alle reden. Ich empfinde Abscheu und Ekel, wenn einer zu mir sagt: »Meine Alte habe ich heute Nacht so richtig fertiggemacht.«

*

Meine Frau war seit jeher sexuell nicht besonders interessiert. Grund: Falsche prüde Erziehung durch ihre Eltern, die in der Landwirtschaft tätig waren. Vor der Ehe waren daher aus Angst auch keine sexuellen Kontakte erwünscht, obwohl viele Bekanntschaften mit Partnern zwecks Ehe erfolgten. Sexualität und Verkehr bezeichnete sie oft als Sauerei und machte aus ehelichem Pflichtgefühl mit. Sie hat selten, aus guten Stimmungen heraus, einige Höhepunkte (Orgasmus) mit Freude erlebt.

Sex ohne Liebe, ohne Gefühl, ohne Rücksicht auf die Partnerin, ohne Einfühlungsvermögen waren der Anfang vom Ende unserer ehelichen Beziehungen. Mein Körper verweigerte nach der Erkenntnis, daß der innere Zusammenhalt, die Achtung vor mir fehlte, den Orgasmus.

*

Seit ungefähr zehn Jahren habe ich die schlimmsten Hemmungen abgebaut und Spaß am Sex bekommen. Früher wurde das Licht ausgemacht beim intimen Zusammensein und nur in der Nullachtfünfzehn-Stellung verkehrt. Jetzt, wo ich durch Literatur freier geworden bin, hat mein Partner Schwierigkeiten. Das ist schon ziemlich enttäuschend.

*

Als strenggläubige Katholikin bin ich davon überzeugt, daß Gott mir alle diese Dinge zu meiner Freude und Lust gegeben hat. Und ich mache von seinen guten Gaben gerne Gebrauch. Räumen Sie bitte mit dem überkommenden Vorurteil auf, daß religiöse Menschen Sexmuffel sein müßten.

*

Ich habe außerhalb meiner Ehe einmal einen Freund gehabt, ihn sehr geliebt und auch intim mit ihm verkehrt. Ich wollte mich scheiden lassen. Aber mein Freund benutzte mich nur, um mit meiner 20jährigen Tochter ein Verhältnis anfangen zu können. Er ist 40, und sie leben jetzt zusammen. Meinem Mann habe ich alles gebeichtet. Er hat mir verziehen, aber ich kann intim mit meinem Mann nichts mehr anfangen. Es ist schrecklich, meine Tochter kommt nun auch nicht mehr zu Besuch, weil dieser Freund nun so schlecht über mich spricht. Ich wollte, ich wäre tot. Ich schäme mich so, weil mir das alles passiert ist. Ich habe für den Freund so viel Gefühl gehabt, und es ihm auch gesagt, und nun macht er sich über mich lustig. Es war eine Kurbekanntschaft.

*

Im großen und ganzen bin ich mit meinem Partner und unserem Sexualleben zufrieden. Nur würde ich mir wünschen, daß er sich auch außerhalb des Intimlebens mehr für meine Interessen und meine Bedürfnisse interessieren würde. Er tut alles, um Geld zu verdienen, geht dabei aber völlig in seinem Beruf auf. Wenn wir darüber sprechen, wird es für ein paar Tage besser, aber nach einer Woche ist wieder alles beim alten: Die Firma geht vor!

*

Wenn man merkt, daß man vom Partner öfter abgewiesen wird, und er nur dann mit einem ins Bett geht, wenn »er« möchte, findet man sich damit ab und baut eine Kameradschaft auf. Dann sucht man sich aber noch einen Partner, den man zwar selten sieht, mit dem man aber zärtlich sein kann und der sich darauf freut. So bekommt man neue Kraft und wird ausgeglichener, kann den Kindern Liebe weitergeben und alles ertragen. Mein Mann ist glücklich und glaubt, ich bin es auch, somit führen wir ein harmonisches Eheleben. Hoffentlich verstehen Sie mich, ohne mich zu verurteilen.

*

Für meinen Noch-Ehemann sind Frauen bezahlte und ausgehaltene Huren. Er kannte keine Rücksichtnahme, wenn er wollte, dann mußte ich, einmal sieben Mal am Tag. Ich bin seelisch dermaßen kaputt, daß ich nicht weiß ob ich jemals wieder normal und unbefangen Kontakt mit einem Partner haben kann. Ich habe jedenfalls wahnsinnige Angst davor. Wenn mich zur Zeit ein Mann anfassen würde, würde ich Schreikrämpfe bekommen. Mein Mann wurde schon einmal geschieden. Heute kann ich mir auch denken warum.

*

Ich bin von Kindheit an verklemmt und habe eine starke Vaterbindung. Meine sexuellen Kontakte vor der Ehe habe ich oft zu schnell geschlossen und zum Teil auch aus Einsamkeit und Zärtlichkeitsverlangen begonnen. Oft wurde ich enttäuscht, weil mir selbstsichere Männer (Draufgänger-Typen) gut gefielen, die mich meistens ausnutzten (sexuell), wodurch ich mir manchmal erniedrigt vorkam. Für die Zukunft würde ich mir wünschen, daß ich durch eigene Erregbarkeit aktiver werde und mehr Spaß an der Sexualität bekomme.

*

Wenn ich fremdgehe, geschieht es aus Willen meines Partners. Weil es ihn, wie er sagt, sehr reizt, mich im Bett eines anderen Mannes zu wissen, sogar zu sehen. Er ist nicht eifersüchtig, sagt aber immer wieder, daß er mich sehr liebt. Wenn ich fremdging und es ihm erzählte, verdoppelte sich seine Leidenschaft und auch die Zeit dafür. Seinen sehnlichsten Wunsch, einen Partnertausch, erfüllte ich ihm. Es lag ihm mehr daran, mich dabei zu sehen, als eine andere Frau zu vernaschen. Ich hatte Hemmungen, als er es sah, er aber erregte sich noch viel mehr als sonst. Kann ich dennoch glauben, daß er mich liebt? Er ist sexuell viel freier als ich. Meine Frage: Ist er zu frei?
(Die Psychoanalytikerin Marina Moeller-Gambaroff vermutet, daß dieser Mann latent homosexuell ist. Da er seine Homosexualität aber nicht zu leben wagt, sucht er die Begegnung mit anderen Männern auf dem Umweg über seine Frau. Er trifft sich sozusagen in ihr mit den eigentlich von ihm begehrten Sexualpartnern.)

*

Weil ich überhaupt noch nie einen Orgasmus erlebt hatte, ging ich in die Sprechstunde zu einem Psychologen. Die Beratung ist für mich persönlich sehr erfolgreich gewesen. Mir wurde ein Buch empfohlen, wodurch ich meinen eigenen Körper besser kennenlernte und durch Selbstbefriedigung zu meinem ersten Orgasmus gelangte. Meinem Partner wurde während der Beratung nahegelegt, dieses Buch auch zu lesen, was er jedoch ablehnte. Die Beratung wurde abgebrochen, weil mein Partner sich weigerte, zu einem neuen Termin zu gehen, ohne irgendwelche »Erfolge« vorweisen zu können. Wir haben dieses Thema oft besprochen, doch wenn es dann zum Geschlechtsverkehr kommt, wird auf meine Wünsche (ausreichendes Streicheln der Klitoris vor oder nach dem Geschlechtsverkehr) doch keine Rücksicht genommen. Wir leiden unter diesem Zustand beide, obgleich der Geschlechtsverkehr als solcher für beide an sich angenehm ist. Ich weiß einfach nicht, wie ich die Hemmungen meines Partners abbauen soll. Ich mag ihn nicht ständig um etwas bitten, das er offensichtlich nicht gern zu geben bereit ist. Die ganze Sache ist für mich ein Rätsel, weil er einerseits unter diesem Zustand leidet, wie er sagt, und gern etwas dagegen unternehmen möchte, andererseits dann aber doch nichts tut. Mittlerweile machen wir eigentlich vor diesem Problem beide die Augen zu, aber ich weiß, daß irgend etwas geschehen muß und werde diesen Fragebogen zum Anlaß nehmen, um noch einmal mit ihm zu sprechen.

*

Mein Mann kann völlig ohne Liebe leben, die ich aber leider sehr brauche. Es kommt sehr wenig zum Geschlechtsverkehr, alle zwei Monate ein Mal, mir zuliebe. Nach Aussprachen, ob es an mir liegt, ob ich etwas falsch mache, kam heraus, daß er mit seinem Leben und Handeln völlig zufrieden ist. Es sind wirklich keine anderen Frauen im Spiel. Allerdings geht er sehr viel zu seiner Mutter und ist immer für sie da. Ich habe mich schon oft gefragt, ob er einen Mutterkomplex hat. Zu meiner Mutter ist er aber sehr unhöflich und häßlich. Ich könnte regelrecht einen Roman schreiben, aber helfen konnte mir bis jetzt niemand.

DAS TELEFON-PROTOKOLL

Mehrere hundert Männer und Frauen griffen zum Telefon und riefen – zum Teil von weit her – die auf dem Begleitbrief angegebene Telefonnummer der Forschungsgruppe SEAT an, um fernmündlich ihren Ärger, ihre Fragen oder ihre Nöte loszuwerden. Nach hundert Anrufen – »Woher haben Sie meine Adresse?«, »Was fällt Ihnen ein?«, »Können Sie mir einen Rat geben?« – hatte SEAT-

Projektleiter Marcus Wawerzonnek das Gefühl, eine lebende Sprechplatte zu sein. Während seines »Telefondienstes« ließ Marcus Wawerzonnek einmal für eine halbe Stunde ein Tonband mitlaufen. Es ist ein kleines Dokument unserer Zeit daraus geworden.

*

SEAT: »Hier Forschungsgruppe SEAT, Wawerzonnek.«

ANRUFER: »Ich soll da mitmachen an einer Umfrage. Bekommt man da eigentlich was für?«

SEAT: »Nein, das tut mir leid. Sie bekommen nichts dafür. Das ist eine wissenschaftliche Untersuchung. Wir können Sie nicht bezahlen dafür. Wir haben selbst sehr hohe Ausgaben, weil eine solche Untersuchung mit einem großen Materialaufwand verbunden ist.«

ANRUFER: »Das ist ja auch ein wahnsinniger Aufwand, den ganzen Fragebogen hier auszufüllen.«

SEAT: »Ja, das stimmt. Aber wir verfolgen soziale Ziele und Interessen und müssen eben darauf hoffen, daß die Bürger dabei helfen.«

ANRUFER: »Orgasmusschwierigkeiten nennen Sie sozial?« (legt auf)

*

ANRUFERIN: »Ich habe heute so einen Fragebogen bekommen von Ihnen. Was soll denn das heißen?«

SEAT: »Meinen Sie die Ziele des Fragebogens?«

ANRUFERIN: »Deutsches Forschungsprojekt SEAT, ja?«

SEAT: »Und was möchten Sie genau wissen, bitte?«

ANRUFERIN: »Ja, wieso das überhaupt gemacht wird? Ich hab' es schon in den Papierkorb geworfen.«

SEAT: »Sie haben es in den Papierkorb geworfen?«

ANRUFERIN: »Ja, freilich.«

SEAT: »Das ist sehr, sehr schade. Warum denn?«

ANRUFERIN: »Ja, für was soll das eigentlich gut sein?«

SEAT: »Das ist dafür gut, daß der Bürger informiert wird über das Vorkommen von sexuellen Schwierigkeiten, und daß mehr Beratungszentren entstehen.«

ANRUFERIN: »Ja, das verstehe ich gar nicht, daß man da Beratung für braucht. Das müssen ja lauter Idioten sein.«

SEAT: »Das sind keine Idioten, sondern es gibt sehr viele Leute mit Schwierigkeiten.«

ANRUFERIN: »Aber die meisten werfen es doch in den Papierkorb.«

SEAT: »Das ist schade, wenn es in den Papierkorb geworfen wird.«

ANRUFERIN: »Ich wollte Ihnen ja nur meine Meinung sagen.«

*

ANRUFER: »Ja, mein Name ist Sandner, ich habe da heute von Ihnen so einen ...«

SEAT: »Fragebogen bekommen, ja.«

ANRUFER: »Fragebogen – das ist für mich ein Wisch.«

SEAT: »Wieso ist das ein Wisch?«

ANRUFER: »Ja, ich möchte Ihnen nur sagen, daß dieser Wisch bei uns hier zum Amtsgericht geht und eine Anzeige gegen Sie läuft.«

SEAT: »Darf ich Sie fragen, warum eine Anzeige läuft?«

ANRUFER: »Wegen unsittlicher Fragen und alles so was. Das lassen wir uns nicht bieten und von Ihnen nicht.«

SEAT: »Darf...«

ANRUFER: »Das ist eine Intimsache zwischen Eheleuten und nicht für ein Institut oder Forschungsbeobachtung oder wie Sie sich da schimpfen. Das geht zu weit. Das ist eine der größten Sauereien, die ich erlebt habe.«

SEAT: »Darf ich Sie ganz kurz darauf hinweisen, daß es eine wissenschaftliche Untersuchung ist. Und daß dies nichts mit Sauerei oder so zu tun hat.«

ANRUFER: »O doch!«

SEAT: »Darf ich kurz fragen, warum?«

ANRUFER: »Ja, also, das, was Sie da, solche Worte wie Sie da schreiben – die Leute kamen bei mir an mit einem roten Kopf und alles so was. Also wissen Sie, ich bin auch in politischen Sachen tätig. Auch in anderen Sachen, aber so was habe ich in meinen Sachen noch nicht erlebt. Das werde ich demnächst bei uns, unserer Bezirksversammlung anbringen, damit so etwas unterbunden wird.«

SEAT: »Können Sie noch mal ganz kurz erklären, warum Sie diese Fragen nicht zulassen wollen?«

ANRUFER: »Das ist in meinen Augen auch sehr, sehr unmenschlich. Was Sie da für Fragen aufstellen. Das ist nach meiner Ansicht Hohn. Die Leute werden regelrecht verhöhnt. Oder für dumm verkauft.«

SEAT: »Warum denn für dumm verkauft?«

ANRUFER: »Also, ich sage Ihnen nur eins: Sie kriegen die nächsten Tage von meinem Rechtsanwalt Bescheid. Ich habe ihn schon per Telefon von Ihren Fragen da unterrichtet, der Mann war auch erschüttert, was Sie da für Fragen stellen. Da brauchen Sie keine Angst zu haben, da gibt es ganz gewaltig Knatsch. Wiederhören.«

*

ANRUFERIN: »Sattler, Nürnberg. Ich habe da einen Fragebogen von Ihnen bekommen, betreff meines Sexuallebens, den ich da beantworten soll, und ich möchte mal zu bedenken geben: Was passiert, wenn jetzt dieser Brief in die Hände, meinetwegen, meiner Kinder fallen würde? Die machen das auf. Wir haben ja sonst keine Geheimnisse voreinander, und lesen diese Fragen. Haben Sie sich das mal überlegt?«

SEAT: »Das haben wir uns überlegt. Und das ist auch ein Grund, warum wir die Kuverts haben zukleben lassen ... Wir hätten das auch als Drucksache schicken können, das wäre billiger gekommen.«

ANRUFERIN: »Aber so sicher können Sie das nicht machen, daß ein Kind das nicht doch mal aufmachen könnte. Das wollte ich Ihnen sagen, das wär's.«

*

ANRUFER: »Weiss, ich habe mal eine Frage; ich habe heute so einen Brief bekommen von Ihnen. Und was bezwecken Sie eigentlich damit?«

SEAT: »Was wir damit bezwecken, meinen Sie?«

ANRUFER: »Ja, überhaupt, was das soll, daß man so etwas verschickt.«

SEAT: »Wir wollen informieren und aufklären.«

ANRUFER: »Hm, nun will ich mal was sagen. Ich verbiete, daß Sie weiter uns oder jemand anderen aus unserer Familie in so einer Art belästigen. Das ist für mich eine Belästigung höchsten Grades. Ich les' Ihnen mal eben was vor: »Sie streicheln mit einer Hand den After und führen den Finger«... Sagen Sie mal, was soll das, diese Schweinerei? In meinen Augen ist das eine einfache Schweinerei, und ich möchte nicht mehr von Ihnen belästigt werden. Oder sonst einer in unserer Familie in der Art. Sonst muß ich andere Schritte einleiten. Tut mir schrecklich leid, aber so was kann ich nicht beantworten.«

SEAT: »Ich beleidige Sie doch gar nicht.«

ANRUFER: »Sie nicht, aber der Fragebogen beleidigt mich. Von vorne bis hinten. Wort für Wort, Satz für Satz, Zeile für Zeile, alles.«

SEAT: »Wieso beleidigt er Sie denn?«

ANRUFER: »Das ist eine Sauerei. Sie können die Leute ja vorher anschreiben, und fragen, ob die mit einem Fragebogen zufrieden sind, und nicht einfach, man kommt abends nach Haus und da liegt so ein Fragebogen im Briefkasten, der von vorne bis hinten für mich... das können Sie in eine Pornozeitschrift reinschreiben. Da Sie aus Hamburg kommen, ist die Reeperbahn ja nicht weit. Schreiben Sie das in eine Pornozeitschrift, die wird auch von Millionen von Leuten gekauft. Die können so etwas ausfüllen, aber ich doch nicht, kein normaler Bürger, der jeden Morgen zur Arbeit geht.«

*

ANRUFERIN: »Ich habe eine Frage, in Ihrer Gruppe, sind da auch Frauen?«

SEAT: »Das sind auch Frauen, ja. Ohne Frauen hätten wir den Fragebogen, den weiblichen Fragebogen, schlecht entwickeln können.«

ANRUFERIN: »Ich finde den gar nicht gut, den Fragebogen, muß ich Ihnen ehrlich sagen. Ich bin nämlich in der Frauenbewegung und kenn' unheimlich viele lesbische Frauen. Wenn ich mir jetzt vorstelle, daß dieser Fragebogen ja sicherlich auch an einige lesbische Frauen geht, die fühlen sich sicher sehr auf ihren nicht vorhandenen Schlips getreten. Weil sich alles auf einen männlichen Partner bezieht, bis auf zwei Fragen.«

SEAT: »Ja, aber dieser Fragebogen ist nur für heterosexuelle Beziehungen konzipiert. Sehen Sie, wir können nicht innerhalb eines Fragebogens beides abfragen. Das geht einfach nicht.«

ANRUFERIN: »Was machen Sie mit den lesbischen Frauen, ich meine, Sie wissen ja nun nicht, an welche Frauen Sie es geschickt haben.«

SEAT: »Nein, das weiß ich nicht. Aber darunter wird bestimmt ein Prozentsatz von vielleicht acht oder zwölf Prozent oder noch mehr sein, die diesen Fragebogen entweder gar nicht ausfüllen, oder mit der Begründung zurückschicken, daß sie homosexuell sind. Das haben wir einkalkuliert.«

*

ANRUFER: »Ja, guten Tag. Wir sind hier drei junge Männer; wir haben gerade hier Ihren Fragebogen vorliegen und wir fragen uns gerade, wie wir den letzten Punkt in das Programm einreihen können. Wie wir gemeinsam zum Orgasmus kommen. Können Sie uns das verraten?«

SEAT: »Wie Sie gemeinsam zum Orgasmus kommen?«

ANRUFER: »Ganz genau.«

SEAT: »Das verstehe ich jetzt nicht. Sie haben einen Fragebogen erhalten?«

ANRUFER: »Ja, genau. Wir haben alle Fragen ausgefüllt, nur die eine Frage, wie wir drei jetzt gemeinsam, drei Männer wohlgemerkt, zum Orgasmus kommen. Das können wir nicht ganz klären.«

SEAT: »Wieso, die Frage ist doch nicht im Fragebogen drin.«

ANRUFER: »Die ist nicht drin?«

SEAT: »Ich verstehe jetzt nicht, welche Frage Sie meinen. Können Sie die mal bitte zitieren?«

ANRUFER: »Muß ich mal nachschauen. »Hugo, Liebling, hast Du den Fragebogen da?« –wir haben bislang alles ausgefüllt, aber drei Männer gemeinsam zum Orgasmus und so . . .«

SEAT: »Welche Nummer ist das denn auf dem Fragebogen?«

ANRUFER: »Moment, er schaut gerade nach, mein Freund, mein Liebling.«

SEAT: »Ach, Sie haben den Fragebogen zu dritt ausgefüllt?«

ANRUFER: »Ja, natürlich.«

SEAT: »Wieso haben Sie ihn zu dritt ausgefüllt? Der bezieht sich doch nur auf einen?«

ANRUFER: »Man hat sich inzwischen schon vermehrt. Wir sind drei Männer und machen eine Kommune und wollen dann gemeinsam zum Orgasmus kommen.«

SEAT: »Sie wollen gemeinsam zum Orgasmus kommen? Zwischen Mann und Mann?«

ANRUFER: »Zwischen Homos.«

SEAT: »Leider sind Homosexuelle in diesem Projekt nicht berücksichtigt. Aber es wäre sehr nett, wenn Sie uns den Fragebogen trotzdem zurückschicken und auf der letzten Seite das kurz beschreiben. Das ist also absolut nicht gegen Sie, aber, das läßt sich nicht anders machen. Haben Sie vielen Dank für Ihren Anruf.«

BERATUNGSSTELLEN

Hamburg:
Institut für Sexualforschung in der Uniklinik
Martinistr. 52
Telefon 040/ 4 68 22 25

Frankfurt:
Institut für Sexualforschung in der Uniklinik
Theodor-Stern-Kai 7
Telefon 0611/ 63 01 76 14

Die folgenden Beratungsstellen sind Einrichtungen der Deutschen Gesellschaft für Sexualberatung und Familienplanung »Pro Familia«. Die »Pro Familia« unterhält und fördert Beratungsstellen zur Beratung von Einzelpersonen, Paaren und Gruppen durch Ärzte, Psychologen und Sozialarbeiter sowie Pädagogen, Seelsorger und Juristen. Sie arbeitet mit anderen Beratungseinrichtungen, mit Krankenhäusern, mit der Ärzteschaft und mit Behörden zusammen.

Landesverbände der PRO FAMILIA

BADEN-WÜRTTEMBERG
Schloßstr. 60
7000 Stuttgart 1
Tel. (0711) 62 26 18

BAYERN
Türkenstr. 103/I
8000 München 40
Tel. (089) 39 90 79

BERLIN
Schöneberger Ufer 55
1000 Berlin 30
Tel. (030) 2 61 70 40

BREMEN
Stader Str. 35
2800 Bremen 1
Tel. (0421) 49 10 90

HAMBURG
Tesdorpfstr. 8
2000 Hamburg 13
Tel. (040) 44 19 52 65, 44 19 53 46

HESSEN
Auf der Körnerwiese 5
6000 Frankfurt/Main 1
Tel. (0611) 59 92 86

NIEDERSACHSEN
Bödekerstr. 60
3000 Hannover 1
Tel. (0511) 31 70 44

NORDRHEIN-WESTFALEN
Rüggeberger Str. 39
5828 Ennepetal
Tel. (0 23 33) 7 11 84

RHEINLAND-PFALZ/SAARLAND
Frauenlobstr. 97
6500 Mainz
Tel. (0 61 31) 67 21 51

SCHLESWIG-HOLSTEIN
Marienkirchhof 6
2390 Flensburg
Tel. (04 61) 1 79 11

Beratungsstellen der PRO FAMILIA
Stand: August 1979

BADEN-WÜRTTEMBERG

7800 Freiburg

Bertoldstr. 63, Tel. (07 61) 2 68 50

7100 Heilbronn
Bürgerhaus Böckingen, Kirchstiege 5,
Tel. (0 71 31) 48 39 69

7500 Karlsruhe 1
Kaiserstr. 209, 3. OG. Tel. (07 21) 2 74 41
Nebenberatungsstelle:
Siedlung »Kleinseeäcker«

7750 Konstanz
Gütlestr. 8, Tel. (0 75 31) 2 63 90
Nebenberatungsstelle:
77 Singen, Rathaus, Zi. 223

7250 Leonberg
Rutesheimer Str. 50/1, Tel. (0 71 52) 2 10 71

7140 Ludwigsburg
Schloßstr. 9, Tel. (0 71 41) 2 34 44

6800 Mannheim
Käfertaler Str. 47, Tel. (06 21) 37 85 08
Nebenberatungsstelle:
Sozialstation, Hinterer Reidweg 5-6

7530 Pforzheim
Gerberstr. 4 (Emma-Jäger-Bad)
Nebenberatungsstelle:
Unteres Enztal

7170 Schwäbisch Hall
Gymnasiumstr. 1, Tel. (07 91) 73 84

7000 Stuttgart
Schloßstr. 60, Tel. (07 11) 62 26 18/62 51 05
Nebenberatungsstellen:
Ostendstr. 77a
Hallschlag, Dessauerstr. 1a
Dürrlewang, Schopenhauerstr. 43

7400 Tübingen
Waldhäuserstr. 33, Tel. (0 70 71) 6 62 07

7730 VS-Villingen
Benediktinerring 7, Tel. (0 77 21) 5 90 88

7050 Waiblingen
Bürgermühlenweg 11, Tel. (0 71 51) 5 51 45

BAYERN

8900 Augsburg
Äußere Uferstr. 49, Tel. (08 21) 41 22 74
Nebenberatungsstelle:
Barfüßerstr. 4

8000 München 40
Türkenstr. 103/I, Tel. (0 89) 39 90 79

München 45
Wintersteinerstr. 12/14,
Tel. (0 89) 3 14 44 25, 3 13 24 25

8500 Nürnberg
Hintere Insel Schütt 7, Tel. (09 11) 22 12 83
Glogauer Str. 50, Tel. (09 11) 80 95 20
Eilbacher Hauptstr. 102, Tel. (09 11) 63 47 73
Neumeyer Str. 30, Tel. (09 11) 52 82 63

BERLIN

1000 Berlin 30
Schöneberger Ufer 55, Tel. (0 30) 2 61 70 40
Berlin 21
Huttenstr. 6/7, Tel. (0 30) 3 93 40 16

Nebenberatungsstellen:
1 B. 45, Woltmannweg 45
1 B. 26, Wilhelmsruher Damm 124

BREMEN

2800 Bremen 1
Stader Str. 35, Tel. (04 21) 49 10 90

2850 Bremerhaven-Mitte
An der Allee 47, Tel. (04 71) 4 56 31

HAMBURG

2000 Hamburg 1
An der Alster 82, Tel. (0 40) 24 26 20
Nebenberatungsstelle:
2 H. 74, Berzeliusstr. 100

Hamburg 50
Bülowstr. 9 (Frauenklinik), Tel. (0 40) 88 28 61

Hamburg 60
Gründgensstr. 30, Tel. (0 40) 6 31 73 57
Nebenberatungsstellen:
Wohnunterkunft, Steilshooper Allee 10
Wohnunterkunft, Wegenkamp, Oldenburger Str. 76a
Wohnunterkunft, Großlohering, Stapelfelder Str. 106

Hamburg 80
Gojenbergweg 30, Tel. (0 40) 7 21 70 81 App. 232

2100 Hamburg 90
Lühmannstr. 13, Tel. (0 40) 7 71 70 22 51

HESSEN

6320 Alsfeld
Volkmarstr. 3, Tel. (0 66 31) 62 07

6430 Bad Hersfeld
Kreisgesundheitsamt Eingang 4, Tel. (0 66 21) 8 73 69

6380 Bad Homburg-Obereschbach
Kirchplatz (Sozialstation), Tel. (0 61 72) 4 14 80

6140 Bensheim
Wambolter Hof, Tel. (0 62 51) 6 81 91

6100 Darmstadt
Landgraf-Georg-Str. 120, Tel. (0 61 51) 4 32 64
Nebenberatungsstelle:
Akazienweg (Gemeinschaftshaus)

6057 Dietzenbach
Friedensstraße 38, Tel. (0 60 74) 2 20 65

6000 Frankfurt/Main 1
Auf der Körnerwiese 5, Tel. (06 11) 59 92 86
Nebenberatungsstelle:
Fechenheimer Str. 14, Tel. (06 11) 44 50 89
Außenstellen:
Ffm-Bonames, Wohnwagen-Standplatz
Ffm-Eckenheim, Sigmund-Freud-Str. 119 II
Ffm-Goldstein, Im Heisenrath 14
Ffm-Griesheim, Ahornstr. 108
Ffm-Höchst, Gebeschußstr. 58
Ffm-Nied, Alt Nied 27
Ffm-Nordweststadt, Nidaforum 2 (Bürgerhaus)
Ffm-Preungesheim, Wegscheidstr. 52
Ffm-Rödelheim, Zentmarkweg 39

6400 Fulda
Marktstr. 2

6300 Giessen
Frankfurter Str. 48, Tel. (06 41) 7 71 22
Nebenberatungsstelle:
Gemeinschaftszentrum Eulenkopf

6450 Hanau 1
Römerstr. 13, Tel. (0 61 81) 2 22 84

6370 Oberursel
Dornbachstr. 33, Tel. (0 61 71) 2 35 56

6050 Offenbach/Main
Bismarckstr. 100, Tel. (0611) 81 77 62
Nebenberatungsstelle:
Holunderweg (Lohwaldsiedlung)

6090 Rüsselsheim
Marktstraße 27, Tel. (0 61 42) 1 21 42

6490 Schlüchtern
Ludovica-von-Stumm-Str. 7, Tel. (0 66 61) 20 71

6200 Wiesbaden
Langgasse 36, Tel. (0 61 21) 37 65 16
Nebenberatungsstellen:
Mühltal, Haus 3
Wachsackerstr. 5
Schlangenbader Str. 22

NIEDERSACHSEN

3300 Braunschweig
Hamburger Str. 226, Tel. (05 31) 32 93 85
Katharinenstr. 1 (Studentenberatung), Tel. (05 31) 34 08 44

2190 Cuxhaven
Kirchenpauerstr. 5, Tel. (0 47 21) 3 81 41

3400 Göttingen
Rote Str. 19, Tel. (05 51) 5 86 27

3000 Hannover 1
Bödekerstr. 60, Tel. (05 11) 31 70 44

2900 Oldenburg
Lindenstr. 4, Tel. (04 41) 8 80 95

4500 Osnabrück
Krahnstr. 23, Tel. (05 41) 2 39 07

3150 Peine
Kantstr. 12, Tel. (0 51 71) 1 80 45

3110 Uelzen 1
Veerßer Str. 15, Tel. (05 81) 1 01 11

2940 Wilhelmshaven
Paul-Hug-Str. 60, Tel. (0 44 21) 2 50 80

3340 Wolfenbüttel
Holzmarkt 16, Tel. (0 53 31) 2 69 29

3180 Wolfsburg 1
Stormhof 2, Tel. (0 53 61) 2 54 57

NORDRHEIN-WESTFALEN

5100 Aachen
Jülicher Str. 156, Tel. (02 41) 16 13 33

4619 Bergkamen-Rünthe
Rünther Str. 58, Tel. (0 23 89) 58 75

4800 Bielefeld 1
Stapenhorststr. 5, Tel. (05 21) 17 14 22/3

4630 Bochum
Windmühlenstr. 25, Tel. (02 34) 1 23 20
Nebenberatungsstellen:
Zillertal Block 150/2/18 (anerkannt nach § 218 StGB)
Herzogstr. 79/3 (anerkannt nach § 218 StGB)

5300 Bonn 1
Prinz-Albert-Str. 39, Tel. (0 22 21) 21 22 30
Nebenberatungsstelle:
Dransdorf, Auf dem Hügel 60, Tel. (0 22 21) 61 26 59
(anerkannt nach § 218 StGB)

4930 Detmold
Lemgoer Str. 1-3, Tel. (0 52 31) 2 65 63
Nebenberatungsstelle:
4902 Bad Salzuflen, Otto-Kühne-Promenade 1, 2.Stock

5160 Düren
Josef-Schregel-Str. 17, Tel. (0 24 21) 1 61 15

4000 Düsseldorf
Gesundheitsamt an der Weberstr. 3, Tel. (02 11) 8 99 26 46

Düsseldorf-Garath
Fritz-Erler-Str. 21, Tel. (02 11) 8 99-75 57

Düsseldorf-Derendorf
Benedikt-Schmittmann-Str. 13, Tel. (02 11) 46 41 82, 48 17 8

4100 Duisburg 1
Musfeldstr. 161-163, Tel. (02 03) 66 32 33

Duisburg 11
Viktoriastr. 8 (im Gesundheitsamt), Tel. (02 03) 55 53-52 71

4830 Gütersloh
Marienfelder Str. 6, Tel. (0 52 41) 2 04 50

4390 Gladbeck
Grabenstr. 37, Tel. (0 20 43) 2 66 06

5000 Köln 1
Hansaring 84-86, Tel. (02 21) 12 20 87

Köln 71
Neisser Str. 2, Tel. (02 21) 70 35 11

4150 Krefeld
Frankenring 65, Tel. (0 21 51) 77 09 47

5090 Leverkusen
Manforter Str. 184, Tel. (0 21 72) 3 52 53 36

Leverkusen 3
Miselohestr. 2, Tel. (0 21 71) 40 26 15
Nebenberatungsstelle:
Am Sonnenhang 13

4370 Marl
Bergstr. 228, Tel. (0 23 65) 14 77 44

4050 Mönchengladbach 2
Hugo-Preuß-Str. 55, Tel. (0 21 66) 4 87 24

4400 Münster (Westf.)
Papenburger Str. 10, Tel. (02 51) 66 12 99

4200 Oberhausen 1
Friedensplatz 16, Tel. (02 08) 2 03 79

4350 Recklinghausen
Kaiserwall 37, Tel. (0 23 61) 2 67 01

5630 Remscheid
Südstr. 14, Tel. (0 21 91) 7 76 76

5830 Schwelm
Kaiserstr. 65, Tel. (0 21 25) 1 04 71

5650 Solingen 11
Baustr. 2, Tel. (0 21 22) 7 90 56

5210 Troisdorf
Pfarrer-Kenntemich-Platz 26, Tel. (0 22 41) 7 40 61

5810 Witten
Husemannstr. 13, Tel. (02 30) 8 42 99
5600 Wuppertal 1
Dorotheenstr. 2, Tel. (02 02) 30 70 11

RHEINLAND-PFALZ/SAARLAND

6750 Kaiserslautern
Kanalstr. 19, Tel. (06 31) 6 36 19

5400 Koblenz
Hohenzollernstr. 3, Tel. (02 61) 3 48 12

6700 Ludwigshafen
Kaiser-Wilhelm-Str. 5, Tel. (06 21) 51 01 70
Nebenberatungsstellen:
Bayreuther Str. 71
Kropsburgstr. 12

6500 Mainz
Frauenlobstr. 97, Tel. (0 61 31) 67 21 51
Nebenberatungsstelle:
Zwerchallee (Sozialstation)

6680 Neunkirchen
Wilhelmstr. 12, Tel. (0 68 21) 2 76 77

6600 Saarbrücken 5
Grüneichstr. 14 (Hüttenkrankenhaus)
Tel. (06 81) 7 60 28/9

Nebenberatungsstellen:
Deutschmühltal, Haus 76
Wackenberg, Rubensstr. 78
Matzenberg, Bürgerhaus

5500 Trier
Walramsneustr. 1 a, Tel. (06 51) 7 34 44

SCHLESWIG-HOLSTEIN

2060 Bad Oldesloe
Hamburger Str. 48, Tel. (0 45 31) 55 30

2390 Flensburg
Wrangelstr. 17, Tel. (04 61) 2 66 25

2300 Kiel
Brunswiker Str. 47, Tel. (04 31) 5 15 68

2400 Lübeck 1
Jürgen-Wullenwever-Str. 1, Tel. (04 51) 6 47 72

2370 Rendsburg
Wallstr. 16, Tel. (0 43 31) 2 24 56

LITERATURHINWEISE

SACHBÜCHER ÜBER SEXUALITÄT

Karin Albrecht-Désirat/Klaus Pacharzina (Herausgeber)
»Sexualität und Gewalt«
Päd. Extra-Buchverlag, Bensheim, 1979

Gerd Arentewicz/Gunter Schmidt (Herausgeber)
»Sexuell gestörte Beziehungen«
Springer-Verlag, Berlin, Heidelberg, New York, 1980

Janine Chasseguet-Smirgel (Herausgeber)
»Psychoanalyse der weiblichen Sexualität«
edition suhrkamp, Frankfurt am Main, 1977

Lilli Fleck
»Weiblicher Orgasmus«
Kindler Verlag, München, 1977

Elisabeth Gugel
»Sexualität und Identität der Frau«
Focus Verlag, Gießen, 1976

Werner Kemper
»Die Störungen der Liebesfähigkeit beim Weibe«
Wissenschaftliche Buchgesellschaft Darmstadt, 1975

William H. Masters/Virginia E. Johnson
»Die sexuelle Reaktion«
Rowohlt, Reinbek, 1970

Gunter Schmidt/Eberhard Schorsch (Herausgeber)
»Ergebnisse zur Sexualforschung«
Kiepenheuer & Witsch, Köln, 1975

Volkmar Sigusch (Herausgeber)
»Sexualität und Medizin«
Kiepenheuer & Witsch, Köln, 1979

Jos van Ussel
»Sexualunterdrückung«
Focus Verlag, Gießen, 1977

SACHBÜCHER ÜBER EMANZIPATION:

Elena Gianini Belotti
»Was geschieht mit kleinen Mädchen?«
Verlag Frauenoffensive, München, 1975

Suzanne Brøgger
»... sondern erlöse uns von der Liebe«
Econ Verlag, Düsseldorf und Wien, 1978

Shulamith Firestone
»Frauenbefreiung und sexuelle Revolution«
Fischer Taschenbuchverlag, Frankfurt am Main, 1975

Erich Fromm
»Haben oder Sein«
dva, Stuttgart, 1976

Erich Fromm
»Die Kunst des Liebens«
Ullstein-Verlag, Berlin, 1979

Elizabeth Gould Davis
»Am Anfang war die Frau«
Verlag Frauenoffensive, München, 1977

Marielouise Janssen-Jurreit
»Sexismus«
Hanser Verlag, München, 1976

Kate Millett
»Sexus und Herrschaft«
Deutscher Taschenbuchverlag, München, 1974

Horst Eberhard Richter
»Lernziel Solidarität«
Rowohlt, Reinbek, 1974

Alice Schwarzer
»Der kleine Unterschied und seine großen Folgen«
S. Fischer Verlag, Frankfurt am Main, 1975

SACHBÜCHER ÜBER MÄNNER

Andrea, Guido, Marcello und Roberto
»Der letzte Mann«
Rowohlt, Reinbek, 1978

Cheryl Benard/Edit Schlaffer
»Der Mann auf der Straße«
Rowohlt, Reinbek, 1980

Phyllis Chesler
»Über Männer«
Rowohlt, Reinbek, 1979

Helga Dierichs/Margarete Mitscherlich
»Männer«
S. Fischer Verlag, Frankfurt am Main, 1980

Wolfgang Körner
»Meine Frau ist gegangen«
Fischer Taschenbuchverlag, Frankfurt am Main, 1979

Anthony Pietropinto/Jacqueline Simenauer
»Abschied vom Mythos Mann –
Report über das männliche Sexualverhalten«
Fischer Taschenbuchverlag, Frankfurt am Main, 1978

Volker Elis Pilgrim
»Der Untergang des Mannes«
Verlag Kurt Desch, München, 1973

Klaus Theweleit
»Männerphantasien«
Verlag Roter Stern, Frankfurt am Main, 1977/78

SACHBÜCHER ÜBER PROSTITUTION

Barbara
»Die geteilte Frau«
Verlag Gudula Lorez, Berlin, 1980

Pieke Biermann
»Wir sind Frauen wie andere auch«
Rowohlt, Reinbek, 1980

Rose-Marie Giesen/Gunda Sundermann
»An der Front des Patriarchats«
Päd. Extra Buchverlag, Bensheim, 1980

ROMANE, ERZÄHLUNGEN, AUTOBIOGRAPHISCHES

Klaus Konjetzky/Dagmar Ploetz (Herausgeber)
»Keine Zeit für Tränen«
Bertelsmann, München, 1976

Christoph Meckel
»Licht«
Fischer Taschenbuchverlag, Frankfurt am Main, 1978

Gudula Lorez (Herausgeberin)
»Wo die Nacht den Tag umarmt«
Verlag Gudula Lorez, Berlin, 1979

Anja Meulenbelt
»Die Scham ist vorbei«
Verlag Frauenoffensive, München, 1978

Verena Stefan
»Häutungen«
Verlag Frauenoffensive, München, 1975

Botho Strauß
»Die Widmung«
Deutscher Taschenbuch Verlag, München, 1980

AUFKLÄRUNGSBÜCHER FÜR ERWACHSENE

»Frau«
Ein Handbuch über Sexualität, Verhütung, Abtreibung, Schwangerschaft, Geburt, Klimakterium und Alter
Frauenbuchverlag, München, 1978

»Unser Körper – Unser Leben 1«
»Unser Körper – Unser Leben 2«
Ein Handbuch von Frauen für Frauen
Rowohlt, Reinbek, 1980

Uta König
»Gewalt über Frauen«
Berichte, Reportagen, Protokolle zur Diskussion über den Paragraphen 218
STERN-Buch, Hamburg, 1980

Inge Nordhoff
»Erste Liebe«
rororo Elternrat, Reinbek, 1980

AUFKLÄRUNGSBÜCHER FÜR JUGENDLICHE

Günter Amendt
»Das Sex Buch«
Weltkreis-Verlag, Dortmund, 1979

Jane Cousins
»Make it Happy«
Rowohlt, Reinbek, 1980

ZEITSCHRIFTEN, MAGAZINE

Kursbuch 35
Kursbuch, Rotbuch Verlag, Berlin, 1974

Freibeuter 2
Freibeuter/Wagenbach Verlag, Berlin, 1979

Sexualität konkret 1979
Sexualität konkret 1980
Neuer Konkret-Verlag, Hamburg, 1979/80

Die Autorin

Ingrid Kolb, geboren 1941, studierte Germanistik und Zeitungswissenschaften. Sie war unter anderem Redakteurin beim *Spiegel*. Seit 1977 ist sie beim *Stern* und bearbeitet die Themen: Gesellschaftspolitik, Psychologie und Emanzipation.